Wolfgang Paul

# Panzer-General Walther K. Nehring

Wolfgang Paul

# Panzer-General Walther K. Nehring

## Eine Biographie

Motor buch Verlag
spezial

Einbandgestaltung: Anita Ament
unter Verwendung von Fotos aus dem Archiv der Familie Nehring



ISBN 3-613-02208-7



Spezialausgabe: 1. Auflage 2002



Druck: Maisch & Queck, 70839 Gerlingen
Bindung: K. Dieringer, 70839 Gerlingen
Printed in Germany

# *Inhalt*

1. Eine ostdeutsche Herkunft . . . . . . . . . . . . . . . . 9
2. Im Ersten Weltkrieg . . . . . . . . . . . . . . . . . . . . 20
3. Grenzschutz und Reichswehr . . . . . . . . . . . . . . . 27
4. In den Generalstab . . . . . . . . . . . . . . . . . . . . . 34
5. Revolutionäre Ideen . . . . . . . . . . . . . . . . . . . . 42
6. Kämpfe um die Panzerwaffe . . . . . . . . . . . . . . . 57
7. Dienen und gestalten . . . . . . . . . . . . . . . . . . . 73
8. Die Feuerprobe einer neuen Waffe . . . . . . . . . . . 82
9. Ein schneller Sieg . . . . . . . . . . . . . . . . . . . . . 91
10. Die 18. Panzerdivision . . . . . . . . . . . . . . . . . . 101
11. Nach Rußland und Nordafrika . . . . . . . . . . . . . . 118
12. Deutsches Afrikakorps . . . . . . . . . . . . . . . . . . 129
13. Das Wettrennen nach Tunis . . . . . . . . . . . . . . . 139
14. XXIV. Panzerkorps . . . . . . . . . . . . . . . . . . . . 150
15. Vom Dnjepr zur Weichsel . . . . . . . . . . . . . . . . 169
16. Ein absehbares Ende . . . . . . . . . . . . . . . . . . . 182
17. Jahre der Gefangenschaft . . . . . . . . . . . . . . . . 194
18. Der aufrechte Gang . . . . . . . . . . . . . . . . . . . . 209

Epilog . . . . . . . . . . . . . . . . . . . . . . . . . . . . . 218
Nachwort des Verfassers . . . . . . . . . . . . . . . . . . . 220
Quellenverzeichnis . . . . . . . . . . . . . . . . . . . . . . 221

*Die ganze Schwierigkeit besteht darin:*
*Den Grundsätzen, welche man sich gemacht hat,*
*in der Ausführung treu zu bleiben.*

*Carl von Clausewitz, Vom Kriege*

1. KAPITEL

# *Eine ostdeutsche Herkunft*

Gegen Ende dieses 20. Jahrhunderts versinken die Konturen seiner Anfänge. Es beginnt, mit seinen beiden Weltkriegen, den Revolutionen und Umwälzungen historisch zu werden. Mühsam werden diese Ereignisse festzuhalten versucht, sie erscheinen wie langsam verlöschende Leuchtzeichen am schwarzen Horizont der vergangenen Zeit.

Wer sie aus immer größer werdender Entfernung betrachtet, wundert sich über vieles; er hat Schwierigkeiten, zu verstehen, wie diese Menschen, die das 20. Jahrhundert durchlebten und überlebten, mit dem Übermaß an Eindrücken fertig wurden, die sie auszuhalten hatten.

Für die Deutschen, die noch im ausgehenden 19. Jahrhundert geboren wurden, endete die Zeit, die sie im Frieden verbringen durften, in ihrer Kindheit und Jugend.

Was nach 1914 kam, war eine Bedrohung mit frühem Tod, Verlust der Heimat, Vereinsamung der Generationen.

Immer wieder wurde von ihnen Haltung und Bewährung in Kriegszeiten und Notzeiten verlangt. Sie hatten sich in verhältnismäßig kurzen Lebensabschnitten neuen Verhältnissen anzupassen oder zu versagen.

Lebensziele, die einer sich stellte, wurden nie oder auf fürchterlichen Umwegen erreicht. Und dabei wollte jeder doch nur anständig leben und sterben.

So ist ihnen im Auf und Ab der Geschichte widerfahren, was der römische Kaiser Marc Aurel in seinen „Selbstbetrachtungen" niederschrieb:

„Man muß schließlich das lieben, was einem selber widerfährt und vom Schicksal verhängt wird. Denn was wäre schicklicher?"

Dies gilt auch für Walther Kurt Joseph Nehring, der am 15. August 1892 in Stretzin im westpreußischen Kreis Schlochau geboren wurde. In seinem Geburtsjahr wurde in Berlin die „Deutsche Friedensgesellschaft" gegründet, August Bebel schrieb „Christentum und Sozialismus", Gerhart Hauptmann „Die Weber" und Knut Hamsun den Roman „Die Mysterien". Dubois fand die Überreste des Affenmenschen auf Java, in

Hamburg wütete die Cholera, in den USA fand eine Wirtschaftskrise statt und in Berlin wurde das erste Reisebüro eröffnet.

In Europa herrschte Frieden.

Das Deutsche Reich war ein Bundesstaat aus Königreichen und Fürstentümern; Bismarck, der dieses Reich geschaffen hatte, war abgetreten; als Reichskanzler führte General v. Caprivi die Geschäfte unter Kaiser Wilhelm II., der seit vier Jahren regierte.

Die westpreußische Heimat Nehrings gehörte zu diesem Reich; etwas anders wäre damals unvorstellbar gewesen.

Die Nehrings sind eine alte Familie, die sich bis ins 14. Jahrhundert zurückverfolgen ließ.

Sie stammte aus Holland. Die ersten Nehrings waren bereits 1430 eingetragene Bürger der Stadt Danzig, während andere Nehrings aus Holland an den Niederrhein als Religionsflüchtlinge zogen. Anfang des 17. Jahrhunderts folgte Henrik Nehring aus Wesel der Zusicherung der Glaubensfreiheit für den freien Bürger und Bauern und siedelte sich im Raum Schneidemühl an. Seitdem waren die Nehrings Gutsbesitzer, einige auch Freischulzen.

Stephan Nehring, Freischulze zu Plöttke, sollte der Stammvater von Generaloberst Guderian und General der Panzertruppe Nehring werden, deren militärisches Schicksal so eng miteinander verbunden worden ist.

Stephan Nehrings Sohn Christoph (1703 – 1791) hatte während der Gegenreformation gegenüber dem polnischen Grundherrn und der katholischen Geistlichkeit selbstbewußt und mutig seinen protestantischen Glauben und seine deutsche Herkunft zu verteidigen. In Tarnowke steht die Fachwerkkirche, die er 1732 auf Befehl des katholischen polnischen Adels abreißen lassen mußte und 1773 neu erbaute, nachdem Westpreußen wieder preußisch geworden war.

Der „Alte Christoph" weist Züge auf, die auch seinen Nachfahren Walther Nehring in den späten Jahren eigentümlich waren. Das Porträt, das nach dem Westen gerettet werden konnte, beweist die Wiederkehr eines Ahnen in dem Nachgeborenen. Ein anderer Vorfahr aus der Nehring-Familie war Johann Arnold Nering (die Schreibweise wechselte), der 1659 in Wesel geboren wurde und 1695 in Berlin starb. In seinem Beruf als Festungsbaumeister und Architekt avancierte er 1685 zum Ingenieuroberst im brandenburgischen Generalstab und 1691 zum kurfürstlichen Oberbaudirektor. Ihm werden 186 Häuser und Bauwerke zugeschrieben, darunter der Mittelteil des Charlottenburger Schlosses, der Weiße Saal im Berliner Stadtschloß, der Marstall des Potsdamer Stadtschlosses, der ursprünglich als Orangerie des Lustgartens vorgesehen worden war und 1746 nach Plänen von G. W. v. Knobelsdorff umgestaltet wurde. Die Neringstraße in Berlin-Charlottenburg erinnert an ihn.

Stretzin, der Geburtsort Walther Nehrings, war ursprünglich ein Rittervorwerk des Schlosses Schlochau in der Zeit des Deutschen Ritterordens.

Rittervorwerke waren landwirtschaftliche Mustergüter für Getreide- und Gemüseanbau, Vieh- und vor allem Pferdezucht.

Das 1793 abgerissene Schloß Schlochau soll nach der Marienburg das größte und schönste Bauwerk im Ordenslande gewesen sein.

Die Landschaft war düster, was an den großen Wäldern lag, die zumeist mit Kiefern bestanden waren. Birken an Waldrändern und Wegen milderten kaum diesen Eindruck. Der Boden war mittelmäßig; es wurden Kartoffeln und Getreide angebaut.

Etwas belebt wurde diese Landschaft durch die Poststraße Berlin-Königsberg, die Friedrich der Große durch den Kreis Schlochau führen ließ.

Die Stretziner Nehrings führten das Wappen der Linie Clausfelde ihres Familienverbandes: Auf dem gespaltenen Schild ein wilder Mann mit Keule und ein silbernes Hufeisen. Auf dem Helm eine Krone, darauf zwei blaue Federn, die durch ein silbernes Hufeisen verbunden waren.

Die Herkunft Walther Nehrings ist eng mit dem Schicksal des deutschen Ostens verbunden; er war sich dessen stets bewußt und wurde selbst ein Stück dieses Schicksals als Vertriebener aus seiner Heimat.

Sein Vater Emil Nehring hatte in erster Ehe seine Frau Minna frühzeitig durch deren Tod verloren; ein Sohn, Edwin Nehring, stammte aus dieser Ehe. In zweiter Ehe heiratete er 1884 Martha Weiß, die Tochter der Marie Alexandrine v. Zitzewitz, die zum pommerschen Uradel gehörte.

Aus dieser Ehe stammten Else und Walther Nehring, der mit seiner sieben Jahre älteren Schwester aufwuchs. Als Sechsjähriger mußte Walther Nehring erleben, daß sein Vater das Gut Stretzin aufgab und nach Zoppot mit der Familie umzog. Der Verlust des Besitzes, der aus finanziellen Gründen erfolgte, traf die Familie schwer. Damals waren besonders für die Landwirte wirtschaftliche Notjahre in Westpreußen.

Über den Verlust von Stretzin schrieb Nehring später: „Wegen der mangelhaften Schutzzölle unter dem Reichskanzler v. Caprivi konnten viele Landwirte nicht mehr bestehen, zumal sie sich den veränderten Verhältnissen nicht recht anzupassen verstanden. So haben während der Caprivi-Zeit und unter ihren Nachwirkungen zwischen 1895 und 1910 die heimatliche Scholle 829 000 Landwirte und ihre Angehörigen verlassen. Zunächst wurden von unserer Familie Otto und später Ferdinand, der jüngste Bruder meines Vaters, zum Verkauf ihrer Güter Clausfelde und Rittersburg, beide im Kreis Schlochau, veranlaßt. Ihnen folgten 1898 freiwillig mein Vater Emil (Stretzin) und etwas später Arthur (Osterwik bei Konitz). Unter Reichskanzler v. Bülow blühte die Landwirtschaft wieder auf, da der Staat die Wirtschaftsbedingungen verbesserte. Für sehr viele Landfamilien kam der Umschwung zu spät; sie waren in die Stadt abgewandert. Die landentfremdeten Söhne dieser Familien wurden häufig Beamte und Offiziere, so auch wir 12 Nehring'schen Vettern aus der Linie Clausfelde."

Stretzin konnte noch günstig verkauft werden. Emil Nehring lebte nun als Rentier.

Sein Sohn Walther blieb jedoch in enger Verbindung mit dem Leben auf den Gütern. Seine Ferien verlebte er auf dem Gut Bendomin im Kreis Berent bei seiner Tante, wo seine Großmutter Marie v. Zitzewitz ihren Lebensabend verbrachte.

Ihr Großvater war der Dragonergeneral Johann Bogislaw v. Zitzewitz, Ritter des Pour le mèrite, Kommandeur des Leibkürassierregiments, dann Chef des Dragonerregiments Nr. 9 – ein Vorbild für den jungen Nehring.

Über seine Besuche bei der Großmutter schrieb Nehring später: „Das Wohnzimmer der alten Dame war das Spiegelbild einer vergangenen Epoche. Silbern schlug die Standuhr unter einem Glassturz ihre halben und vollen Stunden. In Kristallgefäßen dufteten getrocknete Rosenblätter. Von den Wänden schauten Vorfahren auf uns Kinder herab. Ein leiser Duft von Lavendel schwebte über allem."

In ihrem Buch „Ich schenk euch Bendomin" hat Nehrings Nichte Modeste Dahlweid (unter dem Pseudonym Weidendahl), die auf dem Gut aufwuchs, später geschrieben: „Es waren noch Jahre hin bis zum Ersten Weltkrieg, noch Jahre der Prosperität, Aufstieg, Glanz, Hoffnung: Freude, Lachen, Geselligkeit, Straußenfedern auf großen Hüten, Eleganz der Uniformen, die schwarzen Husaren in Danzig, deren Chef Generalfeldmarschall v. Mackensen war. Kein Haß zwischen den Völkern, Haß nur zwischen Polen und seinem ewigen Unterdrücker Rußland. Nicht Deutschland war Polens Urfeind – der war immer nur Rußland."

Groß Bendomin lag 45 Kilometer von Danzig entfernt. Im Jahre 1747 wurde auf dem Gut Josef Wybicki geboren, der sich als Politiker und Administrator auszeichnete und Dichter der Polnischen Nationalhymne „Noch ist Polen nicht verloren" wurde.

Modeste Weidendahl schreibt in ihrem Buch: „Wybicki ist nach 170 Jahren wieder eingezogen in das Haus, in dem er geboren wurde. Heute ist es ein Museum. Der polnische Staatschef Gierek war zur Einweihung erschienen, und nun halten Autobusse und Autos dort, Schulklassen gehen durch die Räume, bestaunen Bilder und Pergamente und denken wie Generationen vor ihnen: 'Noch ist Polen nicht verloren'! Sie danken Wybicki für dieses Lied, ihre Nationalhymne. Von 1868 bis 1945 schützte, pflegte und erweiterte die Familie Dahlweid dieses Haus, den Hof mit seinen Feldern und Mooren."

Die Autorin dieses Epilogs auf Bendomin ist mit dem Schriftsteller Horst Mönnich verheiratet. Mit ihrem Vater Walter Dahlweid ging der junge Nehring auf Jagd. Am Barkoschiner See schoß er seinen ersten Hasen. Damit begann für ihn eine wichtige Sache: das Waidwerk, das bis in sein hohes Alter ein Ausgleich zu dem Leben in der Stadt blieb.

Im Alter von 16 Jahren kam zum Waidwerk die Erforschung der Familiengeschichte. Beides wurde neben seinem Soldatenberuf die wichtigste Nebenbeschäftigung.

In Zoppot besuchte Walther Nehring eine private Vorschule, wie es damals für wohlhabende Familien üblich war, um auf die Höhere Schule vorbereitet zu werden. Im Alter von zehn Jahren kam er auf das Realgymnasium St. Johann in Danzig. Die Familie war aus Zoppot nach Danzig umgezogen. Auf einem Wunschzettel für Weihnachten standen einmal die Worte: „Auf jeden Fall aber die Kanone." Auf andere Spielsachen wollte er verzichten, wenn er nur die Kanone bekäme.

Das Realgymnasium lehrte nur eine alte Sprache, Latein, dazu kamen als moderne Fremdsprachen Französisch und Englisch. In den Fächern Mathematik und Naturwissenschaften näherte sich das Realgymnasium sehr stark dem Lehrziel der Oberrealschulen. Um die Jahrhundertwende kam das Radfahren auf; Nehring legte eine Prüfung ab, die damals noch verlangt wurde, und begann auf seinen Radtouren die Umgebung Danzigs zu erleben, er fuhr bis zur Kurischen Nehrung. Groß Bendomin blieb seine „Landheimat", dort wurde er im Fahren und Reiten ausgebildet, er erlernte den Beruf des Jägers und Landwirtes mit Hilfe seines Onkels Dahlweid in den Ferien.

Die Schule nahm er ernst, die seinen Horizont prägte. Realgymnasiasten standen alle Berufe offen.

Bald war es für Nehring selbstverständlich, den Offiziersberuf zu ergreifen. Seine wissenschaftliche Ausbildung am Realgymnasium gab ihm freilich etwas Gelehrtes, das mit dem Abitur im Jahre 1911 nicht aufhörte, sondern ihm blieb.

Der Abiturient nannte sich nun Walther K. Nehring. Den dritten Vornamen Joseph legte er ab. Joseph sollte, nach dem Willen der Eltern, „der Letzte" sein, was er auch biblisch bedeutete. Dem widersetzte er sich.

Durch seine Familienforschung wußte er, daß seine Vorfahren dokumentarisch seit 1430 im Osten erwähnt wurden. Was lag näher, als den Beruf des aktiven Offiziers in einem Regiment zu erlernen, das die Tradition des Deutschen Ritterordens besaß?

Als Kind hatte er im Osten gelebt, nur ihn kannte er, weite Reisen fanden für die Familie nicht statt.

Soldat wurde er nun in Marienburg, dem Hauptort des Deutschen Ordens mit der schönsten und größten Burganlage, die er hinterlassen hatte.

Sein Vater brachte ihn dorthin, er hatte Verbindungen zum Deutsch-Ordens-Infanterie-Regiment Nr. 152.

1913 wurde er zum Königlich Preußischen Leutnant mit Offizierspatent von 1911 ernannt, nachdem seine Zeit als Fahnenjunker vorüber war.

„Mein Vater und ich hatten uns aus mehreren Gründen für das Inf.-Rgt. Nr. 152 entschieden," schreibt Nehring. „Ausschlaggebend war der Rat von Vettern, die Offiziere im 6. (westpreußischen) Inf. Rgt. Nr. 149 in Schneidemühl waren und Freunde im Marienburger Regiment hatten. Das Offizierskorps sollte besonders gut zusammengesetzt sein. Auch die Nähe Danzigs spielte eine Rolle. Das Regiment war – zunächst mit zwei Bataillonen – erst am 31. März 1897 aus Regimentern des IV. Armeekorps im mitteldeutschen Raum aufgestellt worden. Seine ersten Standorte waren Magdeburg und Zerbst. Sein erster Kommandeur, Oberst v. Gerstein-Hohenstein gab dem jungen noch traditionslosen Regiment im Hinblick auf seine Stammregimenter den stolzen, selbstbewußten Wahlspruch mit: 'Wir wissen, was wir sind. Wir bleiben, was wir waren!'"

Den Namen „Deutsch-Ordens-Infanterie-Regiment Nr. 152" erhielt das Regiment durch Kabinettsorder des deutschen Kaisers und Königs von Preußen vom 27.1.1902, in der es hieß: „In meiner Armee vereinigen sich die Traditionen vieler deutscher Stämme und Landesteile. Diese Überlieferungen zu pflegen, ist mein Streben und meine Pflicht. Heer und Volk sind bei uns eins; im Heer verkörpert sich die Geschichte meines Landes. Mögen die neuen Namen, die ich hiermit verleihe, das Bewußtsein lebendig erhalten, daß unser Deutsches Reich geschaffen ist durch die Tüchtigkeit der einzelnen Glieder seines Volkes, und daß es die Pflicht eines jeden Angehörigen meines Heeres ist, seinen Stamm, seine Heimat im Wetteifer mit anderen zu Ehren zu bringen. Möge den Truppenteilen hieraus ein neuer Anspruch erwachsen zur Pflege des Geistes, der allein ein Heer groß und siegreich macht..."

Am 26.8.1910 erhielten die Bataillone neue Fahnen, die auf einer Seite an Stelle des üblichen preußischen Adlers das Kreuz der Hochmeister trugen. In der Kabinettsorder hieß es: „Ich habe beschlossen, die Fahnen des Deutsch-Ordens-Infanterie-Regiments Nr. 152 mit dem Zeichen des Deutschen Ritterordens zu schmücken, in der es der Hochmeister Ulrich von Jungingen auf dem Banner geführt hat, unter dem er, ein Vorbild ritterlicher Tapferkeit, ruhmvoll kämpfend den Heldentod erlitten hat. Ich will dadurch das Andenken an die unsterblichen Verdienste ehren und lebendig erhalten, die sich der Orden um Deutschland erworben hat, indem er in langem aufopferungsvollen Ringen Preußen den Segnungen des Christentums gewonnen, weite Ländergebiete deutscher Gesittung erschlossen und erhalten hat."

Am selben Tage dankte der Kommandierende General des XVII. A.K., General der Kavallerie August v. Mackensen, in Danzig dem Kaiser persönlich: „... und das Deutsch-Ordens-Regiment? Nun, es wird im Aufblick zu dem bedeutungsvollen schwarzen Kreuz im weißen Feld, mit dem Eure Majestät seine Fahnen geschmückt hat, unerschütterlich sich erweisen, wie gerade in diesen Wochen vor 500 Jahren das hohe Wahrzeichen Westpreußens, die Marienburg..."

Daraus geht hervor, daß die 500-Jahrfeiern der Marienburg dem in Marienburg liegenden Regiment diese ungewöhnlichen neuen Bataillonsfahnen einbrachten.

Die Stadt hatte etwa 15 000 Einwohner.

Die Ausbildung auch des jungen Nehring als Fahnenjunker war hart, aber nicht übertrieben. Es galt die Erkenntnis, daß der Waffen- und Gefechtsdrill im Ernstfall Blut spart. Die formale Exerzierausbildung sollte nicht „das Rückgrat brechen", sondern aus dem damals sportlich wenig geübten jungen Menschen einen auch körperlich durchgebildeten Soldaten formen.

Ersatz erhielt das Regiment zu je einem Drittel aus Westpreußen, Hamburg und dem Ruhrgebiet.

Über das Offizierskorps schreibt Nehring: „Der Lebenszuschnitt war gut bürgerlich, da wir keine reichen Offiziere unter uns hatten. Der Leutnant war auf eine monatliche private Zulage von mindestens 50 Mark bis etwa 150 Mark angewiesen, da sein Gehalt nur 125 Mark betrug, womit auch in der damaligen Zeit keine Sprünge gemacht werden konnten. Die jungen Offiziere vor 1914 dienten tatsächlich, so merkwürdig das auch heute klingen mag, um der Ehre willen ihrem König und Vaterland, und zwar mehr oder weniger auf eigene Kosten! Dazu kamen die außerordentlich langen Dienstzeiten in den unteren Dienstgraden. Oberleutnant wurde man mit neun Dienstjahren, Hauptmann mit 17 Dienstjahren und zwei Monaten!

Das Offizierskorps stellte eine große Familie dar, in der jedes Mitglied seine persönliche Note hatte, in der sich aber auch jeder für den anderen verantwortlich fühlte. Bemerkenswert war, daß (allgemein im deutschen Heer) alle Offiziere gesellschaftlich Gleiche unter Gleichen waren, wobei selbstverständlich Takt und Höflichkeit gegenüber den Älteren und Ranghöheren zu beachten waren.

Unsere Unterhaltungen im schönen Kasino kreisten keinsfalls um Kasernenhofthemen, die als ‚Kommiß' verpönt waren.

Oberleutnant Max Oehler schrieb 1908/12 eine zweibändige Geschichte des Deutschen Ritterordens, nach dem Ersten Weltkrieg wurde er Archivar des Nietzsche-Museums in Weimar.

Oberleutnant Liel war bereits damals ein beachtenswerter bildender Künstler, der nach 1918 die Malkunst in Münster als Lebensberuf ausübte. Oberleutnant Fritz Podzun war ein Sammler und Kenner alter Literatur, sein jüngerer Bruder Hans ein Amateurschauspieler und Rezitator über Durchschnitt. Die Leutnante v. Osterroth und Kappis waren Inhaber der ersten Militär-Flugzeugführerscheine. Zwei Kameraden, Runkel und Wahler, hatten die weite Welt kennengelernt, da sie mit hoher Auszeichnung Mitkämpfer im harten Hererofeldzug 1904/06 in Deutsch-Südwestafrika gewesen waren.

Gern denke ich auch an den geselligen Verkehr im Offizierskorps, in den Bürgerkreisen und auf dem Lande zurück. Ein Offizier heiratete die Tochter des Ersten Bürgermeisters, und vier Leutnante wurden im Laufe der Zeit Schwiegersöhne auf Gut Neuburg im Kreise Stuhm! Da sie später alle den Rang eines Generals erreicht haben, war das eine einmalige Angelegenheit und sprach für die Güte der vier Schwestern."

Nehring kam in die 8. Kompanie, die „ganz auf neuzeitliche Menschenführung und Gefechtsausbildung eingestellt war, da ihr Chef die Notwendigkeit dazu in den Kämpfen in Deutsch-Südwestafrika persönlich festgestellt hatte."

Das Lied, das zum Deutschen Ritterorden und den deutschen Siedlern gehörte, war ein mittelalterliches Volkslied der flämischen Ostlandfahrer:

„Nach Ostland wollen wir reiten,
nach Ostland wollen wir gehn,
wohl über die grünen Heiden,
frisch über die Heiden,
da wollen wir besser uns stehn.

Wenn wir ins Ostland kommen,
ins hohe Haus gar fein,
da werden wir eingelassen,
ja eingelassen,
man heißt uns willkommen sein."

Das „hohe Haus" war wohl auch die Marienburg an der Nogat, der Sitz der Hochmeister, der von Venedig dorthin verlegt worden war.

In dieser Stadt wurde der junge Nehring Offizier – ein Jahr und wenige Monate vor dem Ersten Weltkrieg.

Nehrings Personalakten im Bundesarchiv/Militärarchiv Freiburg im Breisgau beginnen mit der Zustimmung des Offizierskorps zur Wahl zum Leutnant vom 25. Januar 1913: „Auf Befehl des Königlichen Oberst und Regimentskommandeurs Herrn Maschke versammelten sich heute die beim Regiment anwesenden Offiziere des Königlichen Deutsch-Ordens-Infanterie-Regiments Nr. 152, um sich darüber zu erklären, ob sie den Fähnrich Walther Nehring, nachdem er in der mit ihm abgehaltenen wissenschaftlichen Prüfung von der Königlichen Ober-Militär-Prüfungskommission laut des ihm unter dem 23. Januar 1913 erteilten Zeugnisses als reif zur Beförderung zum Offizier anerkannt ist, für würdig erachten, zum Offizier ernannt zu werden." Nach den Leutnanten unterschrieben die Oberleutnante und Hauptleute. Das Zeugnis nannte den Besuch der Kriegsschule Anklam. „Seine Führung war in dienstlicher und moralischer Beziehung stets als lobenswert zu bezeichnen." Im Vorschlag zur Beförderung hieß es unter „Bemerkungen": „Der Fähnrich Nehring ist schuldenfrei, er ist Zivilabiturient."

Über den 21jährigen Leutnant Nehring heißt es im Qualifikationsbericht vom 1. Dezember 1913: „Mittelgroße Figur, einwandfreie Umgangsformen mit hohem Sinn für Kameradschaft. Gefestigt im Charakter, in seinem Auftreten fehlt etwas jugendliche Frische. Er wirtschaftet gut. Geistig und körperlich genügend, militärisch ausreichend beanlagt, bedarf er noch sehr der Anleitung. Bei seinem Fleiß verspricht er ein brauchbarer Offizier zu werden. Füllt seine Stelle aus." Unterzeichnet hatte Oberst Stamm, der Regimentskommandeur.

Jeden aktiven Offizier begleiteten diese ihm unbekannten Qualifikationen.

Seine letzte Beurteilung sollte Nehring von Generalfeldmarschall Schörner 1945 erhalten.

Die erste Qualifikation zeigt schon den zurückhaltenden Nehring, der nicht gehemmt, sondern distanziert aus Veranlagung wirkt. Er sollte später oft hinter sich selbst zurücktreten. Er kam nicht aus dem Kadettenkorps; er war „Zivilabiturient."

Auch dadurch unterschied er sich von anderen Jahrgangskameraden, mit denen er später gemeinsame Wege ging.

Im Herbst 1913 änderte sich das militärische Umfeld in Nehrings Heimat Westpreußen.

Dort hatte es nur Truppenteile des XVII. Armeekorps (35. und 36. Division mit Korpstruppen) gegeben. Unter dem Druck der Aufrüstung in Rußland und Frankreich wurde nun das XX. Armeekorps mit dem Generalkommando in Allenstein (Ostpreußen) gebildet. Es erhielt eine dritte Division, die neuaufgestellte 41., die wie die anderen beiden Divisionen (35 und 36) in westpreußischen Garnisionen lag.

Das Deutschordensregiment, in dem Leutnant Nehring diente, kam zu dieser neuen 41. Division.

Er war Zugführer in der 8. Kompanie.

2. KAPITEL

# *Im Ersten Weltkrieg*

Im Alter von 22 Jahren zog Leutnant Nehring in seine erste Schlacht. Sie fand in Ostpreußen statt. Als Zweiundfünfzigjähriger sollte er Ende April 1945 seine letzte Schlacht überleben, die er selbst zu führen hatte.

1914 hieß der erste „Kugelregen" die „Feuertaufe". Sie fand für Nehring am 28. August statt und machte auf ihn einen starken Eindruck. Die Offiziere stürmten mit Degen und silbernen Offiziersschärpen, durch die sie für den Feind aus ihren Mannschaften hervorgehoben wurden, ohne eine wirkliche Waffe gegen die in Deckung liegenden Russen. Nehring fand das fürchterlich. Durch feindliches Feuer zu Boden gezwungen, stach ihm einer seiner Leute mit dem Bajonett in die Wade, was als Verwundung aber nicht gerechnet wurde.

Da ließ sich der Zweiundzwanzigjährige einen Karabiner geben und beteiligte sich am Gefecht.

Wie kam es dazu?

Am 2. August 1914 war der Befehl zur Mobilmachung durch den Kaiser gegeben worden, um das Deutsche Reich im Osten und Westen zu verteidigen. Nach der Mobilmachung wurde das Deutsch-Ordens-Infanterie-Regiment Nr. 152 (41. Division, XX. Armeekorps) aus seinen Garnisonen Marienburg und Stuhm in die Grenzschutzstellung im Raum um Ortelsburg transportiert. Etwa am 22. August bezog das Regiment eine Stellung bei Gilgenburg mit Front nach Osten und erwartete die Russen, die im Vorgehen von Mlawa her sein sollten. Einzelheiten waren den Offizieren bis zu den Bataillonskommandeuren über die beabsichtigten Kriegspläne nicht bekannt.

Nehring schreibt: „Der Operationsplan der russischen Heeresleitung zur Eroberung Ost- und Westpreußens war an sich einfach und klar und daher gut. Man wollte die ostwärts der Weichsel eingesetzten deutschen Kräfte durch doppelte Umfassung vernichten. Dazu sollte die 1. oder Njemen-Armee mit 9 1/2 Inf-Divisionen und 5 1/2 Kavallerie-Divisionen unter dem baltischen General Rennenkampff die Masurischen Seen zum Frontalangriff nördlich umgehen, während die 2. oder Narew-Armee mit 10 1/2 Infanterie-Divisionen und 3 Kavallerie-Divisionen unter General Samsonow die Seenkette südlich und westlich umfassen und die deutsche 8. Armee, die man ostwärts Königsberg vermutete, in Flanke und Rücken angreifen.

Am 17. August überschritt Rennenkampff die Grenze in Richtung Insterburg, es kam zur Schlacht bei Gumbinnen, die der damalige deutsche Oberbefehlshaber am 20. August abends abbrach, als die Meldung vom Anmarsch der Narew-Armee gegen die Linie Soldau-Ortelsburg einging. Unter dem Eindruck dieser Rückenbedrohung wollte er hinter die Weichsel ausweichen und hätte damit Ost- und Westpreußen dem Feinde preisgegeben. Die bisher im Raum Gumbinnen kämpfenden deutschen Verbände (I. und XVII. Armeekorps, I. Reservekorps und 3. Res. Division) waren bereits nach Westen in Marsch gesetzt worden, während das XX. Armeekorps im Raum Gilgenburg-Ortelsburg bereitgestellt wurde, um den Abmarsch gegen Samsonows Vorgehen zu decken.

In dieser äußerst gespannten Lage wurde Hindenburg, der in Hannover im Ruhestand lebte, am 22. August völlig überraschend mit der Führung des Kampfes ostwärts der unteren Weichsel beauftragt. Sein Chef des Generalstabes wurde Ludendorff, der sich bereits Anfang August bei Lüttich in ungewöhnlichem Maße bewährt hatte. Beide Männer kannten sich nicht.

Nach ihrem Eintreffen in Marienburg in Westpreußen am 23. August entschloß sich General v. Hindenburg, die vorläufige Trennung der beiden russischen Armeen durch die Masurische Seenplatte zur Vernichtung der südlich vorgehenden Narew-Armee auszunutzen, soweit ihm das Verhalten der Russen dazu Zeit und Raum gewähren würde."

Hindenburg und sein Stabschef Ludendorff stellten den bisherigen Rückzug nach Westen aus der bereits laufenden Bewegung heraus auf Angriff nach Süden um.

Nehring schreibt: „Es war ein kühner Plan. Würde das XX. Korps mindestens 3 Tage lang der fünffachen Übermacht Samsonows standhalten? Würde Rennenkampff die neue Lage erkennen und unverzüglich in den Rücken der 8. Armee stoßen, die nur ein bis zwei Tagesmärsche davon entfernt kämpfte?

Trotz sehr vieler Friktionen, zahlreicher Irrtümer, einer Reihe von Führungsfehlern unterstellter Verbände, mangelhafter Nachrichtenverbindungen, starker Überbeanspruchung der Truppe durch große Hitze, schlechte Sand- und Waldwege gelang der große Schlag, obwohl die Russen – genau wie 1941/45 –

hartnäckig und geschickt kämpften und nicht allgemein schlecht geführt wurden."

Nehring führt hierzu den Vorstoß der 41. Division südlich des Mühlensees auf Waplitz an, durch den dem russischen XV. Korps die Rückzugsstraße nach Neidenburg verlegt werden sollte.

„Die Division stieß am 28. August bei Hellwerden im dichten Nebel auf starken Feind nördlich Waplitz, vor dem sie liegenblieb. Als fast die ganze Division eingesetzt war, bis auf das II./152, zu dem Leutnant Nehring gehörte, setzte eine tatkräftige russische Kommandostelle von Neidenburg her bereits durchgebrochene Teile des XXIII. Korps zum Gegenangriff in ihren Rücken ein. Dadurch entstand eine schwere Krise bei der Division, die sich nur unter schweren Verlusten aus der Einschließung lösen konnte, wobei das nach rückwärts eingesetzte letzte Reservebataillon II./152 zersprengt wurde. Die Regimentsgeschichte schreibt darüber: ‚... als auf Hilfe nicht mehr gerechnet werden konnte, schlägt sich jede Kompanie, Zug um Zug einzeln durch nach Seythen. Leutnant Nehring, als einer der letzten am Feinde, verpaßt die Lücke bei Seythen und schlägt sich mit seinem Zug ostwärts des fast 10 km langen Mühlensees hinter der Front der vor dem Dorf Mühlen kämpfenden Russen nach Norden durch. Dabei werden 20 Russen gefangen und mitgeführt. Am späten Nachmittag gelingt ihm endlich der Anschluß an die von Mühlen nach Osten erfolgreich vorgehenden Teile der 37. Division.'

Welchen Eindruck machten diese Ereignisse auf uns junge Frontsoldaten? Wir waren überzeugt, die größte Niederlage erlitten zu haben.

Und wie waren die Tatsachen, die wir am nächsten Tag erfahren sollten? Zu unserer größten Überraschung war die Schlacht in ihrer Gesamtheit gewonnen.

Der aus mancherlei Gründen unglücklich verlaufene Angriff unserer Division hatte starke Kräfte des russischen XV. Armeekorps nach Waplitz gezogen, dadurch den durch Umfassung sehr gefährdeten Nordflügel des eigenen XX. Armeekorps bei Mühlen wesentlich entlastet und den erfolgreichen eigenen Gegenangriff aus Hohenstein unterstützt.

Die Narew-Armee war für lange Zeit ausgeschaltet, die feindliche Heeresgruppe zum Rückzug gezwungen, der größte Teil Ost- und Westpreußens vom Feinde befreit.

Was aber schwerer wog, war der ungeheure Eindruck, den deutsche Tatkraft, deutsche Soldaten und deutsche Führungskunst, auch gegen Übermacht und unter schwierigsten Verhältnissen, auf russischer Seite hinterließen. Ihr Nimbus und das Gefühl eigener Unterlegenheit wirkten sich während der Dauer des Krieges und darüber hinaus bei allen russischen Verbänden aus, denen deutsche Truppen entgegentraten.

Das Reichsarchivwerk von 1925, Band 2, urteilt: „...daß nach Leipzig (1813), Metz und Sedan (1870) Tannenberg als die größte Einkreisungsschlacht dasteht, die die Welt kennt. Sie wurde im Gegensatz zu diesen gegen einen an Zahl überlegenen Feind geschlagen, während gleichzeitig beide Flanken von Übermacht bedroht waren. Die Kriegsgeschichte hat kein Beispiel einer ähnlichen Leistung aufzuweisen; denn bei Cannae fehlte die Rückenbedrohung."

Vor den schweren Kämpfen bei Waplitz am 28. August hatte das Regiment 152 am 26. August im Gefecht bei Jankowitz die Feuertaufe erhalten.

In der Regimentsgeschichte heißt es: „Um 6.45 Uhr nachmittags ist die Linie Ganshorn-Groß Gardienen erreicht. Hauptmann Wahler aber und die Leutnante Zumbusch, Anders und Nehring sind mit einem Häuflein von Entfernungsschätzern, Hornisten und Gruppenführern weit über die erreichte Linie vorgestoßen. Atempause. Als sie Verbindung mit ihren Kompanien suchen, erhalten sie von rückwärts Feuer. Sie geben Signale, zeigen ihre Helme, aber es nützt nichts. Erst als sie von ihren eigenen Kompanien gestürmt werden, sind sie erlöst. Adjutanten und Ordonnanzoffiziere reiten noch spät in der Dunkelheit über das Gefechtsfeld, ordnen Verbände, weisen Bagagen die Wege, bringen Befehle. Durch die Nacht dringt das Stöhnen verwundeter Russen. Zum ersten Male sehen wir die scheußlich zerstörten und verbrannten Dörfer. Ausgeraubt, verwüstet, verbrannt. Leere Fensterhöhlen, Mauer- und Schornsteinreste, zertretenes Hab und Gut auf den Straßen, erschlagene Menschen, Tierreste. Tod und Verwüstung überall."

Während der Schlacht an den Masurischen Seen wird Nehring am 11. September 1914 durch Kopf- und Halsschuß zum ersten Mal verwundet. Über Angerburg kommt er ins Reservelazarett Danzig. Schon am 27. September ist er beim Ersatz-Infanterie-Regiment 152. Am 1. Oktober wird er mit einer Kompanieführerstelle beliehen, wie es damals hieß.

Als Adjutant des Mobilen Feldersatzbataillons des Inf. Rgts. 148, umbenannt in II. I.R. 141, geht er wieder an die Front. Am 25. November zieht er sich eine Sehnenzerrung in den Gefechten bei Ciechanow-Opina Gora-Gurne am rechten Unterschenkel zu, die ihn vom 30. November bis 26. Dezember 1914 im Reservelazarett Danzig festhält. Vom 27. Dezember 1914 bis 22. Januar 1915 gehört er zum Ersatzbataillon seines alten Regiments 152.

Am 27. Januar 1915 wurde ihm das Eiserne Kreuz II. Klasse verliehen. Es war Kaisers Geburtstag. Dazu kam das Verwundetenabzeichen in Schwarz.

Am 23. Januar 1915 kehrte er zum Feldregiment 152 zurück und wurde mit der Führerstelle 9. Kompanie beliehen. Am selben Tag beginnt die Schlacht an der Rawka-Bzuera, die bis zum 9. Februar 1915 andauert.

Es folgen die Kämpfe um Kolno, dann bis zum Sommer 1915 die Stellungskämpfe vor Lomza, vom 14. bis 25. Juli 1915 wird die Schlacht um Schaulen geschlagen, es folgen Gefechte gegen Mitau.

Die Regimentsgeschichte verzeichnet im Kapitel „Von Mitau bis zur Düna-Stellung“ (1. August bis 10. September 1915) unter dem 2. September: „Bei dem I. und II. Bataillon entwickeln sich fortlaufend kleine Gefechte. Es regnet in Strömen. Oberstleutnant Matschke (Rgts.Kdr.), Hauptmann Schaefer und Leutnant Nehring sind erkrankt. In 10 Tagen hatte das Regiment 31 Tote und 156 Verwundete.“

Nehring muß seine 8. Kompanie an Leutnant d. R. Hückel übergeben; am 2. September kommt er ins Lazarett Poniewicz wegen Typhusverdacht. Glücklicherweise ist es nur ein Magen- und Darmkatarrh, den er vom 16. September bis 30. Oktober im Lazarett Tilsit auskurieren kann. Nach einem kurzen Genesungsurlaub kehrt er am 9. November 1915 zum Regiment zurück, das vor Jacobstadt in Stellung liegt, und übernimmt die 6. Kompanie.

Hier wird nur verteidigt, es kommt zu kleineren Gefechten, auch zu einer größeren Schlacht.

Nehring hielt es bald nicht mehr im Schützengraben aus, in dem zumeist untätig die Zeit verbracht wurde.

Er meldet sich zur jungen Fliegertruppe, um endlich eine bessere Aufgabe zu erhalten. Es war üblich, daß die jungen Offiziere, die zur Fliegertruppe drängten, zuerst als Beobachter ausgebildet wurden, ehe sie selbst fliegen durften.

Mit zwei Regimentskameraden, den Leutnanten Boden und Wollenberg wird Nehring am 6. Juni 1916 zum Armeeflugplatz Schaulen abkommandiert. Am selben Tag wird er zum Oberleutnant befördert.

Doch zwei Wochen später, am 23. Juni 1916, stürzt Nehring als Beobachter mit dem Flugzeug ab. Ein Soldat, der ihn aus dem brennenden Wrack rettet, erhält die Lebensrettungsmedaille.

Nehring hat sich einen Kieferbruch zugezogen. Bis 14. November 1916 muß er sich im Kriegslazarett Schaulen und Festungslazarett Danzig aufhalten.

Der erste Versuch des jungen Infanterieoffiziers, sich mit neuer Technik im Dienst des Militärs vertraut zu machen, ist gescheitert.

Während seines Lazarettaufenthaltes in Danzig läßt er sich bis zur Entlassung auf eigenen Wunsch dem Ersatzbataillon Landwehr-Inf. Rgt. 21 zuteilen, um dort Dienst zu leisten. Nach kurzem Aufenthalt beim Ersatz-Inf.-Rgt. 152 wird er am 4. Dezember 1916 an die Westfront versetzt. Dort erhält er die 1. MG-Kompanie im Inf.-Rgt. Keith (1. Oberschlesisches) Nr. 22, das zum VI. Reservekorps gehört und, nach der Somme-Schlacht stark geschwächt, bei Lens in Nordfrankreich liegt.

Das Regiment schickt ihn nach kurzer Zeit zum MG-Lehrkursus auf den Truppenübungsplatz Döberitz bei Berlin, damit er sich mit dieser Waffe vertraut machen kann (25. Januar 1917 bis 7. März 1917).

Die Westfront, das ist jetzt die Hölle.

Nehrings Personalakte weist 1917 seine Teilnahme vom 30. März bis 7. Mai an den Kämpfen vor der Siegfriedfront auf, vom 8. bis 20. Mai an der Frühjahrsschlacht bei Arras, auf die bis 19. August Stellungskämpfe im Artois folgen.

Er lebte in Unterständen inmitten von Sümpfen unter dauerndem Artilleriebeschuß. Fürchterliche Stellungskämpfe um Hügel und Grabenabschnitte wurden zum Alltag.

Mit seiner 1. MG-Kompanie konnte Oberleutnant Nehring auch taktisch führen; der Einsatz der Maschinengewehre entschied in diesem Grabenkrieg oft über Erfolg und Mißerfolg in der Abwehr.

Im Juli 1917 vertritt er zwei Wochen den Führer seines Bataillons, behält aber seine Kompanie.

Nach der Herbstschlacht in Flandern (5. bis 19. November) erhält er am 25. November das Eiserne Kreuz I. Klasse während seiner Kommandierung zum Bataillonsführer-Lehrgang in Leforest.

Im Dezember vertritt er während der Stellungskämpfe die Führer des I. und II. Bataillons.

Im März 1918 ist er einige Tage auf einem Lehrgang im indirekten Schießen mit dem MG und im Fliegerbeschuß. In der Schlacht bei Armentières (9. bis 18. April) ist er Bataillonsführer.

Am 1. August 1918 erhält Nehring am Fuße des Kemmelberges ostwärts Bailleul in Flandern einen Bauchschuß. Dem Schwerverwundeten rettet sein Bursche Kijewski das Leben, als er ihn aus dem Feuer zum Verbandsplatz trägt, damit er schnell behandelt werden kann. Bauchschüsse waren tödlich, wenn sie nicht rasch operiert werden konnten. Damit ist für ihn der Fronteinsatz beendet.

Am 27. Juli 1918 hatte er das Verwundetenabzeichen in Silber erhalten.

Ein Feldlazarett bei Lille nimmt ihn auf. Zwei Tage nach seinem 26. Geburtstag trifft er im Hamburger Reservelazarett IV (Jerusalem) ein, aus dem er am 27. September entlassen wird, um seine Gesundheit wiederherzustellen, wie es in der Personalakte heißt. Zugewiesen wird Nehring der Ersatz-MG-Kompanie des XX. Armeekorps.

Der schwerkriegsbeschädigte Oberleutnant kehrt nach Danzig in die Wohnung seiner Mutter zurück. Sein Vater war am 20. Oktober 1915 gestorben.

Dort erfährt er auch vom Waffenstillstand, vom Ende der Monarchie in Preußen und im Reich.

Der Krieg ist zuende. Es gibt keinen Kgl.-Preußischen Oberleutnant Nehring mehr.

Notdürftig ist seine Gesundheit wiederhergestellt. Am 16. November 1918 tritt Oberleutnant Nehring seinen Dienst als Adjutant des Kommandeurs der Ersatz-MG-Truppen des XX.A.K. in Deutsch-Eylau an.

3. KAPITEL

# *Grenzschutz und Reichswehr*

Das deutsche Oberkommando Ost erhielt an diesem 16. November Friedrich Eberts Zustimmung zu seinem Vorschlag, freiwillige Verbände aufzustellen, um die Rückführung der noch tief in Rußland, der Ukraine und im Kaukasus stehenden deutschen Truppen zu sichern. Dazu waren die von der Westfront zurückkehrenden Truppen in ihren ost- und westpreußischen Garnisonen nicht in der Lage. Die Regimenter zählten oft nur zweihundert bis dreihundert Mann, die so schnell wie möglich entlassen werden wollten. Ältere Jahrgänge waren bereits nach Haus geschickt worden.

Nehrings Aufgabe wurde es nun, diese freiwilligen Verbände aufzustellen, nachdem die Oberste Heeresleitung in Kassel am 24. November 1918 einen „Freiwilligen Grenzschutz" im Osten des Reiches befohlen hatte.

In mühevoller Kleinarbeit geschah dies im XX.A.K., das für die MG-Truppen in Oberleutnant Nehring einen guten Organisator gefunden hatte. Beschleunigt wurde diese Arbeit durch den Posener Aufstand vom 27. Dezember 1918, der Stadt und Behörden in polnische Hand brachte. Ausgelöst wurde der Aufstand durch den Pianisten und Politiker Paderewski, der am Tage vorher in der Stadt eintraf. Vorbereitet war er schon längere Zeit. Die Polen forderten die alten Grenzen von 1772, nachdem ihnen ihre Selbständigkeit von den Alliierten zugesichert worden war. Um dem Friedensvertrag zuvorzukommen, der sie bestätigen sollte, worauf sie aber nicht vertrauen konnten, erhoben sie sich erfolgreich, begünstigt durch die Lähmung der deutschen Regierung und das Versagen der deutschen militärischen und zivilen Stellen. Für Westpreußen wurde die Situation kritisch. Hier kam es am 31. Dezember 1918 bei Nackel zum ersten Gefecht mit polnischen Aufständischen.

Am 9. Januar 1919 erließ die Reichsregierung einen Aufruf, daraufhin machte die Freiwilligenwerbung Fortschritte. Es entstanden Einwohnerwehren und freiwillige Feldverbände.

Am 19. Januar wurde – nicht zuletzt nach den Erfahrungen mit dem Spartakus-Aufstand in Berlin – wieder die alte militärische Disziplin von der Reichsregierung eingeführt. Die Soldatenräte verloren ihre meisten Rechte.

Eine Demobilisierung des XX.A.K. kam nicht mehr in Frage. Nehring schrieb später über diese wirre Zeit: „Die Generale sahen ihre Aufgabe darin, ihre Verbände in der alten Friedensgliederung aufzustellen, soweit es die Ergebnisse der Werbung, die Waffen- und Munitionslage sowie das noch vorhandene Gerät, die Ausrüstung und der Pferdebestand zuließen. In jedem Landkreis wurden Werbebüros eröffnet. Aufgestellt wurde möglichst außerhalb der großen Städte, da die innerpolitische Lage berücksichtigt werden mußte. Die Einheiten hatten eine geringere Stärke als im Frieden. Die alten Bezeichnungen blieben, allerdings mit dem Zusatz ‚Freiwillig', besondere Abzeichen wurden gestattet, um Korpsgeist zu schaffen.

Es gab die mobile Löhnung mit einer täglichen Zulage von fünf Reichsmark, volle Verpflegung, Bekleidung und Ausrüstung. Monatlich konnte gekündigt werden. Der Zulauf war gut, begünstigt durch die allgemeine Arbeitslosigkeit, ebenso die Disziplin, was vom jeweiligen Führer abhing. Männer, die sich nicht anpassen wollten, erkennbare Spitzel oder Spartakisten waren, wurden fristlos entlassen."

Das Generalkommando des XX.A.K. stellte eine „Große Reichswehrbrigade 37" mit 400 Offizieren und 10 100 Mann auf. Da aber überplanmäßig noch 450 Offiziere und 8 400 Mann zur Verfügung standen, wurde aus ihnen die „Freiwillige 41. Inf.-Division" mit dem Stabsquartier in Deutsch-Eylau gebildet. Als MG-Offizier gehörte Nehring ab 1. April 1919 diesem Stab an. Im März hatte er die MG-Truppen des XX.A.K. aufgelöst.

Im Divisionsstab erhielt Nehring neben seiner Tätigkeit als MG-Offizier auch eine Verwendung als Aufklärungs- und Fürsorgeoffizier.

Später wurde aus der Division die Reichswehrbrigade 41.

Die Freiwillige 41. Inf.-Division sicherte im Grenzschutz die Kreise Rosenberg, Neumark, Löbau und Soldau. Kommandeur war Generalmajor v. Grodeck. Als Hauptleute dienten dort v. Salmuth und Walter Weiß, die später Armeen führten.

Das XX.A.K. hatte als Kommandierenden General den General Albrecht, Chef des Stabes war Oberst Bürkner, Ic Major i. G. Erfurth.

Die Aufstellung des Grenzschutzes leitete Major Frhr. v. Willisen als Stabschef; am 3. Februar 1919 übernahm Feldmarschall

v. Hindenburg das Oberkommando und verlegte die OHL am 14. Februar 1919 aus Kassel nach Kolberg.

Nehring schreibt: „Mit dem fortschreitenden Aufbau und der Festigung des Grenzschutzes im Rahmen der Ostkorps II, XVII und XX gewann der Plan der OHL, den ungesetzlichen Posener Aufstand durch einen legalen Gegenschlag zu beseitigen, an Boden. Die Waffenstillstandsbedingungen der Entente vom 11. November 1918 standen dieser Absicht nicht entgegen. Die eigenen Kräfte würden in absehbarer Zeit stark genug sein. Die Stimmung der Truppe war völlig darauf eingestellt. Die Ernennung des bewährten früheren Armeeführers Otto v. Below zum Kommandierenden General des XVII.A.K. in Danzig ließ auf besondere Absichten schließen. Ein als sicher erwarteter Erfolg hätte auch der Reichsregierung in ihrer schwierigen Lage im Innern und wohl auch bei den zu erwartenden Friedensverhandlungen erhebliches Prestige und Autorität verschafft. Polen war bisher kein kriegführender Verbündeter der Entente. Im Osten gab es den überlegenen sowjetrussischen Feind, in Galizien kämpfte man gegen die dort ansässigen Ukrainer."

Noch immer war Posen eine preußische Provinz. Doch am 16. Februar 1919 kam es zu einem Waffenstillstand im Netzedistrikt, zu dem eine Demarkationslinie gehörte. Der deutsche Unterhändler Matthias Erzberger telegrafierte am 17. Februar 1919 dem Magistrat der Stadt Bromberg: „Bromberg und Netzedistrikt durch soeben abgeschlossenes Waffenabkommen vor Einfall polnischer Banden gesichert."

Nehring schreibt: „Es war in Wirklichkeit eine diplomatische und praktische Niederlage des Deutschen Reiches im Kampf um seine Ostgebiete, wie sie damals empfunden wurde. Sie verhinderte eine schnelle Bereinigung des Aufstandes einer preußischen Provinz, die möglich gewesen wäre. Die Vorbereitungen dazu gingen allerdings weiter. Die Absicht wurde aus Gründen der politischen Einsicht jedoch später aufgegeben, als die deutsche Nationalversammlung in Weimar sich entschlossen hatte, das Diktat von Versailles bedingungslos anzunehmen. Die Freiwilligenverbände des Grenzschutzes Ost waren enttäuscht. Sie wurden nunmehr entbehrlich und kamen zur Entlassung." Oberleutnant Nehring wurde vom 4. bis 20. Juni 1919 mobiler stellvertretender Kreiskommissar des Kreises Dt. Eylau.

Er schreibt: „Eine sehr zweckmäßige Einrichtung der OHL war ab Februar 1919 die Abordnung besonderer Generalstabsoffiziere durch die Generalkommandos zu den Landräten ihres Korpsbezirkes. Diese mobilen Kreiskommissare waren den Landräten nicht unterstellt. Sie sollten zwischen dem Generalkommando, dem Grenzschutz und den Behörden Verbindung halten, sich gegenseitig unterrichten und den Ausbau eines bürgerlichen Grenzschutzes anregen, beraten und fördern, wobei der Landrat helfen sollte."

Diese Tätigkeit lag Nehring, der durch seine schwere Verwundung schwerkriegsbeschädigt war und nicht mehr im Felddienst eingesetzt werden konnte.

Es war auch seine erste Tätigkeit als Generalstabsoffizier, der vom 1. August bis 15. August die Stellvertretung des 2. Generalstabsoffiziers der 41. Division bzw. Brigade folgte.

Am 1. Dezember 1919 wurde er auf die Republik vereidigt. Damit war er in das Offizierskorps der neuen Reichswehr übernommen worden. Am 21. Dezember 1919 erhielt er die Versetzung als Ordonnanzoffizier zum Stabe der Reichswehr-Brigade 20 in Allenstein und wurde gleichzeitig mit der Vertretung des 3. Generalstabsoffiziers für 14 Tage beauftragt.

Diese Reichswehr war noch das Übergangsheer. Es sollte noch ein Jahr dauern, bis am 1. Januar 1921 General v. Seeckt den grundlegenden Befehl Nr. 1240/20 Stab erließ, in dem es hieß: „Das Reichsheer ist fertig gebildet. Ein neuer Abschnitt deutscher Heeresgeschichte beginnt.

Das Heer ist das erste Machtmittel des Reiches. Jeder Angehörige muß sich bewußt sein, daß er in und außer Dienst Vertreter und Mitträger der Reichsgewalt ist."

Während seiner Dienstzeit im Übergangsheer des Jahres 1920 legte Oberleutnant Nehring im August 1920 die Wehrkreisprüfung ab. Am 1. Oktober 1920 erhielt er eine Leutnantsstelle (Verstärkung) beim Stab des Infanterieführers 1 (Wehrkreis 1 Ostpreußen).

Seine Akte beim Heerespersonalamt verzeichnet Nehrings Versetzung zum Inf.-Rgt. 2 in Rastenburg als Adjutant des II. Bataillons unter dem Datum des 6. November 1920.

Gerhard Ohst erinnert sich: „Kommandeur war Oberst Bürkner, Adjutant Hauptmann Himer. Oberleutnant Nehring wurde dem II. Bataillon dieses Regiments zugeteilt, das zu damaliger Zeit vom einäugigen Pour-le-mérite-Träger Major v. Detten geführt wurde, der einst dem Grenadierregiment 9 angehörte." Es war eine unruhige Zeit.

„Die vorläufige Reichswehr war ein buntes Gemisch von Freikorps und wieder aufgefüllten alten Formationen. Die mehr oder weniger wild entstandenen Korps mußten in Divisionen eingeschmolzen werden. Dieser Prozeß ist sehr verlangsamt worden, weil die Truppen wegen der inneren Unruhen (im Reich) dauern umherzogen," schrieb der erste Wehrminister der Republik, Gustav Noske, in seinem Buch „Von Kiel bis Kapp".

Gerhard Ohst: „In dieser Zeit, da die Reichswehr noch nicht feste Gestalt angenommen hatte, war es eine mächtige Arbeit, die dem neuen Adjutanten in seinem Bataillon aufgetragen wurde. Es galt aufzubauen, eine reguläre Truppenaufstellung vorzubereiten und aus den zunächst 200 000 Mann die 100 000-Mann-Reichswehr herauszukristallisieren. Hier zeigte sich das Organisationstalent des späteren Generals der Panzertruppe, aber auch seine Menschenkenntnisse und seine Menschenführung. Eine besondere Genugtuung mag es für Oberleutnant Nehring gewesen sein, daß die 5. und 8. Kompanie dieses Bataillons die Tradition des ältesten brandenburgisch-preußischen Regiments, des Grenadier-Regiments ‚König Friedrich der Große' (3. Ostpr.) Nr. 4, mit dem Gründungstag 1. Mai 1626, erhalten hatte und die 6. Kompanie die des Deutsch-Ordens-Infanterie-Regiments 152, das Stammregiment dieses tapferen und mehrfach verwundeten Offiziers war. Zu bemerken ist, daß während der Dienstzeit von Oberleutnant Nehring im I.R.2 im Mai 1921 Major v. Detten seinen Abschied nahm und neuer Kommandeur des II./I.R.2 Oberstleutnant August Rohrbeck wurde, der Bruder des zukünftigen Schwiegervaters von Oberleutnant Nehring. Als Bataillonskommandeur wurde Oberstleutnant Rohrbeck noch Oberst, nahm aber später seinen Abschied, um in der Türkei Instruktionsoffizier zu werden."

Im letzten Vierteljahr 1920 wurde „nur abgewickelt," wie Nehring schreibt, „und die Aufstellung des Regiments zum 1. Januar 1921 vorbereitet."

I.R.2 wurde später das Stammregiment der 11. (ostpreußischen) Infanterie-Division. Im Zweiten Weltkrieg wurde sie viermal im Wehrmachtbericht genannt. Am Tage der Kapitulation (9. Mai 1945) traf I.R.2 aus Kurland im Seetransport vor der Küste von Schleswig-Holstein ein und wurde ausgeschifft.

Garnison des I.R. 2 (Stab) wurde 1921 Allenstein. Vom 25. April bis 30. April legte Nehring die jährliche Wehrkreisprüfung ab. Später kam ein MG-Kursus hinzu.

Am 1. Oktober 1922 wurde er zur Minenwerfer-Kompanie des Regiments versetzt, um sich auf die nächste Wehrkreisprüfung vorzubereiten. Und am 5. März 1923 wurde er mit Wirkung vom 1. März zum Hauptmann befördert. Als Besoldungsdienstalter erhielt er Gruppe IX vom 1. Juni 1918.

Am 22. März 1923 bestand Hauptmann Nehring die letzte Wehrkreisprüfung. Dadurch war er für die Generalstabslaufbahn zugelassen, die allerdings damals nur verdeckt durchlaufen werden konnte, da der deutsche Generalstab durch den Versailler Vertrag verboten war.

Über jene frühen Zwanziger Jahre schrieb Nehring 1956 an den amerikanischen Historiker H. J. Gordon: „Meine Kameraden und ich standen der Weimarer Republik mindestens neutral, wenn nicht wohlwollend gegenüber. Sie werden ja wissen, daß der Bestand der Republik 1918 – 1921 nur durch den freiwilligen Einsatz des ehemaligen kaiserlichen Offizierskorps und freiwilliger Unteroffiziere und Mannschaften gewahrt worden ist.

Ab 1. Januar 1921 übernahm diese Aufgabe das Reichsheer. Leider hat die politische Führung der Weimarer Zeit es nicht verstanden, das Reichsheer für ihre Ideale zu begeistern und an sich heranzuziehen. Auf Grund des Fehlens der im Vertrag von Versailles verbotenen Allgemeinen Wehrpflicht blieb die Reichswehr (Reichsheer und Reichsmarine) und ihr Offizierskorps, wenn auch im Volke geachtet, so doch mehr oder weniger isoliert. Die überwiegende Mehrheit des Offizierskorps hatte keine politischen Interessen, da sie von der obersten politischen und militärischen Führung in diesem Sinne erzogen wurde. Soziale Vorurteile gab es nicht. Im Offizierskorps gab es ehemalige Kaiserliche Berufsoffiziere, dann ab 1921 übernommene ehemalige kaiserliche Reserveoffiziere (z.B. in Bayern der spätere Feldmarschall Schörner) und eine Reihe Offiziere aus dem Stande der Berufsunteroffiziere, die sich im Ersten Weltkrieg besonders bewährt hatten. Ab 1. Januar 1921 wurden auch Offizieranwärter aus der Truppe auf Grund freiwilliger Meldungen oder direkt von der Schule eingestellt. Sie gehörten fast allen sozialen Schichten an. Herkunft und Religion spielten keine Rolle. Ausgesprochene Republikaner sind mir nicht in Erinnerung. Wir taten unseren Dienst auf der Basis des Pflichtgefühls und der Vaterlandsliebe und schätzten uns als Soldat und als Persönlichkeit. Politik, Herkunft und Religion waren keine Kasinogespräche."

Der einunddreißigjährige Offizier im IR 2 in Allenstein faßte 1923 einen Entschluß, den er nie bereuen sollte. Er verlobte sich mit Annemarie Rohrbeck, der jüngsten Tochter des Rittergutsbesitzers Ludwig Rohrbeck in Neuburg im Landkreis Stuhm, der ursprünglich zu Westpreußen gehörte aber durch die Volksabstimmung nach dem Ersten Weltkrieg zu Ostpreußen kam.

Er hatte seine Verlobte als einer der Gäste aus dem Offizierskorps in Neuburg kennengelernt.

Am 4. Juli 1923 beantragte er die Heiratserlaubnis durch seine Vorgesetzten.

Er schrieb an den „Oberst und Regimentskommandeur, Herrn Bürkner, Hochwohl geboren, Ritter des Ordens Pour le mérite“, er und seine Braut seien nach seiner Überzeugung schuldenfrei, die Führung des Haushalts sei in geldlicher Hinsicht gesichert. Oberst Bürkner befürwortete den Antrag. An den Infanterieführer I in Königsberg schrieb er: „Nach streng vertraulicher Einziehung entsprechender Erkundigungen erkläre ich pflichtgemäß, daß die Voraussetzungen der Ziffer 3 der Heiratsordnung – Heeresverordnungsblatt 22 laufende Nummer 60 – als erfüllt anzusehen sind.“ Die 1. Division in Königsberg gab den Antrag an das Heerespersonalamt im Berliner Reichswehrministerium weiter, das am 14. Juli 1923 die Heiratserlaubnis erteilte.

Nun konnte eine prächtige Hochzeit vorbereitet werden. Nehrings Schwiegervater war Landschaftsrat. Seine vier Töchter heirateten Offiziere; sie alle wurden später Generale (Walther K. Nehring, Hans Podzun, Hans Baehsler, Carl Anders).

4. KAPITEL

# *In den Generalstab*

Es war eine glückliche Zeit, die nun für Nehring begann, obwohl 1923 die Inflation herrschte. Der junge Hauptmann heiratete am 27. September ein junges Mädchen aus wohlhabendem Hause, das später schrieb: „Ich war sehr frei und ungezwungen auf unserem schönen Gut Neuburg bei Christburg im Kreise Stuhm aufgewachsen – als Jüngste von fünf Geschwistern und wie das mit den Kleinsten so üblich ist, etwas am Rand erzogen. Ich hatte sehr mein Köpfchen für mich, war selbstbewußt und alles Gezwungene und Unfreie lag mir nicht. Ich war eigentlich die geborene Gutsfrau und ganz und gar nicht zu einer Offiziersfrau geschaffen. Ich habe mir in meinem späteren Leben redliche Mühe gegeben, mich in das Leben einer Offiziersfrau hineinzufinden, was mir wohl auch gelungen ist. Aber gelegen hat mir das damals in sehr formelle Bahnen festgelegte Leben nie.

Wir hatten zu Hause ein sehr gastliches Haus, und alles Gesellschaftliche war mir natürlich von Kind vertraut." Die Rohrbecks waren Landwirte seit dem 17. Jahrhundert, sie stammten wahrscheinlich wie die Nehrings aus den Niederlanden, aber auch aus dem Salzburger Land. Der erfolgreiche Pferdezüchter Ludwig Rohrbeck, nun Schwiegervater Nehrings, war Präsident des ADAC in Ostpreußen, als Landschaftsrat gehörte er der „Ostpreußischen Landschaft" an. Kürzlich erst hatte er sich eine eigene Stromversorgung für sein Rittergut Neuburg zugelegt. Nach 1945 wurde Neuburg-Nowiny ein polnisches Staatsgut, auf das Doppelte vergrößert; Gutshaus und Wirtschaftsgebäude blieben erhalten.

Es war eine ostpreußische Idylle, die Nehring aufnahm, der hier vieles von dem wiederfand, was er auf dem väterlichen Gut Stretzin verloren hatte, aber nun in einem reicheren Sinne. Wie oft war er auf Gütern Gast gewesen, nun war er durch seine Heirat wieder auf festem Grund. Seine Mutter lebte in Danzig in sehr bescheidenen Verhältnissen, die Inflation vernichtete das Gesparte.

Das Gut Bendomin, an das er so viele Kindheits- und Jugenderinnerungen hatte, lag nun im polnischen Korridor; als Reichswehroffizier war es ihm versagt, dorthin zu reisen.

Nicht weit von Stuhm erhob sich an der neuen Grenze zur Freien Stadt Danzig das Westpreußenkreuz, das an die verlorene Heimat erinnerte. Dort floß die Nogat dem Frischen Haff entgegen.

Die standesamtliche Trauung fand in Bruch statt, die kirchliche in Christburg. Annemarie Nehring kam wie ihr Mann aus Westpreußen, sie war am 30. Januar 1903 in Straszewo, Kreis Stuhm, geboren.

Das junge Paar bezog eine Zweizimmerwohnung in Allenstein, Copernikusplatz 4 b, die Nehring kurz nach der Hochzeit verlassen mußte, da er ab 1. Oktober 1923 zum I. Lehrgang der Führergehilfen-Ausbildung beim Wehrkreiskommando I in Königsberg kommandiert wurde.

Damit begann seine eigentliche Laufbahn als Generalstabsoffizier. Bis zum Kriegsende blieb er Mitglied des Deutschen Generalstabes, wie seine Personalakte ausweist. Ein Führergehilfe war damals Generalstäbler, da der Schöpfer des Reichsheeres, General v. Seeckt, darauf zu achten hatte, daß das Notwendige trotz des Versailler Diktates, durch das der Generalstab verboten war, getan werden mußte.

Die Auslese im 100 000-Mann-Heer für diese Laufbahn war streng. Nehring bewährte sich, er fand verhältnismäßig rasch den Absprung aus der Laufbahn eines Truppenoffiziers. Bildung und Gelehrsamkeit zeichneten ihn schon früh aus. Seine etwas zurückhaltende Art, die ihm angeboren war, wurde durch die junge, frische, lebhafte Ehefrau ausgeglichen. Im Oktober 1923 fanden Unruhen im Reich statt, am 9. November putschte Hitler mit Ludendorff in München. Ostpreußen war zu jener Zeit eine Oase der Ruhe in politischer Hinsicht. „Der Hitler-Putsch berührte uns praktisch nicht," schreibt Nehring. „Wir verfolgten aber alles genau. Ausschlaggebend war für uns das Vertrauen auf Generaloberst v. Seeckt, dem von der politischen Führung die vollziehende Gewalt übertragen wurde, die er als maßvoller, politisch richtig empfindender Soldat sobald wie möglich wieder in die Hände der Staatsführung zurücklegte. Einige Fähnriche und der Leutnant Hans Block meines I.R. 2 waren in den Hitler-Putsch verwickelt (Kommandierung zur Kriegsschule München). Da die Fähnriche nur mit der Masse ihrer Kameraden mitgelaufen waren, kamen sie mit geringen Strafen davon. Der Leutnant, ein tüchtiger Offizier über Durchschnitt, wurde dienstentlassen. In der Ära Hitler wurde er wieder eingestellt und fiel 1945 als General am Baranow-Brückenkopf in Polen. Meines Wissens hat kein Offizier meines Stabes oder Regimentes mit der ‚völkischen Bewegung' sympathisiert, die nach dem Hitler-Putsch sich auch in Ostpreußen ausbreitete. Die absolute Mehrheit meiner Kameraden war, soweit ich weiß, mit Generaloberst v. Seeckt und seiner Politik zufrieden. Er war ein überragender Soldat, der sich im Ersten Weltkrieg einen großen Namen gemacht und den überaus schwierigen Abbau des alten Heeres und der Freiwilligenverbände sowie den Aufbau des neuen Reichsheeres und seine innere Festigung bis 1926 in gleich überragender Weise gemeistert hat, obwohl die Verhältnisse in Deutschland durch den verlorenen Krieg, die Revolution, den harten und politisch törichten Vertrag von Versailles, die kommunistischen Umtriebe und die lange demütigende Besetzung des Rheinlandes durch alliierte Truppen äußerst kompliziert waren. Vor allem hatte es Generaloberst v. Seeckt verstanden, sich absolute Autorität und unbedingten Gehorsam zu verschaffen. Beides sind Grundlagen, ohne die eine Truppe nicht einsatzfähig ist.

Die Ausnutzung militärischer Ausbildungsmöglichkeiten in der russischen Armee war lediglich einerseits eine Folge der politischen Abmachungen von Rapallo 1922, von denen der General ebenso überrascht worden ist wie das deutsche Volk, andererseits die Folge der diffamierenden und untragbaren Bestimmungen des Vertrages von Versailles.

General v. Seeckt war niemals prosowjetisch eingestellt; doch machte er meines Erachtens aus der Not eine Tugend.

Sein Nachfolger General Heye ist mit Generaloberst v. Seeckt in keiner Weise zu vergleichen. Er war ein Durchschnittsgeneral, dessen Wirken als Chef der Heeresleitung nicht von besonderem Erfolg begleitet war. Ihn belastete auch in den Augen des Offizierskorps sein sehr umstrittenes Verhalten während der kritischen Tage im November 1918, das wohl bei der Wahl zum Chef der Heeresleitung wesentlich beigetragen haben dürfte. Er wollte ein modern eingestellter Oberster Befehlshaber sein, der einen volkstümlichen Kontakt zur Truppe erstrebte, was ihm aber nicht gelungen ist, da die Absicht zu deutlich war.

Das Heer wurde in der Ära Heye nicht sonderlich gefördert, nahm aber auch keinen Schaden, da Generaloberst v. Seeckt sein Werk bis zu seinem aus politischen Gründen erzwungenen

Rücktritt bereits derart verankert hatte, daß es auch Rückschläge vertragen konnte."

Seeckt und Heye lernte Nehring in Berlin kennen, nachdem er mit dem 1 .Oktober 1925 ins Reichswehrministerium versetzt wurde.

Hindenburg, der nach dem Tode Friedrich Eberts Reichspräsident geworden war, hatte das Offizierskorps des I.R. 2 in Allenstein 1921 besucht, in dem Nehring Adjutant war.

Am 18. September 1924 wurde Nehrings Tochter Annemarie in Allenstein geboren. Nehring befand sich in diesem Sommer wieder beim I.R.2. Am 1. Oktober 1924 begann für ihn der II. Lehrgang der Führergehilfen-Ausbildung beim Wehrkreis-Kommando I in Königsberg. Danach wurde er wieder – am 1. Februar 1925 – zum Regimentsstab I.R.2 versetzt. Führergehilfen hatten andere Waffengattungen genauer kennenzulernen, deshalb wurde Nehring vom 22. Juni bis zum 30. September 1925 zu den Artillerie-Regimentern 1 und 5 kommandiert.

Am 5. September erhielt er seine Versetzung ins Reichswehrministerium zum 1. Oktober des Jahres.

Die junge Familie durfte aus Allenstein nach Berlin umziehen.

Die legendäre Bendlerstraße, die nach 1945 in Graf-Stauffenberg-Straße umbenannt wurde, wurde nun Nehrings Dienstadresse. Gewohnt wurde zuerst möbliert u.a. bei der Schauspielerin Trude Hesterberg.

Im Bendlerblock war am 1. Oktober 1919 das Reichswehrministerium mit der Heeresleitung eingezogen. Vorher hatte diese dichte Ansammlung von Gebäuden den Marinebehörden des Kaiserreiches gedient. Das preußische Kriegsministerium in der Wilhelm-Ecke Leipziger Straße und das Gebäude des Großen Generalstabs am Königsplatz sollten in der Republik nicht mehr militärisch genutzt werden.

Die Bendlerstraße verdankte ihren Namen dem Berliner Ratsmaurermeister Johann Christian Bendler, der sie Anfang des 19. Jahrhunderts anlegte. Er lebte von 1789 bis 1873.

Als Nehring in dem Führungszentrum von Heer und Marine eintraf, hatten der Reichswehrminister Geßler und der Chef der Heeresleitung, v. Seeckt, dort ihre Dienstwohnungen. Georg Holmsten schreibt: „Der Minister, der Chef der Marineleitung und etliche Heeresämter hatten ihre Büros im alten Reichsmarineamt am Landwehrkanal, während der Chef der Heeresleitung ‚um die Ecke' im Hause Bendlerstraße 14 zu erreichen war. Dieses enge räumliche Beieinander begünstigte zweifellos die Zentralisierung der Führungsstäbe der Reichswehr, die sowohl Geßler wie Seeckt anstrebten.

Dem Chef der Heeresleitung unterstanden als wichtigste Ämter das Heerespersonalamt, die Heeresverwaltung und die Abteilungen, die sich mit der Ausbildung der Truppe und ihrer Ausrüstung mit Waffen und technischem Gerät zu befassen hatten. Hinter der vieldeutigen Bezeichnung Truppenamt verbarg sich die interessanteste Führungsstelle des Heeres."

Das Truppenamt hatte die Aufgaben des durch den Versailler Vertrag verbotenen Großen Generalstabs übernommen. Es hatte vier Abteilungen: T 1 bearbeitete Aufmarschfragen, T 2 die Heeresorganisation, T 3 die fremden Armeen, T 4 Spezialfragen zur Truppenausbildung. Hauptmann Nehring kam zu T 1.

Für die im Truppenamt tätigen Offiziere galt Seeckts Instruktion: „Die Form wechselt, der Geist bleibt der alte. Es ist der Geist schweigender selbstloser Pflichterfüllung im Dienste der Armee. Generalstabsoffiziere haben keinen Namen."

Hauptmann Nehring saß im Winter 1925/26 in Lehrsaal R des Reichswehrministeriums mit folgenden Offizieren zusammen: Rechts neben ihm vorn links v. der Chevallerie (1945 vermißt) und Körner (vor 1939 durch Unfall ums Leben gekommen).

Ebenfalls in der ersten Reihe, aber auf der anderen Seite des Mittelganges, Grässner (Kdr. der 298. Inf.-Division am 22.6.41), Wisselinck (Lehrgruppenkommandeur an der Kriegsschule Dresden, im Krieg gefallen) und Hellmich (gefallen als Divisionskommandeur 1944 in der Normandie).

In der Reihe hinter ihm saßen Warlimont, Lindemann (20. Juli 44 †) und Baehsler (Herbst 1944 seiner Verwundung erlegen), auf der anderen Seite des Mittelganges v. Greifenberg, v. Tippelskirch und Max Ritter von Pohl (zuletzt General der Flieger, gefallen 1945).

In der letzten Reihe saßen Allmendinger (zuletzt General der Infanterie, Oberbefehlshaber der 17. Armee auf der Krim) Baier, auf der anderen Mittelgangseite Angelo Müller und Wöhler.

Später kam in den Lehrsaal noch aus der T 3 v. Prodowski hinzu (1944 in Frankreich durch Partisanen getötet).

Die Hauptleute und Majore, die hier unter dem Leiter von T 1, Oberst v. Blomberg, und seinen Gehilfen, den Majoren Uth und Hahn, auf der Generalstabsschulbank saßen, führten im Zweiten Weltkrieg Heeresgruppen, Armeen bis auf wenige Ausnahmen oder wurden hochqualifizierte Generalstäbler im OKW und in Heeresgruppen.

In Steglitz bezog die Familie Nehring ihre erste Berliner Wohnung in der Schützenstraße 7.

Nach diesem Generalstabslehrgang, den er erfolgreich absolvierte, wurde er in die T 1 übernommen; er gehörte nun zur Operationsabteilung des Truppenamtes.

Vom 23. April bis 5. Mai 1926 nahm er noch an der taktischen Übungsreise in Schlesien teil, dem sich eine Kommandierung während der Manöver zur 2. Nachrichten-Abteilung und 2. Kraftfahr-Ausbildungsabteilung anschloß.

Während dieses Sommers des Jahres 1926 fand der erste motorisierte Marsch eines Infanterie-Regiments zur Erprobung statt. Das 9. (preußische) Inf.-Rgt. aus Potsdam und Berlin-Spandau erreichte auf Kraftfahrzeugen einer Kraftfahrabteilung den Truppenübungsplatz Münsingen in Württemberg. Dies geschah Mitte August. Da sich dabei der älteste Sohn des ehemaligen deutschen Kronprinzen, Prinz Wilhelm, als Ordonnanzoffizier befand, führte dessen Teilnahme zu einer politischen Affäre, die der Anlaß zur Verabschiedung des Generalobersten v. Seeckt werden sollte.

Hauptmann Nehring, der nach den Sommermanövern am 14. September 1926 „als Hauptmann mit der Uniform des Truppengeneralstabs“ zum 1.Oktober in den Stab des II. Bataillons Inf.-Rgt. 2 versetzt, aber gleichzeitig ins Reichswehrministerium kommandiert wurde, war in der Bendlerstraße Zeuge des Abschieds v. Seeckts am 8. Oktober 1926. Der Generaloberst bat, noch einmal die Wache an ihm vorbeiziehen zu lassen und trat ans Fenster. Die Wache marschierte, ohne das Spiel zu rühren, und mit ihr zog eine große Menschenmenge, aus der der Ruf kam: „Seeckt bleiben!“

Die Versetzung Nehrings ins I.R. 2 hatte nur fiskalische Gründe, es ging um die Bezahlung und ähnliches.

Bei der 2. Kraftfahrabteilung hatte Nehring im Sommer die Militärführerscheine der Klassen 1 und 3 b (Pkw und Krad) erworben.

Der motorisierte Kraftwagenmarsch von I.R. 9 und der Erwerb der beiden Militärführerscheine hatten nichts miteinander zu tun.

Aber sie waren die ersten Anzeichen für die künftigen Aufgaben des jungen Generalstabsoffiziers. Er war bereit, sich mit der Motorisierung im Reichsheer zu befassen. Während dieser Zeit leitete Kurt v. Schleicher das politische Amt im Reichswehrministerium.

Die Kraftfahrabteilung, die Nehring im Sommer 1926 kennenlernte, war nur ein militärisches Transportunternehmen, das mit Kraftfahrzeugen, zumeist noch des Ersten Weltkriegs, ausgerüstet war. Zur Kraftfahrkampftruppe sollte sie erst noch werden. Vorläufig diente sie dem Nachschub.

In der Operationsabteilung (T 1) des Truppenamtes spezialisierte sich Nehring auf den motorisierten Einsatz von Truppen im Manöver. Ein Jahr später, am 1. Oktober 1927, wurde Major Heinz Guderian in diese Abteilung versetzt, um an Vorschriften für den Kraftwagendienst zu arbeiten.

Oberst Frhr. v. Fritsch hatte zu dieser Zeit Oberst v. Blomberg als Abteilungsleiter abgelöst.

Am 6. September 1927 hatte sich nochmals der Stammtruppenteil für Nehring geändert. Er wurde – bei unveränderter dienstlicher Verwendung im Reichswehrministerium – auf eine Haushaltsstelle im Stab des I.R. 3 versetzt.

Nach Ostpreußen hielt er weiter enge Verbindung; er ging dort auf Jagd, wurde zu den ländlichen Festen eingeladen; in Berlin war er Gastgeber bei Besuchen seiner Verwandten und Freunde zur „Grünen Woche“.

Hanna Schwichtenberg erinnert sich: „Bei den Festen in Neuburg und Kuxen war ich fast immer seine Tischdame. Das war mir eine große Freude, er brachte den ‚Duft der großen weiten Welt’ aus dem Reich in unsere ostpreußische Idylle. Ich hörte von Reisen, aus der Politik, und ein fast unerschöpfliches Thema war Familienforschung. Was haben wir damals in den zwanziger Jahren für fröhliche Feste gefeiert!“

Nehring hatte in der Operationsabteilung des Truppenamtes noch nichts mit dem Inspekteur der Kraftfahrtruppen (In 6) zu tun. Am 1. Oktober 1926 war dort ein neuer Inspekteur an die Arbeit gegangen, Oberst i.G. Alfred von Allard Bockelberg, der über Panzer und Motorisierung sehr positiv dachte und 1926 das erste Motorisierungsprogramm des Reichsheeres entwikkelte.

Durch die Versetzung Guderians in die Operationsabteilung (T 1), in der sich Nehring schon ein Jahr lang befand, wurde der Funke gezündet, um auch aus der obersten Etage des Truppenamtes die Vorstellungen von Allard Bockelberg in der In 6 zu unterstützen.

Guderian traf auf Nehring, der schon über Erfahrungen im Reichswehrministerium verfügte.

Guderian hatte seine Generalstabsausbildung schon vor 1914 bestanden, Nehring war vier Jahre jünger; beide stammten aus Westpreußen, sie waren miteinander im weiteren Sinne verwandt, wie Nehring viel später herausfand.

Der kühl wirkende Hauptmann Nehring traf den sehr impulsiven, leicht erregbaren Major Guderian. Hartnäckig verfolgte Guderian seine Idee von den gepanzerten Verbänden, während Nehring im Truppenamt sich mit dem Einsatz motorisierter Truppen zu befassen begann. Guderian wurde in der Transport-Abteilung des Truppenamtes tätig, die damals ein Anhängsel der Operationsabteilung (T 1) war, in der Nehring saß. Guderian sollte in seinem neuen Referat Truppentransporte auf Lastkraftwagen bearbeiten.

Die Neigungen beider Offiziere ähnelten einander; sie sahen ein großes Tätigkeitsgebiet bei der Motorisierung des Heeres.

Guderian hatte als Funkoffizier in der Heereskavallerie während der Marneschlacht 1914 schlechte Erfahrungen gemacht. Nehring kannte die Wirkungen der Tanks im Ersten Weltkrieg als Frontoffizier an der Westfront.

Hinzu kam, daß seit 1926 an der Kama bei Kasan in der Sowjetunion eine Panzerschule für deutsche Offiziere arbeitete.

Die Operationsabteilung im Truppenamt mußte sich mit der Taktik und Strategie von Tanks, wie Panzer damals noch hießen, befassen.

Bald sollten beide Offiziere in der Bendlerstraße konkrete Vorstellungen über eine zukünftige Panzertruppe gewinnen, die es nach dem Versailler Vertrag nicht geben durfte.

5. KAPITEL

# *Revolutionäre Ideen*

Die Zusammenarbeit zwischen Guderian und Nehring begann freilich mit Verzögerungen. Guderian befaßte sich mit Vorschriften für Kraftfahrtruppen; Nehring nahm im September 1928 an der Generalstabsreise von T 1 nach Schlesien teil, während der er Erfahrungen mit einer motorisierten Truppe machte. Die im Manöver in Schlesien zugeteilten Kraftfahrtruppen trafen lange vor der Kavallerie am Ziel ein. Reiter und Pferde waren nach einem Nachtmarsch erschöpft. Nehring stellte damals die Frage: „Warum Reiterschwadrone, wenn man 100 Mann auf 4 bis 5 Lastkraftwagen setzen konnte? Dann hätte man 6 Stunden gespart, es hätte Ruhe vor dem Kampf gegeben, kein Pferdeputzen usw. sei nötig gewesen."

Bisher hatte man die Verladung auf Lastkraftwagen für Infanterie geprobt. Nun kam die Kavallerie ins Gespräch, die sofort um ihre Weiterexistenz fürchtete. Ein langwieriger Streit entstand.

Vor diesem zukunftsträchtigen Manövererlebnis war Nehring mit Frau und Tochter zum ersten Male wieder in Danzig und Pomerellen, wie der polnische Korridor ursprünglich hieß. Er erhielt vom Chef der Heeresleitung die Erlaubnis, in die Freie Stadt Danzig und nach Polen vom 4. bis 31. August zu reisen, um dort den größeren Teil seines Sommerurlaubs zu verbringen, den Rest wollte er im Oktober, nach dem Manöver, nehmen.

Es wurde ein Wiedersehen mit den Verwandten in Bendomin, dem Realgymnasium St. Johann in Danzig, der St. Trinitätskirche, der sein Urahn Weisz Ende des 17. Jahrhunderts als Kirchenältester vorstand, mit Zoppot, wo er Kindheitszeiten verbracht hatte. Hier mieteten die Nehrings eine Sommerwohnung.

Die Familie verbrachte die Ferien später mit den kleinen Kindern entweder auf Gut Neuburg oder in Misdroy, dann auch oft in Zoppot.

Während Major i. G. Guderian ab Herbst 1928 zusätzlich zu seiner Verwendung im Truppenamt im Kraftfahrlehrstab auf Wunsch des Oberst Stottmeister Unterricht in Panzertaktik erteilte, obwohl er noch nie in einem Tank gesessen hatte, und dadurch wieder zu seiner Beschäftigung mit Panzern zurückkehrte, wurde Nehring vom 4. Januar bis 15. Februar 1929 zum Kraftfahr-Ausbildungskommando bei der 3.(preußischen) Kraftfahrabteilung in Berlin-Lankwitz kommandiert.

Er lernte dort die Praxis des Truppentransportes kennen. Anschließend wurde er (1. März 1929) in die 6. Sanitäts-Abteilung im Wehrkreis 6 (Münster) versetzt, um die schweren Transportfahrzeuge und ihre Verwendung sich anzusehen. Dort machte er im Mai den Lkw-Führerschein (Militärkraftfahrführerschein Klasse 2), der ihm noch fehlte. Er nahm noch an der Wehrkreisübungsreise vom 29. Juli bis 10. August 1929 teil, um anschließend Chef der 1. Kompanie der 6. Kraftfahrabtcilung in Münster zu werden.

Kommandierungen zur Truppe waren für Generalstabsoffiziere üblich. Nehring, der Infanterist, kam nun zu einer motorisierten Einheit, die er sich gewünscht hatte. Die bei Versuchen bereits bewährte 6. Kraftfahrabteilung (Kf. 6) hatte im Frühjahr 1929 den Auftrag erhalten, sich umzugliedern.

Die 2. Kompanie unter Hauptmann Brensing war bereits seit 1927 Kampfwagen-Nachbildungskompanie, das heißt, sie verfügte über Tank-Attrappen. Die 1. Kompanie, deren Chef Nehring wurde, sollte in eine Kraftradschützenkompanie umgewandelt werden, die 3. Kompanie unter Hauptmann Nedtwig Panzerspäh-Nachbildungskompanie werden.

Kommandeur der aus nur drei Kompanien bestehenden Truppc war Oberstleutnant Erler.

Nehring schreibt: „Die Versuchsgliederung bewährte sich. Indem man die beiden Kompanien der 1. und 3./Kf. 6 zusammenfaßte, wurde der Grundstock für die Gliederung der motorisierten Aufklärungsabteilungen für taktische und operative Aufklärung durch die bisherige Kraftfahrtruppe gelegt. Für progressiv denkende Soldaten war es recht schwer zu verstehen, daß sich die Kavallerie diese Möglichkeit, neue Aufgaben zu übernehmen, entgehen ließ.

Das Diktat der Beschränkungen des deutschen Wehrpotentials durch die Bestimmungen des Versailler Vertrages konnte ein solches Beharren auf alten Auffassungen nicht rechtfertigen.“ Die Kradschützenkompanie Nehrings mußte freilich getarnt ihren Dienst tun. Es hätte damals außenpolitisch einen Eklat gegeben, wenn die deutsche Kavallerie plötzlich motorisiert worden wäre. Reichswehrminister Geßler und der Chef der Heeresleitung, Heye, wagten keine größeren Risiken, wie es Seeckt noch getan hatte.

„Ende der zwanziger Jahre," schreibt Nehring, „war man endgültig zu der Erkenntnis gelangt, daß im Zeitalter des Verbrennungsmotors und der Maschinenwaffen die Rolle des Pferdes in der Fernaufklärung und erst recht auf dem Gefechtsfeld ausgespielt war. Organisatorisch und personell wäre es der Kavallerie als alter, angesehener und einflußreicher Waffengattung leicht gewesen, ihre Wünsche und Absichten durchzusetzen, wenn solche bestanden hätten. Offenbar war aber dies damals nicht der Fall. Man wollte zwar die Vorzüge des Motors auswerten, aber auf das im Schlachtfeld überholte Fortbewegungsmittel Pferd nicht verzichten. Zwar stellte die Inspektion der Kavallerie beim Reiterregiment 4 in Potsdam 1929 mit Unterstützung der Inspektion der Kraftfahrtruppen auch eine motorisierte Aufklärungsschwadron auf leichtem PKW („Dixi"), die 3./R.R. 4 unter Oberleutnant Oskar Munzel auf, doch blieb dies nur eine Anfangslösung."

Nehrings Kradschützenkompanie wurde sofort eine einsatzfähige Kraftfahrkampftruppe. Sie fuhr auf Krädern und besaß Maschinengewehre. Verbrennungsmotor und Maschinenwaffe wurden erstmals miteinander im neuen Reichsheer verbunden. Das war Nehrings erste bahnbrechende Leistung in der neuen Strategie motorisierter Verbände, die er mit entwickelte.

Während Nehring im Jahre 1929 in Münster mit seinen Kradschützen übte, probierte Guderian als Lehrer für Panzertaktik im Kraftfahrlehrstab mit dem Spandauer 3. Bataillon des 9.(preußischen) Inf.-Rgts. (Kommandeur Oberstleutnant Ernst Busch, Adjutant Oberleutnant Walther Wenck) und motorisierten Kampfwagen-Blechattrappen auf dem Truppenübungsplatz Döberitz den Einsatz und die Abwehr von Kampfwagen.

Guderian wurde im selben Jahr für vier Wochen nach Schweden kommandiert, um bei einem Panzerbataillon in Stockholm die letzten deutschen Panzer aus dem Weltkrieg „LK II" kennenzulernen.

Die Idee der operativen Panzertruppe vertrat seitdem Guderian hartnäckig. Aber er stieß auf keine Gegenliebe. Bei einer Geländebesprechung im Sommer 1929 machte Guderian die eine Partei zur Panzer-Division.

Guderian schreibt: „Die Übung gelang, und ich war überzeugt, auf dem richtigen Wege zu sein. Der anwesende Inspekteur der Kraftfahrtruppen aber, nunmehr General Otto v. Stülpnagel, verbot die theoretische Verwendung von Panzern in Regimentsstärke, weil er der Ansicht war, daß Panzer-Divisionen eine Utopie wären."

Nehrings Jahre als Kompaniechef in Münster – bis zum 3. Januar 1932 – waren glückliche Jahre.

Er konnte etwas Neues formen und gestalten, obwohl es finanzielle Engpässe gab, die dazu führten, daß die Kräder oft stillgelegt und die Kradschützen zu Fuß marschieren mußten. Die Weltwirtschaftskrise forderte auch vom Heeresetat ihre Opfer. Die Kradschützenkompanie bestand aus einem Zug s.M.G. und zwei Zügen l.M.G. – schwere und leichte Maschinengewehre –, die auf Anhängern der BMW-Kräder montiert waren. Als es sich herausstellte, daß diese Anordnung wenig erfolgreich war, wurde dann auf Beiwagen-Kräder umgestellt, um die Kräder wieder beweglicher zu machen.

Bei den Herbstübungen 1929 der 6. Division und des Gruppenkommandos 2 waren die Ergebnisse bei der Kf. 6 so gut, daß sich das Reichswehrministerium 1930 entschloß, auch die übrigen Kraftfahrabteilungen im gleichen Sinne umzustellen.

Guderian erhielt am 1. Februar 1930 das Kommando über die 3.(preußische) Kraftfahrabteilung in Berlin-Lankwitz. Wie es 1929 schon bei der Kf. 6 in Münster geschehen war, faßte Guderian die Kradschützenkompanie (hier war es die 4. Kp.) und die Panzerspähkompanie (hier die 1.) zusammen, um eine Panzer-Aufklärungsabteilung zu bilden.

Die Panzerspähkompanie hatte die alten gepanzerten Mannschaftstransportwagen nach dem Versailler Diktat für Übungen, aber Guderian benutzte aus Ersparnisgründen ebenfalls Attrappen, während die Kradschützen wie in Nehrings 1. Kompanie in Münster richtiges Gerät und Maschinenwaffen besaßen.

Als sich im Frühjahr 1930 der Inspekteur, General Otto v. Stülpnagel, verabschiedete, sagte er bei Guderians Abmeldung: „Sie sind zu stürmisch. Glauben Sie mir, wir beide werden nicht mehr erleben, daß deutsche Panzer rollen."

Dagegen unterstützte der Kommandeur der 3. Division, General Joachim v. Stülpnagel, Guderians Bemühungen.

Otto v. Stülpnagels Nachfolger wurde General Lutz, bisher Chef des Stabes in der Inspektion der Kraftfahrtruppen (In 6). Er ernannte im Herbst 1931 Guderian zu seinem Chef des Stabes. Auch Nehring machte seine unangenehmen Erfahrungen.

Bei der Manöverparade 1930 beim Römhild in Thüringen mußte seine Kradschützenkompanie auf die Kräder verzichten und in der Kf. 6 zu Fuß an Feldmarschall v. Hindenburg vorbeimarschieren. Die Kräder hatten weit abseits in Deckung zu stehen. „Soeben marschiert als beste Formation des Tages die Kraftfahrabteilung 6 vorbei", hörte man im Rundfunk.

In Münster wurde am 24. Februar 1930 den Nehrings ein zweites Kind geboren, der Sohn Christoph.

Während der zweieinhalb Jahre in Münster nahm Nehring an Manövern in Münsingen, Hannover/Hildesheim, Döberitz, Thüringen, Minden teil; er führte seine Kompanie auf Märschen nach Schwerin, Kiel und Kassel; er übte mit ihr auf den Truppenübungsplätzen Senne und Munsterlager. Er lernte neue Gegenden und Landschaften kennen.

Seine Kradschützenkompanie gewann Medaillen auf den Motorrad-Drei-Tage-Harz-Fahrten des ADAC, sie erreichte alle aufgestiegenen Ballons bei einer Ballonverfolgungsfahrt von Münster zur holländischen Grenze.

Das BMW-Krad war damals das zuverlässigste Motorrad der Welt. Es war selbstverständlich, daß Nehring es für seine Kradschützenkompanie haben wollte.

Es war auch die schnellste Beiwagenmaschine in jener Zeit. Im Oktober 1930 nahm Nehring an einem Schießlehrgang für schwere Infanteriewaffen in Döberitz teil. Er hatte als Erster das schwere MG in seine Kradschützenkompanie übernommen, die eine Feuerkraft von 12 l.MG und 4 s.MG erhielt.

Im Militär-Wochenblatt Nr. 3/1931 veröffentlichte er „Die Kraftrad-Kompanie – Eine Studie über ihre Zusammensetzung" unter der Kennziffer 279, die ihm zugeteilt worden war. Da seine Kradschützenkompanie wegen des Versailler Vertrages getarnt aufgestellt worden war, kleidete er die Bekanntmachung über die Gliederung und Funktion seiner Kompanie in eine Diskussion über die französische Kraftrad-Eskadron, die im Militär-Wochenblatt Oblt. v. Coerper begonnen hatte. Der französischen Gliederung einer Kradkompanie stellte er seinen Vorschlag entgegen, „der die Feuerkraft und vor allem die Beweglichkeit zu erhöhen geeignet erscheint, ohne den Bedarf an Menschen und Fahrzeugen zu vergrößern."

Sein Gliederungsvorschlag war – mit den 4 s.MG – dem Französischen überlegen.

Da nach französischer Auffassung die Fahrzeuge im Gefecht unbeweglich seien, weil die Fahrer Kämpfer (MG-Bedienung) wären, schlug Nehring eine bessere Lösung vor.

„Der Vorteil der vorgeschlagenen Gliederung liegt darin, daß die Kraftrad-Kompanie 1) auch im Gefecht jederzeit voll beweglich ist, was bei der Kraftrad-Eskadron nicht der Fall sein soll, und 2) durch 1 Zug s.MG verstärkt ist, der ihr überhaupt erst die Lösung selbständiger Kampfaufträge ermöglicht und ihr die Feuerüberlegenheit über die sonst gleichstarke Eskadron sichert. Denn für jeden motorisierten oder mechanisierten Verband kommt es darauf an, ein Maximum an Feuerkraft mit einem Minimum an Menschen und Fahrzeugen schnell und zuverlässig an die richtige Stelle zu befördern."

Damit war mit wenigen einfachen Worten die zukünftige Panzerwaffe beschrieben, obwohl es hier nur um die Kradschützen ging.

Am 1. April 1931 hatte Generalmajor Lutz, bisher Chef des Stabes beim Inspekteur der Kraftfahrtruppe, seinen Inspekteur, General Otto v. Stülpnagel abgelöst, der aus Altersgründen aus dem Dienst schied.

Oswald Lutz wurde der Vater der Heeresmotorisierung genannt. Jetzt wurden die Weichen neu gestellt, die altmodischen Auffassungen des ausgeschiedenen Otto v. Stülpnagel galten nicht mehr.

Lutz holte sich Oberstleutnant Guderian als Chef des Stabes in die Inspektion, der aber erst am 1. Oktober 1931 den Dienst antreten konnte.

1. Generalstabsoffizier war seit 1928 Major i. G. Werner Kempf.

Anfang November ergab sich die Chance zu einem Revirement, durch das Nehring in den Stab geholt werden konnte. Der Kommandeur der Kraftfahrabteilung 7 in München, Oberstleutnant Ritter von Radlmaier, wurde aus persönlichen Gründen versetzt. Kempf wurde Kommandeur.

Nehring sollte zum 1. Februar 1932 Kempfs Nachfolger als Ia werden. Guderian dauerte das zu lange. Am 21. November 1931 schrieb er an das Heerespersonalamt (P 1):

„In 6 bittet Hauptmann Nehring, Kf. 6, der als Nachfolger für Major Kempf In 6 zum 1.2.32 vorgesehen ist, mit dem 6.1.32 zur Einarbeitung ins Reichswehrministerium kommandieren zu wollen. I.A. Guderian".

Am 10. Dezember 1931 unterschrieb der Chef der Heeresleitung, Frhr. v. Hammerstein-Equord, Nehrings Kommandierung und kam Guderian damit auch zeitlich entgegen: „Mit dem 6. Januar 1932 wird kommandiert mit der Maßgabe, daß das Kommando einer Versetzung gleich ist: der Hauptmann Nehring in der 6. (preußischen) Kraftfahr-Abteilung zum Reichswehrministerium." Für die Richtigkeit der Ausfertigung unterschrieb Oberstleutnant Stumpff.

„Fahren Sie schöne holperige, schlammige und staubige Wege", sagte Nehring zu dem Kradfahrer Josef Hell, als dieser den Nachfolger Hauptmann Röttiger zu einer Nachtübung ins Gelände bringen sollte.

Schöne holperige Wege standen ihm in Berlin bevor, als er Guderians engster Mitarbeiter wurde.

Aus Münster, wo sie in der Melchersstraße 62 gewohnt hatte, zog die Familie Nehring in die Auguste-Viktoria-Straße 24 am Landwehrkanal, die später Tirpitzufer genannt wurde. Das Haus erhielt dann die Hausnummer 48.

Am 1. Februar 1932 wurde Nehring Major i. G.; er hatte die Uniform der Führerstabsoffiziere zu tragen, wie es in seinen Personalakten heißt.

Schlammige und staubige Wege sollte er in wenigen Jahren befahren.

Die Stretziner Nehrings führten das Wappen der Linie Clausfelde ihres Familienverbandes. Stretzin gehörte ursprünglich zum Schloß Schlochau in der Zeit des Deutschen Ritterordens.

1912 besuchte Nehring die Kriegsschule in Anklam/ Pommern.

Sommer 1914
Übungsplatz
Gruppe: Leutnante
im Deutsch-Ordens-
Inf-Rgts.Nr.152,
links Nehring.

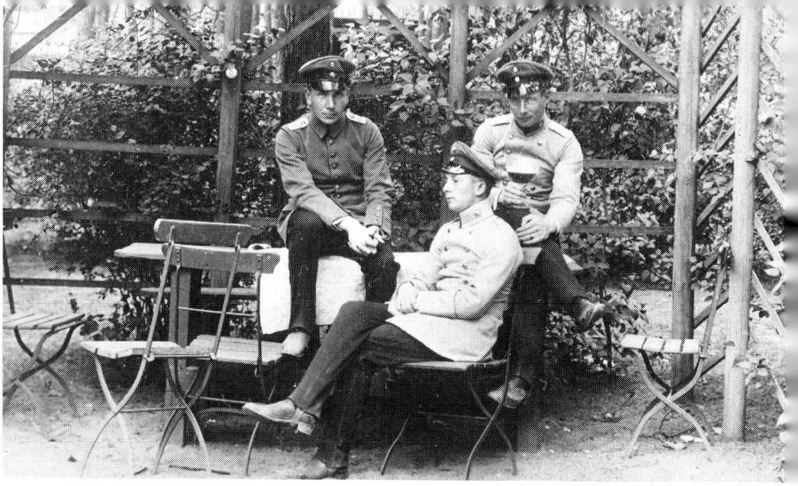

Offizierheim (Kasino) des Deutsch-Ordens-Inf.Rgts.Nr.152 1914 in Marienburg (Westpreußen) an der Deutsch-Ordens-Straße. Eßzimmer. An dem Tisch saß Nehring 1911 als Fahnenjunker, aber 1913 als Leutnant.

Oberleutnant Nehring 1916.

Nach dem Absturz: Das Flugzeug Nehrings 1916

Flandern November 1917, Paschendale Süd, Nehring zweiter von links (1.MG.-Komp.).

Allenstein/Ostpreußen 1918/19 als Adjutant beim MG-Offizier des XX. Korps.

Westpreußenkreuz bei Weißenburg, Kreis Stuhm, an der Drei-Staaten-Ecke (Deutsches Reich, Polen, Freie Stadt Danzig) nach dem Ersten Weltkrieg errichtet.

Manöverkritik vor 1933 in Ostpreußen. Am Tisch: Reichspräsident Feldmarschall von Hindenburg, Mitte verdeckt Frhr.von Hammerstein, vorn General von Rundstedt. „Die Armee ohne Panzer!“ (Nehring).

Zossen 1932: Die Gründergruppe der deutschen Panzerwaffe. Mitte: Generalmajor Oswald Lutz, Inspekteur der Kraftfahrtruppe. Rechts: sein Chef des Stabes Oberst i.G. Heinz Guderian. Links: sein Ia (1. Generalstabsoffizier) Major i.G. Nehring und ein großer Teil der Offiziere, die mithalfen, die Panzertruppe zu schaffen, u.a. von Hünersdorff, Linnarz, Breith, Teege, Thomale, Mildebrath.

13.10.37: Oberst Nehring übernimmt das Panzerregiment 5 in Wünsdorf.

Links oben: 11.6.40: Im Bois de Sévigny Besuch des Oberbefehlshabers des Heeres bei der Panzergruppe Guderian. Vorn links Generaloberst von Brauchitsch, rechts General Guderian, rechts stehend Oberst i.G. Nehring, Chef des Generalstabs der Panzergruppe.
Rechts oben: 22.6.41: Durchfurten des Bug nördlich Brest-Litowsk durch 2./Pz.Rgt.18 (18.Pz.Div., Kommandeur Generalmajor Nehring).

30.6.41: Im Befehlspanzer bei Borissow an der Beresina (Brückenkopf der 18.Pz.Div.).

18.7.41: Gefechtsstand Schtz.Rgt.52, 200 Meter hinter vorderster Linie im Wald von Mitashi. Nehring mit dem Rgts.Kdr.Oberst Jollasse (im Stahlhelm) und dem Btls-Führer im Schtz.Rgt.101, Viebig, nach russ. Art.Feuerüberfall.

Ende Juli 41: Div.Gef.Stand südlich Smolensk bei Potschinok.

Links oben: 27.7.41: Guderian überreicht Nehring das Ritterkreuz für Borrissow (Brückenkopf 18.Pz.Div.).
Rechts oben: Offiziere des Schtz.Rgt.52 aus Sachsen (18.Pz.Div.) am Tartarendenkmal südostwärts Tula, das zur Erinnerung an die Abwehr des Tatareneinfalls vom Zaren errichtet worden war.

8.12.41: Vor dem Rückzug Beerdigung des Oblt. Kirmse, I./Schtz.Rgt.52 bei dem ostwärtigsten Rgts. Stabsquartier des Krieges in Nabarashnaja, südostwärts Tula.

6. KAPITEL

# *Kämpfe um die Panzerwaffe*

Die Begegnung mit Heinz Guderian wurde für Nehring schicksalhaft. Im hohen Alter verglich er die Führungstechnik Guderians mit derjenigen Rommels, den er ebenfalls in einer entscheidenden Phase seines Lebens näher kennengelernt hatte.

„Im Charakter ähnelten sich beide: sehr impulsiv, leicht erregbar, trotzdem sehr überlegt in der Ausführung ihrer Absichten; hartnäckig im Verfolgen ihrer Ziele; ehrgeizig, aber ohne Übertreibung, persönlich sehr einsatzfreudig auf allen Gebieten im Frieden und im Kriege. Beide geistig vorwärtsdrängend und neue Ideen entwickelnd, schöpferisch veranlagt. Viel Gefühl, viel Temperament. Beide geborene Soldatennaturen und bei ihrer Truppe ungewöhnlich populär und beliebt.

Rommel war überragender Frontsoldat, aber niemals Generalstabsoffizier. Guderian war beides, auf dem Feld des Generalstabs aber mehr organisatorisch als Schöpfer der deutschen Panzerwaffe hervortretend und als Ausbilder, weniger als Stratege. Rommel blieb Frontsoldat, wurde dann Lehrer und später Kommandeur der Dresdner Infanterieschule für die Fähnrichausbildung. Er schrieb das bekannte Buch ‚Infanterie greift an', trat aber nicht hervor, sondern blieb bis 1940 ein unbekannter Offizier.

Guderian kam nach kurzer Frontzeit bald wieder in den Generalstab und in dieser Eigenschaft zur Inspektion der Kraftfahrtruppen – mehr oder weniger durch Zufall. Hier kam er durch seinen Dienst mit der Technik in Berührung, erkannte ihre Vorzüge und ihre Schwächen und vor allem ihre kommenden Möglichkeiten für eine neuzeitliche strategische, operative und taktische Kampfführung der Zukunft, wobei er seine Erfahrungen mit der unzulänglich geführten und organisierten Kavallerie-Division von 1914 in der Marneschlacht mit diesen modernen Ideen verkoppelte. In seiner geistigen Vorstellung, seiner Phantasie entstand das Bild der zu schaffenden schnellen und entscheidenden Panzerwaffe, die in selbständigen Heereskörpern zusammengefaßt und eingesetzt werden sollte. Guderian stieß dabei auf unerhörten Widerstand in fast allen militärischen Kreisen und fand nur wenig Freunde und Förderer, zumal sein Temperament gelegentlich mit ihm durchging und seine bisher sachlichen Gegner zu erbitterten Feinden machte.

Dieser hartnäckige Kampf um das endliche Durchsetzen der von ihm als richtig erkannten Gedanken beanspruchte seine körperlichen Kräfte außerordentlich, worunter er wohl bis zu seinem frühen Tode gelitten hat.

In der Zeit zwischen 1921 und 1939 zeichnete sich ein wesentlicher Unterschied zwischen beiden Offizieren ab.

Rommel wirkt als vorzüglicher Offizier im traditionellen Heeresrahmen, während Guderian als Feuerkopf verzweifelt darum ringt, diesen traditionellen Rahmen auf Grund seiner Erkenntnisse und derjenigen des Auslandes zu sprengen und die greifbaren Möglichkeiten der Technik zugunsten der Verteidigungskraft seines Vaterlandes auszunutzen – wenn auch bis etwa 1939 nur theoretisch."

Rommel würde Nehring in Afrika kennenlernen; jetzt wurde er von Guderian gebraucht. Er ordnete sich ihm unter, ohne sich etwas zu vergeben.

Guderian brauchte den nüchtern denkenden Organisator und operativen Fachmann Nehring, mit dem er nicht nur geistig verwandt war.

Nehring brauchte den Visionär Guderian, dessen Ziele er teilte.

Beide Offiziere aus Westpreußen verband außerdem die Erfahrung des Weltkrieges und der Verlust der Heimat. Der stets bedächtige, sachlich prüfende und erfindungsreiche Nehring und der Feuerkopf Guderian ergänzten sich gegenseitig. Beide schrieben einen geschliffenen Stil, beide stellten hohe Ansprüche an sich und andere.

Aber beide waren auch einsam, als sie ihre Vorstellungen von der neuen Waffe publizistisch in Angriff und Verteidigung brillant entwickelten.

Bei In 6 fand Nehring den Hauptmann Walter Châles de Beaulieu als zweiten Generalstabsoffizier für Fragen der Ausbildung vor; dessen Nachfolger wurde 1933 Hauptmann i. G. Walther v. Hünersdorff, der als Kommandeur der 6. Panzer-Division in der Schlacht von Kursk 1943 fiel.

Die Hauptleute Hermann Breith und Bruno Ritter von Hauenschild waren Referenten für Kampfwagen und Panzerspähwagen, Hauptmann Werner leitete das Personalreferat, Hauptmann Irmisch die Kraftfahrtechnik.

Die motorisierte Aufklärung, in der Nehring schon bei seinen Kradschützen Erfahrungen sammeln konnte, fiel an In 6, da die Kavallerie auf die Betreuung der motorisierten operativen Erdaufklärung verzichtete. Dies ergab sich Anfang 1932 in einer Aussprache mit dem Inspekteur der Kavallerie, Generalmajor Frhr. v. Hirschberg.

Lutz und Guderian wollten zunächst die Panzerdivision, später das Panzerkorps.

Dazu sollten motorisierte Panzerabwehrabteilungen gehören. In seiner „Geschichte der Deutschen Panzerwaffe 1916 – 1945“ schreibt hierzu Nehring: „Die Entwicklung des erforderlichen Großgeräts an Kampfwagen, Panzerspähwagen und Panzerabwehrkanonen mot.(Pak) war problematisch, da sich hierbei die Einschränkungen des Versailler Vertrages auswirken mußten. Für die Durchführung dieses umfangreichen Programms fehlten jedoch, von der Wehrhoheit und Wehrfreiheit angefangen, vorläufig noch fast alle Voraussetzungen.“

Außerdem waren die in der Sowjetunion („Unternehmen Kama“) entwickelten, ab 1928 verfügbaren Kampfwagen-Versuchstypen nicht mehr auf der Höhe der Zeit.

Es mußten neue Modelle angefertigt werden.

Über diese schwierige Anfangslage haben Guderian und Nehring in ihren Büchern ausführlich berichtet.

Diskutiert wurde die Motorisierung kontrovers im Militär-Wochenblatt. Bereits 1932 wurde dort von Faber du Faure die Forderung auf Nahkampfmittel für die Infanterie zur Bekämpfung von Panzern gestellt: „Wer einmal im Felde Kampfwagen gegenüberstand, weiß, wie furchtbar es ist, sich in solcher Lage wehrlos zu fühlen.“ Der Ladungswerfer auf 50 bis 100 m mit Aufschlagszünder (später Ofenrohr genannt) wurde verlangt. Für die neue Dienstvorschrift „Truppenführung“, die Generalmajor Ludwig Beck in Dresden bearbeitete, hatte nun In 6 die Aufgaben der künftigen Panzerwaffe zu vertreten. Mit Nehring und Châles de Beaulieu nahm Guderian an den Sitzungen der „Großen Prüfungskommission“ für diese Vorschrift in Berlin teil.

Bei der ersten Übung mit motorisierter Aufklärung 1932 in Schlesien leitete Nehring den großen Schiedsrichterapparat mit einem ausgedehnten Leitungsnetz.

In Jüterbog und Grafenwöhr gab es je drei Kampfwagen-Attrappen-Übungen.

Im Herbst fanden die Manöver im Raum um Frankfurt an der Oder statt. Nehring vertrat In 6 im Leitungsstab unter Oberstleutnant i.G. Wever, der später die Luftwaffe aufbaute.

Zum letzten Male nahm Hindenburg daran teil; unter den ausländischen Offizieren war auch der Sowjetmarschall Tuchatschewski.

Die motorisierte Aufklärung war der Kavallerie überlegen, die wegen ihrer Umständlichkeit bei dem Oderübergang von Hindenburg getadelt wurde: „Hammerstein, Hammerstein, Ihre Oderübergänge...!"

Im November 1932 wurde im Militär-Wochenblatt das Buch des britischen Generalmajors Fuller besprochen: „Operations between mech. Forces."

Fuller hatte von der „Revolution des Krieges durch den Motor" in seinem Buch gesprochen. Dazu hieß es in der Besprechung: „Man mag zu Fullers Ansicht stehen, wie man will, daß die Panzertruppe die schlachtentscheidende Waffe sei, vorläufig steht hier Ansicht gegen Ansicht. Aber eines sollte man anerkennen: die Selbständigkeit und die selbständige Verwendung der Panzertruppe."

Oberstleutnant v. Faber du Faure nannte im Herbst 1932 im Militär-Wochenblatt zum ersten Male die „Panzer-Division", als er ein Kavalleriekorps mit zwei Reiter-Divisionen und einer Panzer-Division vorschlug, wofür es Anzeichen bei der französischen Kavallerie gäbe. Nach der Skizzengliederung war aber diese Panzer-Division nicht diejenige, die Guderian und Nehring vorschwebte; es fehlte die motorisierte Infanterie, und es gab nur eine leichte Artillerieabteilung.

Faber du Faure forderte: „Geist entscheidend. Kavallerie soll sich dabei durchsetzen und ihre Forderung stellen, um der neuen Waffe ihren Stempel aufzudrücken."

Doch dafür war es nun zu spät.

Guderian und Nehring ließen sich nicht beirren. Die Kavalleristen gaben nicht auf. 1932 schrieb Oberst a.D. Graf Schack im „Militär-Wochenblatt": „Auch der Krieg der Zukunft wird der Kavallerie wichtige, schlachtenentscheidende Aufgaben stellen."

Am 10. Dezember 1932 wurden endlich die harten Bestimmungen des Versailler Vertrages gelockert. Ab April 1933 konnten die bisherigen Sollstärken des Reichsheeres erhöht werden.

Nehring schreibt: „Als Ergebnis der stetigen, unermüdlichen Bemühungen Stresemanns, Brünings und Schleichers hatte die bisher starre Ablehnung seitens der Abrüstungskonferenz mit Zustimmung der Genfer Versammlung (Völkerbund) eine gewisse Modifizierung erfahren, was ein großes Verdienst der deutschen politischen Führung vor Hitler bedeutete. Man konnte damals hoffen, auf diesem Wege weitere Fortschritte zu erzielen."

Am Abend des 30. Januar 1933 sahen Guderian und Nehring vom Fenster des Reichswehrministeriums, wie sich die SA- und Stahlhelm-Verbände zum Siegesmarsch durch das Brandenburger Tor sammelten.

Hitler war Reichskanzler geworden.

„Seine Berufung," schreibt Nehring, „veränderte die militärische und die politische Lage grundlegend.

Hitler fühlte sich in militärischer Hinsicht zunächst tastend vor, um dann festen Boden für sein späteres Eingreifen in die militärischen Vorgänge zu gewinnen."

Bei der Eröffnung der Automobilausstellung unter dem Funkturm Anfang Februar 1933 sah Nehring den neuen Reichskanzler Hitler zum ersten Mal. Ihn beeindruckte nur dessen Interesse an der Motorisierung, als er mit Guderian und anderen Offizieren an dem Eröffnungsrundgang teilnahm.

Für sich notierte Nehring, was es auf der Ausstellung Neues zu sehen gab: „Luftgekühlter Motor (kann ganz ‚umpanzert' werden, neben Gewichtsverminderung und Wetterfestigkeit!); Dieselmotor im Lkw.; Gasgenerator (Holzgas!); Sechsrad-Lkw.; Zugmittel (Schlepper!)."

Lieferte die Technik nicht rechtzeitig ab, was eine Panzertruppe brauchte? Das war eine Palette neuer Entwicklungen, die von der Kraftfahrtruppe genutzt werden konnte, wenn politische und militärische Entscheidungen getroffen würden.

Was inzwischen von den Heeren jenseits der deutschen Grenzen geschaffen wurde, war Guderian und Nehring bekannt. Sie gedachten dieses Wissen zu nützen.

Aber für sie gab es die Chance, ganz neu anzufangen. Es war damals nicht ausgemacht, daß es gelingen würde. Denn mit einer Heeresvermehrung, die nun begann, wurden auch alle Schleusen geöffnet, aus denen sich eine Fülle von kontroversen Erwartungen und Hoffnungen über die Planer und Denker im Reichswehrministerium ergoß.

Deshalb begann jetzt erst richtig der Kampf um eine deutsche Panzertruppe, zu dem Guderian und Nehring entschlossen waren.

Seeckt hatte die Reichswehr als unpolitischen Machtfaktor des Reiches aufgebaut. Die Partei, die jetzt an die Macht kam, hatte eine Ideologie, die Nehring wenig sagte. Er verstand auch – wie viele Offiziere – damals die dynamische Sprengkraft der Hitlerschen „Bewegung" nicht. Zu befassen hatte er sich mit der NSDAP niemals. Generalstabsoffiziere durften nicht hervortreten. Für den Major i. G. Nehring blieb das auch nach 1933 etwas Selbstverständliches.

Ende 1932 hatte die Ausbildungsabteilung des Truppenamtes (T 4) Major Nehring beauftragt, ohne Vorgang für die Veröffentlichung im „Militär-Wochenblatt" das Thema „Die Panzerbrigade im Rahmen des Kavalleriekorps" zu bearbeiten.

In mehreren Fortsetzungen erschien anonym die „Taktische Aufgabe 8", wie es sich für einen Angehörigen des Generalstabes gehörte. Die letzte Fortsetzung im März 1933 enthielt die Essenz einer zukünftigen Panzertruppe; das gestellte Thema wurde laut Text „nach Auslandsnachrichten" behandelt, aber das war Tarnung. Am Ende stand der Satz: „Der deutschen Wehrmacht sind Kampfwagen durch den Versailler Vertrag verboten worden!"

Nehrings Kernthesen für den Einsatz eines Panzerverbandes lauteten: „Umfassender Einsatz gegen Flanke und Rücken des Gegners – abgesetzt von anderen, langsameren Verbänden – ist die Hauptaufgabe des Panzerverbandes; doch kann er auch im frontalen Durchbruch entscheidende Bedeutung haben. Zu Verfolgung eingesetzt, kann er die Auflösung des weichenden Feindes herbeiführen. Dagegen ist er wenig befähigt, gewonnenes Gelände nachhaltig zu behaupten; hierzu wird meist Zuteilung motorisierter Infanterie mit Artillerie notwendig werden. Das Wesen seiner Kampfführung ist nicht die Führung langdauernder Kämpfe, sondern der Einsatz zu kurzen, zeitlich und räumlich begrenzten Operationen mit eng gefaßten Aufträgen.

Auch neuzeitliche Heere werden ohne Panzerverbände, für deren Zusammensetzung es kein Schema gibt, kaum entscheidend operieren können, wenn ihnen ein Gegner gegenübersteht, der über solche Verbände verfügt. Diese Feststellung läßt die Frage auftauchen, in welchem Umfange Panzerverbände aufzustellen sind.

Die Gedanken über diese Frage sind in der Auslandsliteratur noch nicht abgeschlossen.

In der Erwartung, daß die technische Entwicklung der Kampfwagen weiter fortschreiten wird, ergibt sich noch ein Blick in die Zukunft: schnelle Panzerverbände, gekoppelt mit starken Luftstreitkräften, bieten sich als wirkungsvolles Kriegsmittel an, das geeignet erscheint, als selbständiger operativer Verband mit der Lösung selbständiger operativen Aufgaben betraut zu werden."

März 1933. Als Nehring vor sechseinhalb Jahren im Herbst 1926 ins Truppenamt kommandiert wurde, hatte gerade In 6 im Reichswehrministerium eine Weisung über die „Darstellung neuzeitlicher Kampfwagen" herausgegeben, die als Geheimsache erschien und vom neuen Chef der Heeresleitung, General Heye, unterzeichnet war. Sie begann mit den Sätzen: „Die fortlaufende technische Vervollkommnung der Kampfwagen, vor allem in bezug auf Geschwindigkeit und Fahrbereich, wird auch eine Änderung in der taktischen Verwendung dieser Waffe zur Folge haben. Im Gegensatz zu den bisher allgemein gültigen Grundsätzen der Kampfwagentaktik, daß der Hauptzweck der Kampfwagen in der unmittelbaren Unterstützung des Vorgehens der Infanterie zu suchen ist, wurde diese Waffe in den englischen Manövern 1925 von keiner Truppe zu diesem Zweck verwendet. Dagegen wurden die neuen Vickers-Kampfwagen meist mit weitgestecktem Ziel und auf großen Umwegen auf den Flügeln eingesetzt, wobei sie andere bewegliche Truppen, wie motorisierte Infanterie und Artillerie und auch Kavallerie, begleiteten."

Was hier 1926 zum Gedankengut des Reichsheeres gemacht werden sollte, freilich nur in defensiver Absicht, da keine eigenen Kampfwagen verfügbar waren, fand im März 1933 durch Nehrings theoretische „Taktische Aufgabe 8" seine für die Zukunft einer deutschen Panzerwaffe entscheidende Darstellung.

Gleichzeitig erschien 1933 das Buch von Liddel Hart: „The British Way in Warfare", in dem das Heer der Zukunft umschrieben wurde, das hauptsächlich mechanisierte Verbände haben würde, Infanterie nur in begrenzter Zahl für besondere Aufgaben.

Nehrings Panzerverband in der „Taktischen Aufgabe 8" war eine Panzerbrigade. Zur Panzerdivision fehlten ihr noch die motorisierten Schützen, die in der Aufgabe abgesessene Reiter darzustellen hatten.

Im August 1933 erhielt Nehring ein Kommando zur italienischen Armee. Dort durfte er die Kampfwagentruppe, die carri armati, kennenlernen.

Er erfuhr nichts Neues; das Material interessierte ihn aber. In Zossen wurde am 1. November 1933 der erste Verband der neuen deutschen Panzerwaffe aufgestellt. Er bestand aus Offizieren, die nach Auflösung des an der Wolga bei Kasan liegenden deutsch-sowjetischen Panzerübungsplatzes wieder in der Heimat eingetroffen waren, sowie aus Kommandierungen aus den sieben Kraftfahrabteilungen des Reichsheeres.

Aber erst im Frühjahr und Sommer 1934 trafen die ersten Fahrgestelle des zukünftigen Panzers dort ein. Aus Tarnungsgründen hieß die Truppe „Kraftfahrlehrkommando Zossen".

Daraus sollte im Oktober 1935 das Panzerregiment 5 werden, das Nehring von 1937 bis 1939 kommandierte. Es lag in den neuerbauten Kasernen von Zehrensdorf-Wünsdorf. Dort war im Oktober 1918 die Kampfwagen-Ersatzabteilung des alten Heeres aufgestellt worden.

„Hiermit schloß sich der Kreis der historischen Entwicklung der Panzertruppe," schreibt Nehring.

Im April 1934 wurde Nehring, für ihn völlig unerwartet und unter Umgehung aller Dienstwege, zum Chef des Ministeramtes, Generalmajor v. Reichenau, gerufen. Seine Vorgesetzten, Generalleutnant Lutz und Oberst i. G. Guderian, waren auf Reisen. Reichenau fragte Nehring, ob der Aufbau der Panzertruppe durch die In 6 aus der Kraftfahrtruppe entweder unter Zuführung einzelner Truppenteile aus dem gesamten Reichsheer oder unter Unterstellung und sofortiger Umbildung der 3. Kavallerie-Division erfolgen sollte.

Nehring schreibt: „Dieser zweite Vorschlag war überraschend, da diese Lösung im Rahmen der In 6 bisher nie erörtert worden war, allein schon wegen der bestehenden Rivalität zur In 3, der Inspektion der Kavallerie." Die Begründung Reichenaus dafür war aber so einleuchtend, daß Nehring ihr zustimmen konnte.

Damit war die Entscheidung gefallen. Die Kavallerie hatte abzusatteln und in der Panzertruppe aufzugehen.

Am Pfingstsonnabend 1934 fiel wieder eine Entscheidung. Major Nehring wurde ins Reichswehrministerium gerufen, um den Erlaß der 3. Umbauverfügung für die Vergrößerung des Heeres entgegenzunehmen. Die 2. Umbauverfügung vom Dezember 1932 hatte noch eine langfristige Heeresvermehrung auf 21 Friedens-Divisionen und Heerestruppen vorgesehen. Nun war entschieden worden, ab 1. November 1934 die Heeresvermehrung beschleunigt durchzuführen, zunächst in Rahmenverbänden, um das Ausland über den Schwächezustand des Heeres irrezuführen. Das Ziel, 21 Divisionen, blieb. Die Truppenteile verloren ihre Nummern, sie wurden nach ihren Standorten genannt.

Nehring schreibt: „Für die Panzertruppe sah der Aufstellungsbefehl die ersten drei Panzerdivisionen vor, für die außer theoretischen Überlegungen und dem Stammpersonal aus Kama nichts vorhanden war."

Am 1. Juni wurde In 6 in „Kommando (Inspekteur) der Kraftfahrkampftruppen" umbenannt. Doch nach außen mußte es beim alten Namen „Inspektion der Kraftfahrtruppen" bleiben.

Am 29. Juni 1934 holte der Oberbefehlshaber des Heeres, Frhr. v. Fritsch, Nehring etwa 18 Uhr zu sich in die Wohnung in der Bendlerstraße, da er, wie er Nehring sagte, soeben eine Warnung vor einem Putsch der SA erhalten hätte. Major Nehring sollte ihm angeben, welche gepanzerten Versuchsfahrzeuge zur Verfügung ständen, da das Heer noch keine gepanzerten Gefechtsfahrzeuge habe. Den Anruf hatte Fritsch's Ordonnanzoffizier Horst v. Mellenthin vermittelt. Nehring hatte den Eindruck, v. Fritsch sei völlig überrascht gewesen. Er konnte ihm nur melden, daß fast nichts aufzutreiben wäre. An diesem Tage wurde das Heer in Alarmzustand versetzt.

Der 30. Juni 1934 ging dann in die Geschichte als Tag des „Röhmputsches" ein.

Nach dem Tod des Reichspräsidenten v. Hindenburg wurde Nehring am 3. August 1934 auf den „Führer des deutschen Reiches und Volkes, Adolf Hitler" neu vereidigt, wie es in der von Generalmajor v. Reichenau entworfenen Eidesformel hieß.

Die Beisetzung Hindenburgs im Reichsehrenmal Tannenberg hörte Nehring im Rundfunk. Er war tief beeindruckt, dachte an den Feldmarschall, unter dem er in der Schlacht von Tannenberg als zweiundzwanzigjähriger Leutnant gekämpft hatte. Wieder war für ihn eine Epoche zu Ende.

Am 1. September 1934 wurde er zum Oberstleutnant i. G. befördert. Guderian sah sich mit Nehring und seinem Stab in dieser Zeit immer noch im Kleinkrieg mit dem Chef des Generalstabes, General Ludwig Beck, der aus politischen Gründen keine Offensivkraft des neuen Heeres in Form einer Panzertruppe haben wollte, obwohl er der Aufstellung von drei Panzerdivisionen zugestimmt hatte.

In seinem Buch über die Geschichte der deutschen Panzerwaffe hat Nehring später diesen Kleinkrieg ausführlich beschrieben und bewertet. Guderian geht in seinem Buch „Erinnerungen eines Soldaten“ darauf ein.

Die Animosität zwischen Guderian und Beck war eine große Belastung für die Arbeit im Stab der Kraftfahrkampftruppe. Sie führte aber vor allem dazu, daß die Vorstellungen Guderians und Nehrings nicht ganz durchgesetzt werden konnten. Beck ließ Infanterie-Divisionen motorisieren und stellte sogenannte Leichte Divisionen auf, denen er Panzerabteilungen zuteilte. Die Leichten Divisionen erwiesen sich im Polenfeldzug als unpraktisch; danach wurden sie in Panzer-Divisionen umgewandelt oder in Afrika verwendet.

Guderian wollte operative Panzerverbände schaffen. Beck war auch für Panzer, aber sie sollten nur die Infanterie unterstützen.

Guderian lehnte selbständige Panzerbrigaden von vornherein ab.

Nehring, der diese aufreibenden Kämpfe an der Seite Guderians durchstand, wurde jetzt manchmal sarkastisch. Er hatte einen Hang zur Ironie schon immer gehabt.

Wie Guderian ging er auf Jagd, um sich von den Aufregungen und Strapazen zu erholen. Er war glücklich, dem unruhigen Arbeitsleben in der Stadt Berlin entrinnen zu können.

Am 19. Dezember 1935 vergrößerte sich die Familie. Ein drittes Kind, der Sohn Hubertus, wurde geboren.

Seinen schriftstellerischen Neigungen konnte Nehring weiter nachgehen. Er veröffentlichte zahlreiche Artikel und schrieb Bücher, die ein starkes Echo auch im Ausland fanden. Der Potsdamer Voggenreiter-Verlag brachte von ihm „Heere von morgen“ heraus, das Nehring 1934/35 verfaßt hatte. Zu dieser Zeit mußte noch immer Tarnung vorwalten. Deshalb berief er sich auf die Militärliteratur des Auslandes, da aus Gründen der Geheimhaltung der deutschen Pläne diese nicht öffentlich besprochen und behandelt werden durften. Nehring schreibt später: „Daher hat mich General de Gaulle in seinen ‚Mémoires de Guerre – l'Appel 1940/42' irrtümlich als Kronzeugen dafür aufgeführt, daß seine Vorschläge von den Deutschen übernommen worden seien. Guderians Pläne stammten aber aus dem Jahre 1929 und waren 1934 bereits in der Durchführung, als de Gaulles Gedanken (über die Panzerdivision – division de choc) bekannt wurden. Im Gegensatz zu Guderian ist es dem damaligen Colonel de Gaulle nicht gelungen, seine klugen und kühnen Vorschläge durchzusetzen." Nehrings Buch, das mehrere Auflagen erzielte, trug als Motto ein Zitat aus dem Buch „Der Kampfwagenkrieg" von dem österreichischen General v. Eimannsberger: „Die Zeit des neuzeitlichen Zentauren, der mit dem Motor verwachsen ist, beginnt in der Kriegführung."

In Nehrings Buch ging es vor allem um die Erklärung des Begriffs „Heeresmotorisierung". Auf dem Schutzumschlag der 3. Auflage heißt es: Motorisierte, gepanzerte Stoßverbände werden nach zwei Jahrzehnten tastender Versuche nunmehr bei allen Großmächten in Eile aufgestellt. Das Zeitalter des Mannes am Motor bricht an. Oberstleutnant Walther Nehring (Reichskriegsministerium) berichtet eindrucksvoll und fesselnd über den neuesten Stand der Entwicklung und deutet überraschende Möglichkeiten an. Nach 6 Wochen erschien die 2. Auflage (RM 1.80).

Das Posener Tageblatt urteilte: „Ein hochinteressanter Überblick." Die Allgemeine Schweizer Militär-Zeitung: „Eine sehr gelungene, leicht faßliche Einführung in diesen neuen Zweig der Militärwissenschaften."

De Telegraaf (Niederlande): „Nehring weist in die Zukunft. Er kennzeichnet das Bild zukünftiger Kriege."

In dem Bildband „Panzer und Motor", der ergänzend von ihm verfaßt wurde, war unter der Überschrift „Ein maßgebendes Urteil" auf dem Klappentext eine Stellungnahme von Oberst Guderian zu finden: „Wir leben im Zeitalter des Motors. Keine Armee kann sich dieser das Wirtschaftsleben moderner Industriestaaten bereits beherrschenden Tatsache entziehen. Die Neubildung des Heeres ist eine unabwendbare Notwendigkeit, stellenweise bereits eine vollzogene Tatsache geworden. Nur eingehendes Studium hilft zur klaren Erkenntnis der Forderungen der Zeit. Nur kühne und ganze Entschlüsse führen dazu, ein Heer neu zu gestalten. Nehrings Buch bietet die Unterlagen zum Bilden eines eigenen Urteils über diese Frage."

Am 16. März 1935 stellte die Reichsregierung die Wehrhoheit wieder her und führte die allgemeine Wehrpflicht ein. So konnte am 27. September die Tarnung auch für die neue Panzertruppe aufgehoben werden. Oberstleutnant Nehring blieb Ia im Kommando der Panzertruppe. Guderian wurde durch Oberst Friedrich Paulus abgelöst und erhielt die 2. Panzerdivision in Würzburg, weit entfernt von Berlin und seinen dortigen Einflußmöglichkeiten. Er wurde aus Berlin weggelobt. Als Oberst Guderian sich bei General Beck abmeldete, sagte Beck: „Na, Guderian, nun haben Sie ja Ihre drei Panzerdivisionen!“ Guderian erwiderte: „Nicht drei, sondern dreißig müssen wir haben, Herr General!“ Beck hob den Zeigefinger: „Sie Utopist!“ Daraufhin verließ Guderian wortlos das Zimmer.

Das Kommando der Panzertruppe behielt Lutz, der am 1. November 1935 zum ersten General der Panzertruppe befördert wurde.

Im Oberkommando des Heeres verblieb die Inspektion der Panzertruppe, so daß Lutz zwei Dienststellen unter sich hatte.

Guderian hatte mehr als drei Panzerdivisionen gefordert. Dafür wurde jetzt dem Drängen der alten Kavallerie nachgegeben. Es wurden drei „Leichte Divisionen“ aufgestellt, zu der eine Panzerabteilung gehörte, deren Panzer auf Tiefladeanhängern transportiert wurden. Dies war nur möglich bei den Panzern I und II. Aber 1938 erwartete man die Panzer III und IV, die zu schwer dafür waren.

Zusätzlich wurden noch vier Infanterie-Divisionen voll motorisiert.

Während des Winters 1935/36 bearbeiteten Oberst Guderian und Oberstleutnant Nehring die Themen „Die Panzertruppen und ihr Zusammenwirken mit anderen Waffen“ und „Panzerabwehr“. Es kam beiden darauf an, weiter publizistisch zu wirken, um ihre Gedanken an die Öffentlichkeit zu bringen. „Panzerabwehr“ von Oberstleutnant Walther Nehring erschien bei E. S. Mittler und Sohn, Berlin, im Sommer 1936.

Zum Geleit schrieb General Lutz: „Panzer und Motor beherrschen das militärische Zeitbild. Damit tritt zwangsläufig auch die Frage ihrer Abwehr in den Vordergrund. Die Studie ‚Panzerabwehr‘ wird zu ihrer Klärung beitragen. Sie ist daher für den Soldaten wie für jeden militärisch und wehrpolitisch interessierten Volksgenossen von besonderem Wert.“

Als Motto wählte Nehring einen Gedanken des britischen Generals Fuller aus dem Herbst 1935: „Die Dinge sind neu oder werden doch immerhin neuer. Werden die Gedanken nachfolgen?“ Im „Militär-Wochenblatt“ schrieb damals General der Infanterie a.D. Wetzell, der Abwehrspezialist im Ersten Weltkrieg: „Nehring hat hier in kluger und abwägender Form das ‚Für und Wider' in vorbildlicher Weise zur Darstellung gebracht. Man kann nur wünschen, daß jeder Offizier sich diese Gedankengänge eines ausgezeichneten Sachkenners zu eigen machen möchte, um sich ein klares und zutreffendes Urteil zu verschaffen."

Das Buch enthält u.a. die Forderung zur Aufstellung von Panzerzerstörerverbänden. „Voraussetzung für das Bewegungsmittel dieser Verbände wäre mindestens das gleiche Fahrvermögen wie das der zu jagenden Panzerkampfwagen; die Feuerwaffe selbst müßte dem Panzer und seiner Bewaffnung überlegen sein, gewisser Verzicht auf Panzerschutz bleibt tragbar. Der Vergleich mit dem Torpedobootszerstörer der Kriegsmarine und den kanonenbewaffneten Jagdgeschwadern der Luftflotte liegt nahe." Damit war der Panzerjäger vorausgesagt. Erst 1942 sollte es ihn geben.

Nehring schrieb, Panzer und Panzerjäger seien Kampfmittel, die sich sinnvoll ergänzten. „Man wird sie beide brauchen, wie Schwert und Schild."

Auch über die Rote Armee der Sowjetunion schrieb Nehring in diesem Winter. Er beurteilte ihre Manöver bei Kiew im Herbst 1935: „Ungeheure Massen neuzeitlicher Truppenkörper waren auf verhältnismäßig engem Raum versammelt. Die Technik, in idealer Weise der Taktik vermählt, beherrschte den Kampfschauplatz. Man muß es der russischen Heeresleitung zugestehen, daß sie vorwärtsstrebt und bemüht ist, alles auszunutzen, was sich zur Stärkung ihrer Wehrmacht nur irgendwie anbietet.

Hunderte von Flugzeugen begleiteten die Angriffe der Erdtruppen. Tausend Panzerkampfwagen (Tanks) wurden auf nur 10 Kilometer Frontbreite, nach der Tiefe gestaffelt, zum vernichtenden Angriff vorgeworfen. Sie umzingelten, wie die ‚Krassnaja Swesda' berichtete, das blaue Kavalleriekorps durch einen stählernen Ring von Panzerwagen."

Nehring stellt dann fest, daß die jährliche Traktorenerzeugung von 40 000 eine ausgezeichnete Grundlage für den Bau von Panzern biete und im Kriegsfall monatlich mehrere 1000 Panzer gebaut werden könnten.

Der Artikel, der in Zeitschriften erschien, schloß: „‚Das Schwert ist die Achse der Welt', hat der geistvolle Franzose de Gaulle gesagt."

Für Nehring zeichnete sich eine dienstliche Veränderung ab, die ihn aus dem Kommando der Panzertruppe – wie Guderian – entfernen sollte. Die Schaltstelle für den Aufbau der Panzertruppe ging in andere Hände über.

Am 2. Juli 1936 erfuhr er von seiner Versetzung an die Wehrmachtsakademie zum 6. Oktober.

Sie befand sich im Reichskriegsministerium in der Bendlerstraße und bildete höhere Führer im Rahmen der Wehrmacht aus. Nehrings Nachfolger als Ia im Kommando der Panzertruppe wurde Oberstlt. i. G. Baehsler.

Bevor Nehring an dem einjährigen Lehrgang an der Wehrmachtakademie teilnahm, den General Adam mit seinem Gehilfen Oberst Weisenberger leitete, wurde er am 19. September 1936 überraschend zum Wehramt im Reichskriegsministerium kommandiert.

Im Juli 1936 war in Spanien der Bürgerkrieg ausgebrochen. Die deutsche Luftwaffe stellte General Franco die „Legion Condor" zur Verfügung. Nehring wurde nun vom Chef des Generalstabes der Luftwaffe, General Wever, und von Oberst Stumpff geholt, um die Organisation für den Transport von Einheiten, die aus Freiwilligen bestanden, die Einschiffung von Panzern und Gerät zu übernehmen. Dabei handelte es sich um die Panzerabteilung 88 mit Stab unter Oberstlt. Ritter v. Thoma aus dem Panzerregiment 6 der 3. Panzerdivision. Sie hatte drei Lehrkompanien mit Panzer I und II und eine Transportkolonne. Ergänzt wurden die Lehrkompanien durch Freiwillige aus den ältesten Panzerabteilungen. Nehring war einige Male in Stettin, um die Einschiffung zu überwachen, die unter der Tarnbezeichnung „Drohne" vor sich ging. Die Ausschiffung der Truppe fand in Burgos statt. Dort sollte sie als Lehrtruppe dienen, Einsätze mit Panzern durften nur von spanischen Besatzungen gefahren werden.

Während dieser Tätigkeit wollte General Wever Nehring ganz zur Luftwaffe holen, aber alle Angebote lehnte er ab.

Am 10. Oktober wurde Nehrings Geheimauftrag beendet. Er ging nun auf die Wehrmachtakademie.

1940 erhielt er aus Madrid das Spanische Militärverdienstkreuz/Komturkreuz.

Jeden Morgen ging nun Nehring vom Tirpitzufer zur Bendlerstraße, um in die höhere Wehrmachtführung eingeweiht zu werden. Die Einrichtung und Ausbildung fand er ausgezeichnet.

Er konnte auch die ersten Erfahrungen beim Einsatz der Panzer in Spanien auswerten. Es stellte sich bald heraus, daß die deutschen Panzer I und II zu schwach waren, um operativ eingesetzt zu werden. Außerdem bewährten sich die eingebauten Funkgeräte nicht, die Guderian verlangt hatte. Daraus ergaben sich erhebliche Konsequenzen für die Durchsetzung von Guderians Ideen.

Die Sowjetführung verzichtete sogar auf Grund ihrer Erfahrungen im spanischen Bürgerkrieg auf den Aufbau einer operativen Panzerwaffe.

Guderian schrieb in diesem Winter 1936 auf 1937 sein Buch „Achtung – Panzer!“, das erstmalig Einzelheiten über die deutsche Panzerwaffe brachte.

Nehring wurde am 1. März 1937 zum Oberst befördert.

Zum Lehrgang gehörten auch Abkommandierungen zu den Waffengattungen von Luftwaffe und Kriegsmarine und deren Einrichtungen.

Während des Sommers sah Nehring Küstenbefestigungen und Kriegsschiffe, er war in Greifswald bei den Kampf- und Jagdlehrgeschwadern und sah die Fliegeraufklärungs-Gruppe.

Die Schweizer Armee lud ihn im Februar 1937 ein, Vorträge zu halten. In Schweden besichtigte er bei einem Gardepanzerbataillon die Ausrüstung und den Gefechtsdienst.

Ihm standen nun alle hohen und höchsten Laufbahnen in der Wehrmachtführung offen.

Zuvor aber hatte er noch zwei Jahre als Kommandeur bei der Panzertruppe zu dienen.

Den Abschluß seiner Tätigkeit an der Wehrmachtakademie bildete ein hervorragender Generalstabsauftrag bei den ersten großen Wehrmachtmanövern, die im Herbst 1937 in Mecklenburg im Raum um Neustrelitz stattfanden.

Oberst Nehring hatte, zusammen mit je einem Stabsoffizier der drei Wehrmachtteile, die Schlußbesprechung für die Manöverleitung (Feldmarschall v. Blomberg, General Keitel und Oberst Jodl) vorzubereiten und zu verfassen.

Am letzten Manövertag wurde den Gästen, unter denen sich neben Hitler Mussolini, Marschall Badoglio und der britische Feldmarschall Sir Deverell befanden, ein gestellter Angriff von etwa 800 Panzern unter Führung des Generalmajors Guderian vorgeführt. Dazu kamen starke Fliegerkräfte.

Es waren nur die Panzer I und II auf dem Manöverfeld. Dabei kam es vor, daß Panzer ohne Betriebsstoff festlagen oder technisch ausfielen.

Nehring hörte im Leitungsstab abfällige Bemerkungen über diese junge Truppe.

Nachschub und Instandsetzung hatten ungenügend gearbeitet. Nun sollte Nehring Gelegenheit bekommen, selbst bei einem Panzerregiment nach dem Rechten zu sehen.

7. KAPITEL

# *Dienen und gestalten*

Das Panzerregiment 5, das Oberst Nehring am 13. Oktober 1937 in Wünsdorf bei Berlin übernahm, war zwei Jahre vorher aus dem Kraftfahrlehrstab Zossen, der Gründungstruppe der Panzerwaffe, hervorgegangen. Es gehörte zur 3. Panzerdivision.

Nehrings damaliger Regimentsadjutant Conrad Kühlein erinnert sich: „Es war zwar gute Arbeit geleistet worden, jedoch war das nur ein Anfang. Auf den neuen Kommandeur wartete viel Arbeit. Aber Oberst Nehring brachte für die Führung des Regiments ideale Voraussetzungen mit. Er hatte gemeinsam mit Guderian die Führungsgrundsätze für moderne Panzerverbände in beweglicher Kampfführung unter dem Leitgedanken der Verbindung von ‚Motor und Bewegung' geschaffen. Diese Grundsätze haben im Kern noch gegenwärtig Gültigkeit in Ost und West. Die Aufgabe für den Truppenkommandeur Nehring war es damals, das theoretisch Konzipierte auf sein Regiment zu übertragen und so Wirklichkeit werden zu lassen. Es war für die jungen Offiziere und Unteroffiziere eine begeisternde Zeit, als sie am Aufbau einer Waffengattung mitarbeiten durften unter einem Kommandeur, der zu den Vätern der neuen Konzeption gehörte. Dieser Kommandeur war streng, und er verlangte viel, aber er verstand es auch zu überzeugen, daß das Verlangte sinnvoll und notwendig war."

Schwierigkeiten hatte Nehring nur mit der Wohnung. In das stattliche Haus des Regimentskommandeurs war der Standortälteste, Ritter v. Radlmaier rasch vor ihm, dem es zustand, noch eingezogen. Als „Reichsmietwohnung" wurde ihm nun ein Haus in der Hindenburgstraße 3 zur Verfügung gestellt, das 1913 für Stabsoffiziere der Infanterie-Schießschule gebaut worden war. Das Mehrfamilienhaus wurde zum Einfamilienhaus umgebaut, worauf Nehring bestand. Der Garten war völlig verwahrlost, deshalb beantragte er beim Heeresbauamt die Wiederherstellung: „Der leichte Boden ist ohne Pflege und Düngung geblieben. Sträucher und Bäume sind zum Teil verkümmert. Ein dekkender Abschluß an den Grenzzäunen ist größtenteils garnicht, zum Teil ganz gering vorhanden, obwohl das Haus sehr nahe an der Kaserne meines Regiments und damit im Blickfeld der Mannschaften gelegen ist."

Annemarie Nehring erinnert sich, daß ihr Mann damals in Wünsdorf als Eindringling empfunden wurde. Nach außen gab es keine Ärgernisse, aber unter der Decke schwelte die Abneigung. Nehring sei ja als erster Generalstäbler zu den alten Kraftfahrern gekommen.

Mit der Gemütlichkeit sei es nun vorbei gewesen, da man nicht mehr unter sich war. Verstört wurde Nehring, als Ende Februar 1938 Hitler v. Blomberg und v. Fritsch entließ und sich selbst zum Obersten Befehlshaber der Wehrmacht machte. Blomberg hatte den Generalstabslehrgang 1925/26 geleitet, zu dem Nehring kommandiert war. Vor 1933 hatte Blomberg in Wien einen schweren Autounfall. Nehring hatte den Eindruck, daß er anschließend „ein anderer geworden war". Fritsch hatte sich immer aufgeschlossen für Guderians Panzerwaffen-Pläne gezeigt. Nehring erfuhr erst viel später, was wirklich vorgefallen war. Er war auch betroffen durch die Verabschiedung des Generals Lutz, dem er viel zu verdanken hatte. Nehring schreibt: „Um so überraschender war der unerwartete Abgang von General Lutz. Die Gründe hierfür waren nicht in seiner Person zu finden, sondern in militärpolitischen Entschlüssen Hitlers, die in ähnlich kränkender Weise eine Reihe verdienter älterer Generale trafen. Sie erschienen ihm auf seinem Weg, sich an die Spitze der bewaffneten Macht zu stellen, diese für seine außenpolitischen Pläne bedingungslos einzusetzen, unbequem. Guderian nannte diese Vorgänge den ‚zweiten schwarzen Tag des Oberkommandos des Heeres' (der erste war der 30. Juni 1934), obwohl er ihm die vorzugsweise Beförderung zum Generalleutnant und die Ernennung zum besonders geeigneten Nachfolger des Generals Lutz als Kommandierender General des 16. (Panzer)Korps brachte. Die ihm unterstellten Divisionen führten jetzt: 1. Panzerdivision Generallt. Rudolf Schmidt, 2. Panzerdivision Generalmajor Rudolf Veiel, 3. Panzerdivision Generallt. Leo Frhr. Geyr v. Schweppenburg."

Zur 3. Panzerdivision gehörte – mit dem Panzerregiment 6 in Neuruppin – das Panzerregiment 5 in Wünsdorf.

Es war am Einmarsch in Österreich nicht beteiligt. Im August 1938 war das Regiment auf dem Übungsplatz Bergen-Hohne. Es hatte die neuen Panzer III und auch IV.

Die Panzerbrigade der 3. Panzerdivision kommandierte Generalmajor Stumpff, der Nehrings Auffassungen ebenso unterstützte wie der Divisionskommandeur Frhr. v. Geyr, den Nehring als „sehr modern denkend“ charakterisiert.

Bei einer Schlußbesprechung erörterte Nehring die Grundsätze des Panzereinsatzes, um sie den anwesenden Offizieren anderer Waffengattungen näher zu bringen. Er erhielt vom Kommandierenden General des 11. Armee-Korps, General der Artillerie Ulex, eine kalte Dusche: „Was der Herr Oberst soeben gesagt hat, mag schön und gut sein. Wenn es aber einmal zu einem Einsatz im Ernstfall kommen sollte, werden wir die Panzer so verwenden, wie wir es für richtig halten.“

Für Nehring bedeutete es, Hilfswaffe der Infanterie zu bleiben.

Er und Guderian wurden von den konservativ denkenden Generalen und Generalstabsoffizieren für Panzer-Narren gehalten...

General Ludwig Beck verwies sie unter die „sogenannten Vertreter des Fortschritts“.

Beck trat vor der Sudetenkrise zurück; General Halder wurde sein Nachfolger.

Man mußte gute Nerven besitzen, und Nehring verfügte über sie, um diesen Anfechtungen widerstehen zu können.

Oder sie überhaupt nur erst zu ertragen.

In der Fachliteratur setzte Nehring seine publizistische Arbeit auch als Regimentskommandeur fort.

1938 behandelte er in der halbamtlichen Zeitschrift „Die Wehrmacht“ den operativen Durchbruch starker infanteristischer, gepanzerter und motorisierter Kräfte durch eine tiefgegliederte Verteidigungsfront. Er schrieb von gepanzerten Divisionen als „selbständig operierende Hauptwaffe“.

Als Nehring im Jahre 1936 in dem weitverbreiteten Artikel „Die deutsche Kraftfahrkampftruppe“ die neue Panzertruppe vorstellte, schloß er mit zwei Zitaten: „Wir führen die ernste Mahnung des nordamerikanischen Generalstabschefs an, der 1933 schrieb: ‚Mehr denn je in unserer Geschichte muß jeder Bürger sein Augenmerk auf die Brauchbarkeit unseres Heeres richten.’ Denn wir sind mit dem französischen Marschall Lyautey (in Metz 1936) überzeugt, daß das beste Mittel, um den Frieden zu sichern, darin besteht, stark zu sein. Man achtet nur den Starken...!“

Während der Sudetenkrise war Nehring als Chef des Stabes bei einem Armeekorps abkommandiert, das motorisierte Truppen führte. In Karlsbad hatte er sein Quartier. Dort fand auf dem Theaterplatz am 4. Oktober 1938 eine Paradeaufstellung des Panzerregiments 1 und der SS-Leibstandarte statt, die Hitler abnahm. Guderian, sein Sohn Heinz-Günther, Hauptmann i.G. Wenck, Oberst i. G. Paulus waren erschienen.

Kurz danach befahl Hitler, die motorisierten Truppen und die noch vorhandene Kavallerie zusammenzufassen und unter einem „Chef der Schnellen Truppen" als Inspizienten auszubilden. Hierfür sah er Guderian vor, der sich aber weigerte, diese Stellung anzunehmen, da er keine Kommandogewalt erhalten sollte. Den Zusammenschluß mit der Kavallerie sah er als „gegen den Willen dieser alten Waffe, die in ihm ihren Widerpart" sehen würde, gerichtet.

Doch Hitler bestand auf Guderian, der sein neues Amt am 20. November 1938 antrat. Er wurde zum General der Panzertruppe befördert. Guderians Nachfolger als Kommandierender General des 16.A.K.mot. wurde Generalleutnant Erich Hoepner.

Nehring beurteilte die damalige Lage der neuen Panzertruppe so: „Guderian hatte mehr erreicht, als aufgrund der gegebenen Voraussetzungen zu erwarten gewesen war. Er war Inhaber der höchsten Dienststelle für Organisation und Ausbildung seiner Waffe im Frieden. Er war sich aber genau der Schwächen der jungen Truppe bewußt, ihrer noch immer recht mangelhaften Ausrüstung mit vollwertigen Panzerkampfwagen und sonstigem Kampfgerät, ihrer noch nicht einheitlich ausgerichteten Ausbildung auf Taktischem Gebiet, der Unruhe, die in der Truppe durch fortgesetzte Abgaben für Neuaufstellungen herrschte.

Ihre große Stärke lag in dem Unteroffizier- und Offizierkorps, das aus der Synthese zwischen der bisherigen Kraftfahrtruppe und den Verbänden der abgesessenen Kavallerie hervorgegangen war, ergänzt durch viele hervorragende Männer aus den anderen Waffengattungen.

Die ‚Berufsblindheit' einer Einzelwaffe konnte dadurch vermieden oder überwunden werden.

Man sah und dachte weiter und handelte sowohl großzügiger wie auch schneller.

Die Schwächen waren tragbar, da die Zeit helfen würde, sie zu überwinden, und ein Krieg nach Ansicht der militärischen Führung aufgrund der neugeschaffenen Verteidigungsfähigkeit des Reiches nicht mehr in Betracht kommen konnte.

Der Gedanke eines eigenen Angriffskrieges schien absurd, da dafür neben den politischen auch fast alle militärischen Voraussetzungen fehlten."

Die Wehrmacht sollte bis 1942/43 so entwickelt werden, daß sie kriegsbereit und kriegsfähig sein würde.

Über den letzten Herbst und Winter 1938/39 vor dem Kriege schreibt Modeste Weidendahl, die bei „ihrem Onkel Walther Nehring und seiner stets fröhlichen Frau Annemarie und seinen drei Kindern in Wünsdorf bei Berlin Haustochter spielen" sollte:

„Hin und wieder fuhr man nach Berlin, Schaufenster begukken, und Tante Annemarie kaufte mir zwei Abendkleider, eins aus rosa Taft, obenherum ganz ausgeschnitten, ganz nackend, das andere aus kariertem Taft mit einem riesig weiten Rock zum Walzertanzen geschaffen. Wir gingen ins Museum, ins Theater, in die Oper, Kaffeetrinken bei Kranzler an der Ecke, in den Zoo. Und dann wieder Wünsdorf auf den Villenwegen unter märkischen Kiefern, die vorbeiflanierenden Leutnants flink mal anschauen, aha, da ist ja auch einer von Panzer Fünf. Auf den Regimentsbällen die Frauen, die alle sehr elegant waren, die jungen Männer – tanzten sie nicht mit mir, weil ich die Nichte ihres Oberst war? ‚Komm, wir tanzen Lambethwalk', das war damals das Neueste, und ich sehe immer wieder meinen Onkel, wie er mit leuchtenden Augen sich munter flirtend durch die Nächte drehte. Er und seine Frau Annemarie, sie waren nie müde.

Und die Hauptmannsfrauen, doch meist schon über dreißig, mit ihren tief ausgeschnittenen Kleidern, unglaublich, wie sie mit den Leutnants flirteten!"

In diesen Sätzen der Erinnerung liegt ein Abglanz damaliger Wirklichkeit und auch Herrlichkeit, unabhängig von den Schatten, die über dem Reich hingen, das nun das Dritte Reich genannte wurde. Hitlers Überraschungs-Coups stießen, wie Nehring schreibt, in der Panzertruppe auf erhebliche Bedenken. Für den Einmarsch nach Prag, der Liquidierung des restlichen tschechischen Staatsgebietes am 15. März 1939, hatte Panzerregiment 5 eine Abteilung abzugeben, die auf der Bahn mit unbekanntem Ziel abtransportiert wurde. Als der Befehl eintraf, hielten die Offiziere in Wünsdorf eine Sandkastenübung im Panzer-Funkverkehr ab. Sie glaubten, der Befehl sei nicht ernst gemeint, sondern nur eine übliche Übungseinlage. Von März bis

Juni war Nehring viel auf Reisen. Annemarie Nehring meint, es habe mit seiner bevorstehenden Verwendung als Chef des Stabes eines Panzerkorps zu tun gehabt. Das Panzerregiment 5 führte stellvertretend Oberstleutnant Breith. An den großen Paraden zu Hitlers 50. Geburtstag am 20. April 1939 und vor dem Prinzregenten Paul von Jugoslawien am 6. Juni nahm Oberst Nehring an der Spitze seines Panzerregiments 5 teil. Dabei trug er die schwarze Panzeruniform mit Barett.

Seine Familie erinnert sich, ihn nie mehr so gesehen zu haben. Sein Sohn Christoph sah die beiden Paraden: „Die Panzer und die Fallschirmjäger waren die Attraktion der Paraden. Das Volk raste vor Begeisterung! Mein Vater hatte einen Zug überschwerer Panzer dabei, die über zwei Türme verfügten. Sicher waren es Versuchspanzer."

Panzerregiment 5 war mit Panzern III und IV aus anderen Panzerregimenten aufgefüllt worden.

Als Sollstärke hatte es etwa 150 Panzer aller vier Typen. Die Panzer IV stammten aus der Produktion des Jahres 1938; von ihnen wurden 1939 nur noch 45 Stück hergestellt.

Die deutsche Panzertruppe fuhr 1939 mit nur 213 schweren Panzern IV in den Krieg gegen Polen, insgesamt mit 2930 Panzern aller Typen. Nehring meint, das deutsche Heer sei am 1. September 1939 nicht kriegsbereit gewesen. Man möge bedenken, wie kurz der Weg von der Panzerattrappe zum schweren Panzer IV gewesen sei.

Größere Panzerübungen fanden vor dem Kriege im Mai auf dem Truppenübungsplatz Döberitz statt, die General Hermann Hoth leitete. Daran nahm auch „Panzer Fünf" teil.

Nehring kannte den Ausbildungs- und Bewaffnungsstand der Panzertruppe, denn er sah jetzt viel. Für ihn waren die Schnellen Truppen nur Versuchsverbände (Panzerdivisionen, leichte Divisionen, motorisierte Infanterie-Divisionen).

Er war jetzt wieder Generalstäbler geworden, denn Guderian hatte ihn gerufen.

Nach der Besetzung Prags hatte Guderian erfahren, daß seine künftige Mobilmachungsverwendung Kommandierender General eines Reserve-Infanteriekorps sei. Dagegen erhob er schärfsten Einspruch.

Nun sollte er ein neues motorisiertes Generalkommando XIX.A.K. erhalten, das an keinen Wehrkreis gebunden und erst noch aufzubauen war. Die 2. Panzerdivision, die er in Würzburg hatte, war nach Wien verlegt worden. Dort entstand das Generalkommando, zu dem am 1. Juni Nehring kam. Die Nehrings wären gern nach Wien umgezogen, eine Schwester von Annemarie Nehring lebte bereits dort. Sie sahen sich auch schon Wohnungen an, da sich aber immer mehr ein kommender Krieg abzeichnete, beschloß Annemarie Nehring in Wünsdorf mit ihren Kindern zu bleiben. Sie wollte in diesen unruhigen Zeiten nicht mit ihren Kindern in eine völlig neue Umgebung. Das Gehalt für Nehring kam bis April 1945 von der Wiener Standortgebührnisstelle.

Oberst Nehring wurde am 13. Juni 1939 mit Wirkung vom 1. Juli zum Chef des Generalstabs des XIX.A.K. ernannt.

Weder er noch Guderian wußten, welche gepanzerten und motorisierten Verbände ihrem neuen A.K. unterstellt werden würden.

Seine Familie wohnte bis kurz vor Kriegsende weiter in Wünsdorf in dem Haus in der Hindenburgstraße. Für Nehrings Personalakte blieb von nun an das XIX.A.K. die Dienststelle seiner Mobilmachungs- und Kriegsverwendung.

Panzerregiment 5 gehörte in Polen und Frankreich zur 3. Panzerdivision. Im Frühjahr 1941 kam es zur neu aufgestellten 21. Panzerdivision in Nordafrika. In Tunesien wurde es im Mai 1943 vernichtet und danach nicht wieder aufgestellt. Es stellte die Panzer, die von Anfang an unter Rommel in Nordafrika eingesetzt wurden. Nehring sollte es 1942 in Libyen und Ägypten wieder unter seinem Kommando haben – im Deutschen Afrikakorps, das er kommandierte.

Guderian traf mit Nehring und dem Stab des neuerrichteten XIX.A.K. am 22. August 1939 auf dem pommerschen Truppenübungsplatz Groß Born ein. Der Auftrag lautete, unter der Tarnbezeichnung „Befestigungsstab Pommern" Feldbefestigungen an der Reichsgrenze zum Schutz gegen einen polnischen Angriff zu errichten. Dem XIX.A.K. wurden die 3. Panzerdivision, die 2. und 20.(mot.)Infanterie-Division sowie Korpstruppen unterstellt.

Guderian schreibt: „Die 3. Panzerdivision war durch die Panzer-Lehrabteilung, welche über unser neuestes Panzergerät, die Panzer III und IV verfügte, verstärkt. Zu den Korpstruppen rechnete unter anderen die Aufklärungs-Lehrabteilung aus Döberitz-Krampnitz. Diese Lehrtruppen unserer Schulen waren auf meinen Wunsch zu dieser Aufgabe mitgenommen worden, damit sie erste praktische Erfahrungen sammeln konnten." Am selben Tage sprach Hitler auf dem Obersalzberg vor den Armeeführern; Guderian hat daran nicht teilgenommen. „Erst danach", schreibt Guderian, „erhielt ich durch den Oberbefehlshaber der 4. Armee, Generaloberst v. Kluge, meinen Auftrag. Ich erfuhr, daß mein XIX.A.K. ein Bestandteil der 4. Armee sei. Rechts von mir stand das II. Korps des Generals Strauß, links standen Grenzschutzverbände unter General Kaupisch, zu denen unmittelbar vor Ausbruch der Feindseligkeiten noch die 10. Panzerdivision hinzutrat, welche seit dem März die Besatzung von Prag und Umgebung gebildet hatte. Hinter meinem Korps befand sich als Armee-Reserve die 23. Infanterie-Division aus Potsdam."

Die Masse der deutschen Panzertruppen war in der 10. Armee des Generals v. Reichenau zusammengezogen worden, die gegen Warschau antreten sollte. Guderian war mit Nehring davon abseits eingesetzt. Das XIX.A.K. sollte die Weichsel schnell erreichen und die im polnischen Korridor stehenden Verbände des Gegners abschneiden und vernichten.

Guderian und Nehring hatten die Panzertruppe geschaffen; sie waren als „Eindringlinge" bezeichnet worden, dies wirkte bis jetzt nach. Guderian zog mit nur einer Panzerdivision in seinem Befehlsbereich in den neuen Krieg.

„Am 25. August 1939 war der Befehl zum Angriff auf Polen eingegangen," schreibt Nehring. „Etwa um 17.00 Uhr bestiegen Guderian und ich unseren Pkw auf dem Truppenübungsplatz Groß Born, wo wir bereit lagen.

Ich sagte: ‚Herr General, wie wird das ausgehen?'
Guderian, ein oft leicht erregbarer Feuerkopf, erwiderte nichts, obwohl er mich hätte zurechtweisen müssen, da es sich um Kritik an Hitler handelte. Er war eben derselben Meinung wie ich. Später vor dem Rußland-Feldzug war er noch erheblich ablehnender, da er wie auch ich die Stärke Rußlands zu kennen glaubte, die Hitler und auch andere als nicht vorhanden beurteilten.

Unser Stabsquartier war ab 25. August das Schloß Dobrin bei Preußisch-Friedland. Es gehörte Herrn v. Wilckens, dessen Mutter Anna eine geborene Nehring, Kusine meines Vaters aus Wilhelmsruhe (Sucheronczek) war. Als wir den Speisesaal betraten, grüßte uns von der Wand ihr lebensgroßes Bild.

Nach den ersten siegreichen Gefechten standen wir weit im sogenannten polnischen Korridor, dem alten Westpreußen. Ich besuchte die Klunkwitzer Nehrings, wo die polnischen Truppen gerade abgezogen waren, Guderian die v. Maerckers in Rohlau nahe Graudenz."

Westpreußen, das war die Heimat der Vorfahren und der Verwandtschaft von Guderian und Nehring. Für sie war es eine Heimkehr, für Guderian in seine Geburtsstadt Kulm, für Nehring in die Zeit seiner Kindheit und Jugend auf den westpreußischen Gütern seiner Verwandten; Bendomin gehörte dazu.

Was das für die beiden Westpreußen Nehring und Guderian damals bedeutete, die mit ihren Truppen nach Ostpreußen durchstießen, war auch ihr Dilemma. Denn der Preis für die Rückgewinnung Westpreußens war hoch. Seit dem 3. September befand sich Deutschland mit England und Frankreich im Krieg.

Was ein Weltkrieg bedeutete, das wußten beide Offiziere nur zu genau. Guderian schreibt von einer leichten Friedenshoffnung, die noch einmal aufkam, als der befohlene Angriff am 26. August abgesagt wurde.

Aber am 1. September wurde es Ernst.

Guderians Panzer hatten an diesem Tage ihr erstes Gefecht bei Groß Klonia, auf dessen Gut der Vater Guderians geboren wurde.

Guderian fuhr vorn bei der Truppe mit; sein Chef des Generalstabes Nehring arbeitete auf dem Korps-Gefechtsstand. „Durch sein Verständnis und seine ausgezeichnete Befehlstechnik," schreibt Guderian, „hat er unendlich viel zu den Erfolgen des Korps beigetragen."

Guderian war der Feuerkopf, für den Nehrings Nüchternheit und brillante Befehlstechnik arbeitete.

So war es beim Aufbau der Panzertruppe gewesen, und 1939 bis 1940 sollte es auch wieder so sein.

8. KAPITEL

# *Die Feuerprobe einer neuen Waffe*

Der Feldzug in Polen wurde zur ersten Bewährungsprobe für die schnellen, von Guderian organisierten Truppen im operativen Rahmen, den sie glänzend bestanden. Für Nehring als Generalstabschef Guderians im XIX. Korps war dieser Einsatz die Feuerprobe auf Organisation, Führungs- und Ausbildungsgrundsätze, an denen er so rastlos und als Vordenker mitgewirkt hatte. Es kam nun darauf an, diesen Feldzug so schnell wie möglich zu beenden, da im Westen die französische Armee mit ihrer starken Panzerüberlegenheit aufmarschierte, zu der englische Divisionen stießen, die über den Kanal gebracht wurden.

Über die Führungstechnik Guderians schreibt Nehring: „War genügend Zeit vorhanden, so wurde die Planung auf der Karte theoretisch durchdacht und bei taktischen Besprechungen im Gelände praktisch-theoretisch erprobt. Bis zum einfachen Mann herab sollte jeder wissen, worauf es ankam, damit ein einheitliches Wollen den Erfolg sicherstellte. Grundsatz also: eingehende Vorbereitung auf mögliche Lageentwicklungen, klare Aufträge, Zutrauen zum Können der Truppe, nüchterne Beurteilung des Gegners.

War der Auftrag für das Korps von der vorgesetzten Kommandostelle gegeben worden, so bearbeitete das Generalkommando den eigenen Korpsbefehl für alle unterstellten Verbände, der mit Guderian eingehend durchgesprochen und von diesem unterzeichnet wurde. Die rechtzeitige Ausgabe des Befehls war unerläßlich, um das Zusammenwirken aller Teile zu gewährleisten. Ordonannzoffiziere brachten ihn an die im Verteiler genannten Dienststellen. Vorbefehle durch Fernsprecher, Fernschreiben oder Funk – je nach Möglichkeit – gingen voraus, um die Truppe über das Wesentliche zu unterrichten."

Nehring nahm bei dieser Befehlstechnik, die er mit Guderian entwickelte, die Verantwortung für ihre Folgen auf sich.

Er schreibt: „Sobald das Korps in das Gefecht eintrat, war Guderian im Schwerpunktstreifen vorn, wo sein persönliches Beispiel, seine Energie und Tatkraft, seine Kühnheit, sein vorzügliches taktisches Verständnis Truppe und Führer in schwierigen Lagen vorwärtshalfen.

Die Führung im Großen erfolgte durch die Funksprechverbindungen seines gepanzerten Befehlswagens, der erst im Sommer 1939 von ihm behelfsmäßig, aber sehr zweckmäßig, in einem Schützenpanzer (Räderkettenfahrzeug) konstruiert worden war. Ein Funkoffizier leitete den Funkdienst.

Dieses System wurde dann auf alle schnellen Verbände ausgedehnt und bewährte sich bis zum Kriegsende.

Außerdem begleiteten ihn sein Adjutant, zwei bis drei Ordonannzoffiziere mit Krad oder Pkw (wie Napoleon), ein Panzer-Befehlswagen.

Guderian konnte sich bereits 1939 in alle Funklinien einschalten, mithören oder senden, zum Teil auch sprechen.

Auf diese Weise stand er mit seinem Generalstabchef (Nehring) auf dem Korpsgefechtsstand in ständiger Verbindung, der im allgemeinen außerhalb des wirksamen Feuers mit seinen zahlreichen Mitarbeitern auf allen Führungs- und Nachschubgebieten in sorgsamer Arbeit das taktische, operative und technische Führungs- und Nachrichtennetz nach vorwärts, rückwärts, seitwärts und zur Luftwaffe knüpfte und der Entwicklung der Lage anzupassen hatte.

Auf ihm lastete eine erhebliche Verantwortung, nicht nur für das Funktionieren der Organisation, sondern auch in führungstechnischer und taktischer Hinsicht, da naturgemäß beim häufigen Wechsel des beweglichen Gefechtsstandes Guderians zuweilen doch die Verbindungen abrissen und wichtige Führungsentschlüsse selbständig gefaßt werden mußten, von denen der Stabschef nicht wußte, ob sie sich mit denen von Guderian in vorderster Linie deckten.

Grundsätzlich war es immer das Streben des Generalkommandos, bei jedem Gefechtsaufenthalt schnell die Fernsprechstammleitung heranzubekommen, um die trotz aller Funkerei unentbehrliche Sprechverbindung wenigstens zur vorgesetzten Kommandobehörde und zu den Nachbarkorps zu erhalten oder gar zu den schnell vorgehenden eigenen Divisionen und ausnahmsweise zu Guderian selbst, um diesen rechtzeitig zu orientieren.

Wurde der Gefechtsstand verlegt, so war alles exerziermäßig eingespielt. Der Funkverkehr wurde im Fahren abgewickelt; Kradmelder holten und brachten die Funkbefehle und Meldungen von den Funkstellen über die Nachrichtenzentrale zum Chef des Generalstabes, der sie zusammen mit dem Ia und Ic auswertete und ihre Ausführung veranlaßte.

Diese Führungstechnik im Generalkommando Guderian bewährte sich auch in verbesserter Form im französischen Feldzug 1940 und war zu dieser Zeit bereits von allen Panzer- oder schnellen Verbänden übernommen worden."

Für Nehring und das Generalkommando traten freilich schon am zweiten Tag des Feldzuges in Polen Schwierigkeiten auf, da die 23. Division dem Korps unterstellt wurde, die nur im Fußmarsch den schnellen Verbänden folgen konnte.

Nehring mußte die Division beinahe nötigen, auf Tempo beim Nachfolgen drängen, um sie nach vorn zu bringen, damit sie die Panzertruppe entlasten konnte.

Während die Spitze des Korps schon vor der Weichsel angekommen war, mühte sich die Infanterie-Division aus Potsdam noch kurz hinter der deutschen Grenze über schlechte Wege, den Anschluß zu bekommen.

Nehring befahl die motorisierte Panzerabwehrabteilung der Division „sofort voraus" und griff damit in die Divisionsbefehlsgebung des Generals v. Brockdorff-Ahlefeldt ein.

Guderian und Nehring hatten in ihren Schriften davor gewarnt, die schnellen Truppen mit Infanterie zu Fuß zu verbinden. Bis zu dieser Zeit hatte der deutsche Generalstab diese Warnungen in den Wind geschlagen.

Nun endlich mußte auch er umlernen.

Die polnischen Truppen im Korridor wurden geschlagen, Hitler kam zum Korps, um sich den Soldaten zu zeigen; die Weichsel wurde auf Kriegsbrücken überwunden.

Beim zweiten Einsatz des XIX.A.K. in diesem Feldzug, der nach einer Ruhepause in Ostpreußen am 9. September begann, gelang es Guderian, sich von dem langsamen Marschtempo der Infanteriearmeen zu lösen. Der Oberbefehlshaber der Heeresgruppe Nord, Generaloberst v. Bock, band ihn nicht an eine Infanteriearmee (v. Kluge), sondern ließ ihn mit vier schnellen Divisionen, der 3. und 10. Panzerdivision, der 2. und 20. Infanteriedivision(mot.), auf Brest-Litowsk vorstoßen, obwohl das OKH dies nicht, abgesetzt von der Infanterie, sehen wollte.

Guderian schuf damit die erste selbständig operierende Panzerarmee der Kriegsgeschichte, deren Generalstabschef Nehring war.

Dabei kam es auch zu Schwierigkeiten, die aber schnell überwunden wurden. Von Osten her wurde Brest-Litowsk am 14. September genommen. Guderian stand im Rücken der gegnerischen Armeen. Die Entscheidung in diesem Feldzug war damit gefallen.

Die Zitadelle wurde hartnäckig verteidigt und konnte erst am 17. September genommen werden.

Der Angriff sah Guderian, Nehring und den Adjutanten v. Braubach in vorderster Linie bei den stürmenden Grenadieren. Neben Nehring wurde Braubach auf hundert Meter Entfernung von einem Scharfschützen tödlich getroffen.

Nehring erhielt am 29. September 1939 die Spange zum Eisernen Kreuz I. Klasse aus dem Ersten Weltkrieg; die Spange zum EK II hatte er am 11. September 1939 erhalten.

Guderian hatte schon Tage vorher, bei Wizna, die Grenadiere der 10. Panzerdivision gegen die Narewbefestigungen persönlich geführt.

Die höhere Führung in der Panzertruppe sollte von jetzt an auch durch persönlichen Einsatz in vorderster Linie ihren Willen durchsetzen.

Das Beispiel war in Polen gegeben worden.

Nehring schreibt: „Das neue deutsche Heer und seine Führung hatten sich bewährt; sie waren von der neu aufgebauten Luftwaffe nachhaltig unterstützt worden. Es war gelungen, die alterprobten Führungs- und Ausbildungsgrundsätze aus dem ersten Weltkrieg über das Medium der Reichswehr in neuzeitlicher Form in die Gegenwart zu übertragen, wobei die politische Führung unter Hitler noch nicht störend eingegriffen hatte. Zum Erfolg hatte Guderian durch die Schaffung der deutschen Panzertruppe entscheidend beigetragen. Durch sein Meisterwerk und dessen impetus war die Möglichkeit gegeben worden, in beweglicher Führung der Operationen wieder zu wahrer Führungskunst zu gelangen und schnelle Entscheidungen über weite Räume zu erzwingen. Die neuartige Truppe hatte ihre praktische Erprobung im Kampf bestanden und sich dabei ausgezeichnet. Die hohen Erwartungen ihres Schöpfers und seiner (wenigen) Anhänger hatten sich erfüllt und seine zahlreichen Gegner ad absurdum geführt."

Diese stolze Beurteilung war für Nehring eine Genugtuung. Er war als „Eindringling", wie Guderian, bezeichnet worden, der trotz seiner langjährigen Tätigkeit im Truppenamt des

Reichswehrministeriums wegen seiner revolutionären Ansichten und Forderungen einen schweren Stand unter seinen Kameraden hatte.

Seine Nüchternheit ließ ihn jedoch auch dieses feststellen: „Einen großen Nachteil für die Zukunft hatte der glänzende Ablauf dieses Feldzuges aber im Gefolge: der militärische Laie Hitler überschätzte den eindrucksvollen Erfolg und seine persönliche Rolle dabei! Er hatte die risikoreiche nervenaufreibende Durchführung nur am Rande erlebt. Vor allem glaubte er, mit der Wehrmacht wie mit einer Maschine arbeiten zu können, die auf einen Knopfdruck seelenlos ständig die gleiche erfolgreiche Arbeit leistet."

Erstaunlich fand Nehring das Verhalten der Franzosen an der deutschen Westfront. „Dafür gab es keine stichhaltigen Begründungen," schreibt er. „Sie waren stärkemäßig noch in der Lage, den aufflammenden Zweiten Weltkrieg im Entstehen durch einen Angriff nach dem Muster von Sanktionen zu löschen. Tatsache aber war, daß auf dem Grenzfluß Oberrhein weiterhin die Schiffe neutraler Staaten verkehrten und nach beiden Seiten winkten und frohe Zurufe austauschten – also nicht gekämpft wurde.

Von seinen Alliierten im Stich gelassen, mußte Polen untergehen, wozu es aber politisch und strategisch wesentlich beigetragen hatte."

Und er hebt die „Tapferkeit und Hartnäckigkeit der polnischen Truppen" hervor.

Für Guderian und Nehring war es in Brest-Litowsk eine Überraschung, daß am 17. September die Rote Armee eingriff. Da die neue deutsch-sowjetische Interessengrenze am Bug verlaufen sollte, mußte Brest-Litowsk mit der Zitadelle, die eben erst blutig erobert worden war, an Stalins Truppen übergeben werden.

Bei der historischen deutsch-sowjetischen Parade schneller Truppen am 24. September 1939 in Brest-Litowsk stand Oberst Nehring links neben den drei Generalen, die sie abnahmen: dem sowjetischen General Kriwoschein, den deutschen Generalen Guderian und Wiktorin.

Kriwoschein war Nehring durch dessen Veröffentlichungen über die sowjetische Panzertaktik bekannt geworden, die er im Reichswehrministerium studiert hatte.

Zwei Theoretiker hatten sich gefunden, die sich in französischer Sprache unterhielten. Nehring erinnerte sich, daß Kriwoschein beim „feldmäßigen Abschiedsfrühstück“ einen Trinkspruch auf die „ewige Feindschaft beider Länder“ ausbrachte. „Es war eine symbolhafte Fehlleistung des Unterbewußtseins, eine Verwechslung mit dem deutschen Wort ‚Freundschaft‘, das in russischen Ohren ähnlich klang.“

Enttäuscht war Nehring über die Ausrüstung und Bewaffnung der sowjetischen Panzertruppe, die mit der deutschen 2. Infanteriedivision(mot.) an der Parade teilnahm. Er sah nur Panzerspähwagen, keine Panzerkampfwagen.

Nehring hatte sich die Rote Panzertruppe machtvoller vorgestellt.

Das Generalkommando XIX.A.K. ging zunächst nach Ostpreußen mit dem Stabsquartier auf dem Gut des Grafen Botho-Wend zu Eulenburg in Gallingen. Mitte Oktober verlegte es nach Döberitz.

Am 27. Oktober erhielt Guderian mit 23 Offizieren das Ritterkreuz von Hitler in der Reichskanzlei.

Nehring hatte am 2. Oktober bei der Jagd in Alt-Dollstädt, wohin er von Gallingen fuhr, um seine Freunde, die Schwichtenbergs, zu besuchen, einen bemerkenswerten Erfolg: Er erlegte einen guten Abschußhirsch, ferner ein Rottier und zwei Böcke an einem Tage.

Es war der Geburtstag Hindenburgs, wie er sich erinnerte, und er gedachte alter Zeiten, die unwiderruflich dahin waren.

Mitte November 1939 fuhr das Generalkommando nach Düsseldorf, bald darauf wurde es nach Koblenz zum Oberbefehlshaber der Heeresgruppe A, Generaloberst v. Rundstedt, verlegt.

Der Krieg ging weiter, vorerst aber noch ohne die Panzertruppe, die nun längere Zeit auf ihre Stunde warten mußte.

Nehring war überzeugt, daß der Krieg noch lange dauern würde.

Er war froh, daß seine Familie nicht nach Wien umgezogen war, sondern in Wünsdorf blieb.

In Koblenz wurden dem Generalkommando einige Panzer-Divisionen und das Infanterie-Regiment „Großdeutschland“ zur Ausbildung unterstellt.

Die leichten Divisionen wurden zu Panzerdivisionen mit den Nummern 6 bis 9.

Die motorisierten Infanteriedivisionen verloren ihr drittes mot. Infanterieregiment.

Dies überraschte weder Guderian noch Nehring.

Sie hatten nur an Panzerdivisionen gedacht, als sie die Panzertruppe schufen.

Nehring war im Winter 1939/40 an den Überlegungen beteiligt, die Guderian anstellte, um bei einer Offensive im Westen die geballte Kraft der Panzertruppe einzusetzen. Nach vielen Irrungen und Wirrungen wurde dann der Plan Mansteins vom OKH akzeptiert, den Hitler favorisierte und für den Guderian „die Hand ins Feuer legte". Denn er sollte mit seinem Panzerkorps den Stoß durch die Ardennen über die Maas nach Frankreichs Kanalküste führen. Die Bearbeitung dieser neuen Operation in Koblenz führte dann Nehring aus. Er schrieb die Befehle, die so genau vorausgedacht waren, daß sie nur mit den neuen Daten versehen werden mußten, als die Operation am 10. Mai 1940 begann, die als „Operation Sichelschnitt" in die Kriegsgeschichte einging.

Alexander Frhr. von Seebach, der seit Polen in Guderians Stab aktiv war, schreibt: „Nehring war ein strenger und recht genauer Chef des Stabes. Er schrieb einen vorzüglichen Stil und verlangte von seinen Mitarbeitern klare und exakte Vorlagen. Nicht alle Offiziere, die mit ihm zu tun hatten, konnten seine Anforderungen erfüllen und wurden ausgewechselt. Ich hatte diese Härte von Nehring damals nicht immer verstanden und später auch darunter gelitten. Heute denke ich anders. Ein Krieg ist eine bitter ernste Sache. Jeder höhere Vorgesetzte hat die Pflicht, dafür zu sorgen, daß in verantwortungsreichen Stellen, auf deren Besetzung er Einfluß hat, Offiziere kommen, die für ihre Aufgaben geeignet sind."

Der damalige Gutsbesitzer von Seebach erinnert sich: „Bei seinen Besuchen der drei unterstellten Panzerdivisionen im März 1940 hatte Nehring, der vom Lande stammte, festgestellt, daß die Landwirtschaft in der Eifel und im Moseltal durch den nassen Herbst und langen Winter in einen katastrophalen Rückstand gekommen war. So faßte er den Entschluß, den Bauern zu helfen und ihnen für einige Zeit Räder- und Kettenfahrzeuge und auch Soldaten zur Verfügung zustellen. Kurz vor einer größeren militärischen Unternehmung war das sicher ein ungewöhnliches Unterfangen, eingeleitet von einem Offizier, der den großen Preußenkönig nicht nur als Feldherr, sondern auch als Kolonisator seiner westpreußischen Heimat verehrte."

„Schwerter zu Pflugscharen" – auch das hat es in jener Zeit gegeben.

Anfang Mai war Nehring in Wünsdorf auf Urlaub. Dort hielt seine Frau Annemarie Lehrgänge für Schwesternhelferinnen des Roten Kreuzes ab. Sie hatte das Rote Kreuz in Wünsdorf organisiert und führte es. Bei einem Feldzug gegen Frankreich und England mußte mit hohen Verlusten gerechnet werden. Darauf galt es sich vorzubereiten. Annemarie Nehring wußte ihren Mann bei Guderian gut aufgehoben, aber sie kannte das Naturell Guderians, und sie rechnete mit Blutopfern der jungen Panzerwaffe, die aus Wünsdorf hervorgegangen war.

Annemarie Nehring erinnert sich: „Guderian und Nehring haben von ihrer verwandtschaftlichen Verbindung, die vier Generationen zurücklag, erst spät erfahren, teils durch Nehrings Familienforschung, ergänzt durch die befohlene Ahnenforschung im Dritten Reich. Sie respektierten sich gegenseitig sehr. Und so gingen sie auch respektvoll miteinander um."

Über das Verhältnis ihres Mannes zur allmächtigen Partei, der NSDAP, die einen öffentlich-rechtlichen Status hatte, schreibt sie: „Mein Mann mochte die Nazis nicht. Ungehobeltes Benehmen und Rabaukentum lagen ihm ja wirklich nicht. Dazu kam die Behandlung der Affäre Fritsch."

Unerwartet wurde Oberst Nehring am 9. Mai 1940 in seiner Dienstvilla in der Wünsdorfer Hindenburgstraße um 14.00 Uhr in den neuen Feldzug abberufen. Zwei Stunden später fuhr er mit Guderians Adjutanten Riebel, der seinen Urlaub in Berlin verbrachte, über Koblenz nach Bitburg in der Eifel. Dort trafen sie pünktlich zum Angriffsbeginn am 10. Mai 4.30 Uhr ein.

Im Korpsgefechtsstand erwartete sie Guderian.

Die Fahrt im Pkw durch Deutschland verlief gut. Es war das Land, das in schönster Frühlingspracht lag, für das Nehring nun, wie er glaubte, in seine schwierigste Aufgabe fuhr, die ihm in seinem militärischen Leben gestellt war. Frankreich sollte, vor allem durch seine Panzer, angegriffen und besiegt werden.

Es war das Land, gegen dessen Soldaten er im Ersten Weltkrieg gekämpft hatte.

Auf dieser letzten, friedlichen Fahrt durch sein Land war Nehring wenig gesprächig. Er wußte, was auf dem Spiele stand.

Sein Fahrer, der Unteroffizier Voller aus Wien, sollte ihn in den kommenden Kriegsjahren sicher durch Europa und Nordafrika fahren, aber das ahnte er noch nicht.

Wie hätte er es auch ahnen können?

Mit dem Sieg im Westen sollte doch der Krieg vorbei sein. Die meisten Deutschen hofften und glaubten es damals. Auch Nehring, der weit voraus als Generalstabsoffizier zu denken und zu planen hatte.

9. KAPITEL

# *Ein schneller Sieg*

In seinem 1935 erschienen Buch „Heere von morgen" hatte es Nehring als oberstes Gebot für den Führer von Panzerverbänden bezeichnet, seine Person im Schwerpunkt des Kampfes einzusetzen, besser und nachdrücklicher als durch Befehle durch sein Beispiel zu wirken, „wenn er im stoßenden und schleudernden Kampfwagen an der Spitze seiner Regimenter und Brigaden dem Sieg entgegenrollt oder über ihnen fliegt und die Herzen seiner Soldaten durch sein persönliches Beispiel entflammt. Handelt der Führer anders, so wird oft der Vorteil der Schnelligkeit der Gesamtbewegung durch Warten verloren gehen."

Ihm stand jetzt im Feldzug in Frankreich die Rolle des idealisierten Panzerführers noch nicht zu; Guderian hatte sie schon im Polenfeldzug übernommen.

Als Chef des Generalstabs des XIX.A.K. hatte er die Verantwortung für den Ablauf von Operationen, die entscheidend dazu beitrugen, den Krieg gegen Frankreich zu beenden. Dem XIX.A.K. waren die 1. (Generallleutnant Kirchner) und die 2. (Generalleutnant Veiel) Panzerdivision sowie die 10. (Generalleutnant Schaal) unterstellt – erstmalig drei Panzerdivisionen, wozu noch das Infanterie-Regiment „Großdeutschland" kam, das motorisiert war.

Hinter dem XIX.A.K. sollten die mot.Divisionen folgen. Guderian und sein Stabschef hatten endlich eine reine Panzertruppe zur Verfügung, worüber sie so viele theoretische und praktische Erwägungen angestellt hatten.

Die französische Führung wurde von ihnen so beurteilt: Das französische Oberkommando arbeitet schematisch; es ist defensiv eingestellt und steht – im Schatten der Maginotlinie – ungewöhnlichen Vorgängen hilflos gegenüber.

Dies sollte auch eintreten.

Durch den erfolgreichen Einbruch in die verlängerte Maginotlinie bei Sedan am Pfingstmontag (13. Mai 1940) wurde die operative Ausgangslage für den Durchbruch zum Meer geschaffen.

Die Luftwaffe setzte dabei Sturzkampfbomber ein, die mit heulenden Sirenentönen sich auf die Ziele warfen.

Statt eines Massenbombardements kamen sie in wenigen Gruppen mit Jagdschutz und hielten den Gegner längere Zeit nieder. Dieses Verfahren hatte Nehring vorgeschlagen, der meinte, man solle die Stukas im rollenden Einsatz an den Feind bringen statt massive Schläge auszuteilen. Es sollten auch die Maschinen über ihren Zielen erneute Sturzflüge unternehmen, auch wenn sie ihre Bomben bereits abgeworfen hätten.

Nehring meinte, sie sollten das solange machen, bis die nächsten Stukas herangekommen wären.

Die Luftwaffe übernahm damit die Rolle der Artillerie – aber nun auch noch mit den moralisch niederschmetternden Heultönen, die bisher den französischen Soldaten unbekannt waren.

Guderian bedankte sich dafür bei General Loerzer, der ihn mit seinen Verbänden unterstützte.

Nehring hatte mit Guderian die Wirkung feindlicher Bombenangriffe schon am Pfingstsonntag spüren müssen. Ihr Gefechtsstand im Hotel „Panorama" über dem Semois-Tal wurde angegriffen; ein gewaltiger Keilerkopf, der über Guderian an der Wand hing, löste sich und hätte Guderian beinahe erschlagen. Daraufhin wechselte man den Gefechtsstand.

Am 16. Mai hatten die 1. und 2. Panzerdivision den Raum um Montcornet erreicht. Das Land war in der Kampfzone um Sedan und Montcornet menschenleer. Die Einwohner waren geflohen, das Vieh brüllte auf der Weide.

Erst in Montcornet fand man wieder Einwohner, da man hier nicht mit den Deutschen gerechnet hatte.

Guderian war der Auffassung, daß ein schneller Angriff starker Panzerkräfte in Richtung auf Amiens und weiter bis zur Sommemündung die tiefe Flanke oder gar den Rücken der nach Belgien vorgestoßenen alliierten Hauptkräfte treffen müsse und daher große Erfolgsaussichten habe. Es blieb ihm deshalb unverständlich, daß ihn General v. Kleist als Führer der Panzergruppe Kleist am 15. Mai zunächst in einem engen Brückenkopf um Sedan festhalten wollte.

Nehring schreibt: „Schließlich erreichte er Bewegungsfreiheit für 24 Stunden, um einen großen Brückenkopf für das Nachziehen der Infanterie-Korps zu schaffen. General v. Kleist hatte aber nicht mit Guderians Tatkraft und Wagemut, mit den Leistungen der Panzertruppe und dem Versagen der französischen Führung gerechnet. Bestärkt durch General Gamelins erbeuteten Befehl: ‚Der Flut der deutschen Panzer muß endlich ein Halt geboten werden!', nutzte Guderian die erlaubten 24 Stunden aus, um tief in den feindlichen Raum einzudringen."

Am 17. Mai morgens erreichen die Spitzen des XIX.A.K. die Oisebrücke von Ribemont; die Truppe ist durch die unmittelbar vorausgegangen Kämpfe stark beansprucht und ermüdet, trotzdem aber einsatzbereit und gewillt, die ihr von „Unserem Panzergeneral Guderian" gesteckten großen Ziele schnell zu erreichen. Beim Generalkommando ist man sich des Risikos bewußt, das eingegangen wird, falls der Gegner energisch handelt und Truppen von Norden und Süden heranführt, die Verbindungen nach rückwärts unterbricht.

Nehring schreibt: „Der 17. Mai wird ein unruhiger Tag. Bereits frühmorgens landet General v. Kleist mit dem Storch auf dem Gefechtsstand des Korps in Soize. Guderian freut sich, die Lage mit dem vorgesetzten Führer erörtern zu können. Er wird bitter enttäuscht. Es gibt erregte und harte Vorwürfe wegen seines weiträumigen Vorstoßes, aber keine Aussprache und Anerkennung für die Truppe. Guderian beharrt auf seiner Meinung und bittet als charakterfester Mann um Entbindung von seinem Kommando, da er unter diesen Umständen die Verantwortung nicht mehr tragen könne. General v. Kleist ist einverstanden und beauftragt den Kommandeur der 2. Panzerdivision Veiel mit der Korpsführung. Es ist eine dramatische Entwicklung, die sich in dieser operativ kritischen Lage sehr nachteilig auswirken kann.

Guderians Mitarbeiter sind erschüttert und versuchen ihn zu überreden, zu bleiben. Glücklicherweise schalten sich im Laufe des Tages die Generalobersten List und Rundstedt ein. Guderian übernimmt abends wieder seinen Posten. Er hat festgestellt, daß dieser 2. Haltbefehl auf Wunsch Hitlers vom Oberkommando des Heeres angeordnet wurde, aber auch ausreicht, ihm ‚kampfkräftige Aufklärung' nach Westen zu gestatten. Damit weiß Guderian viel anzufangen, wenn auch sein Gefechtsstand (mit Nehring) ohne ihn, der immer ganz vorn ist, einige Tage in Soize zurückbleiben muß, damit man ‚oben' nicht merkt, daß Guderian wieder in voller Fahrt ist. Neben manchem Ärger hat dieser Aufenthalt für Korps und Divisionen den Vorteil, daß die Truppe ein wenig Ruhe erhält und aufschließen kann.

Am selben Tag beginnen auch die französischen Panzerangriffe auf Montcornet durch die neu aufgestellte und daher noch wenig ausgebildete 4. Panzerdivision des Brigadegenerals de

Gaulle. Die Angriffe der schweren Panzer bringen Unruhe und Verluste mit sich, da die deutschen Panzerabwehrwaffen und Panzerkanonen sie nicht durchschlagen. Sie werden aber so verzettelt und planlos eingesetzt, daß sie keinen Erfolg haben."

Auch Nehrings Korpsgefechtsstand wird alarmiert. Major Wenck, Ia der 1. Panzerdivision, wird beim Besuch am Fuß leicht verwundet.

Das Korps schiebt sich am 18. und 19. Mai als „kampfkräftige Aufklärung" langsam westlich bis zur Linie Cambrai – Péronne – Ham vor.

Nehring: „Wir betreten damit die alten Schlachtfelder des Ersten Weltkrieges. Mit Erschütterung vergleichen wir alten Soldaten die damaligen, blutigen, aber erfolglosen Kämpfe mit dem heutigen Vorwärtsstürmen. Diese Soldatenfriedhöfe weisen auf die gebrachten Opfer hin, unter ihnen besonders eindrucksvoll vier britische Friedhöfe um Longueval. Halbhohe Grabsteine tragen Namen und Daten der Gefallenen sowie das Regimentsabzeichen.

Der Feind leistet nur örtlichen Widerstand. Größere Truppenverbände sind nicht festzustellen, bis auf die französische 4. Panzerdivision, die das Korps in der Südflanke begleitet." Am 19. Mai sieht es aus, als würde sie gefährlich. Da Guderian vorn ist, befiehlt Nehring gegen sie den Einsatz der von rückwärts herankommenden 10. Panzerdivision. Guderian hat vorn ebenfalls diesen Einsatz angeordnet. „Inzwischen war aber der Spuk rasch verflogen", schreibt Nehring. „Man berichtet, daß die Besatzung eines schweren Panzers B 2 ausgebootet habe, als ein deutscher Gefreiter mit erhobener Handgranate dagegen vorgegangen sei."

Nehring werden am 18. Mai Engländer bei Befestigungsarbeiten gemeldet. Er ist gespannt auf das erste Zusammentreffen. Der Flüchtlingsstrom wächst weiter an, versperrt die Straßen und bringt, wie Nehring meint, viel unnötiges Elend für die Bevölkerung mit sich.

Am Abend des 19. Mai erhält das Korps seine volle Bewegungsfreiheit. Vor ihm liegt in erreichbarer Nähe das Ziel, das ihm schon beim Angriff auf Sedan genannt worden war: der Straßenknotenpunkt Amiens und dahinter das Meer.

Brückenköpfe über die Somme werden gebildet.

Nehring bemüht sich, mit dem Generalkommando immer rasch den Divisionen zu folgen. Kurze Befehlswege sind nötig, aber er meint auch, weil es vorn am sichersten sei.

In Albert erhält das Generalkommando ein Beutepapier. Nehring: „Sein Inhalt war eine soeben aus Paris übermittelte Übersicht deutscher Verbände, die auf Funkpeilung beruhte. Unser Korps war mit unserer Funkzentrale nach dem Stand des heutigen Tages genau erfaßt worden."

Daraufhin stellte Nehring die Funkzentrale weit abseits vom Generalkommando in Deckung auf. Drahtverbindung wurde dorthin gelegt. Fliegerangriffen sollte kein lohnendes Ziel geboten werden.

Nehring: „Deutsche Flieger griffen irrtümlich unseren Gefechtsstand Querrieu bei Amiens an und vernichteten ein deutsches Flugzeug, das gerade dort gelandet war. Unsere Flak schoß zurück, holte eine Maschine herunter, deren Insassen mit Fallschirm absprangen und bei uns landeten. Sie wurden nicht zu freundlich empfangen.

Ein feindlicher leichter Bomber warf auf das Gutshaus Bomben und zerstörte das für General Guderian vorgesehene Zimmer, der glücklicherweise von einer Frontfahrt noch nicht zurückgekehrt war.

Guderian stand während seiner Frontfahrten mit mir durch Funk ständig in Verbindung, damit wir Nachrichten gegenseitig austauschen konnten. Ergab sich vorn die Gelegenheit zu einem Ferngespräch mit mir, so wurde sie genutzt. Abends, nach Rückkehr Guderians, erfolgte eine gründliche Besprechung."

Am Abend des 20. Mai hat das Korps das Meer erreicht. Nicht nur für Nehring ist es ein denkwürdiger Tag: „Frankreich ist in zwei Teile durch unsere Panzerdivisionen gespalten!", schreibt er. „Wir wußten noch nicht, wohin die Reise weiter gehen würde. Mehr als im Wehrmachtbericht angegeben wurde, war uns nicht bekannt. Auch die vorgesetzte Panzergruppe Kleist war nicht unterrichtet.

Am 21. Mai wächst die Spannung im Generalkommando von Stunde zu Stunde. Müssen wir stehenbleiben und den Durchbruch der alliierten Hauptkräfte nach Süden auffangen? Oder werden wir in Richtung Paris gegen anmarschierende Kräfte eingesetzt? Oder nach Norden eingedreht, wo wir den alliierten Kessel von Westen her durch Wegnahme der Häfen Boulogne, Calais und Dünkirchen endgültig schließen können?

Wir würden damit 40 Divisionen in eine verzweifelte Lage bringen. Endlich fällt am Abend des 21. Mai die Entscheidung. Wir treten am 22. Mai nach Norden an, während Infanteriekorps unseren Rücken an der Somme decken werden. ‚Zwei Tage haben wir vertrödelt', sagt Guderian.

Ziele sind die drei großen Häfen, auf die je eine Panzerdivision angesetzt wird. Leider wird die 10. Panzerdivision zunächst Armeereserve, sodaß sie nicht sofort auf Dünkirchen antreten kann. Die 1. Panzerdivision soll Calais nehmen, die 2. Panzerdivision Boulogne.

Charakteristisch für den 22. Mai ist von nun an der starke Einsatz britischer Flieger, die von den Heimathäfen starten können, während unsere Luftwaffe ausbleibt."

Es bestätigte sich, was Guderian und Nehring vor dem Kriege wiederholt in Wort und Schrift behauptet hatten, daß die Voraussetzung für kühne, weitreichende Panzeroperationen die eigene Luftüberlegenheit sei.

In Polen und von der Maas bis zur Küste gab es sie. Jetzt aber machte die Luftwaffe Stellungswechsel, sie hatte sich dem schnellen Tempo der Panzertruppe noch nicht anpassen können.

Nehring: „Die 1. Panzerdivision ist am 23. Mai im Vorgehen auf Calais. Sie wird aber südlich vorbei nach Osten auf Dünkirchen eingedreht, während dafür die jetzt wieder freigegebene 10. Panzerdivision Calais nehmen soll.

Guderian sieht nunmehr den Schwerpunkt seiner Aufgabe in Dünkirchen.

Er weiß, daß zwei Tage westlich Amiens versäumt worden sind, weil Hitler nervös wurde und sicher gehen wollte."

Doch die 1. Panzerdivision will vorher mit einer ihrer beiden Kampfgruppen versuchen, Calais im Handstreich zu nehmen. Die andere Kampfgruppe geht gegen Dünkirchen vor. Ihr folgt die erste Kampfgruppe, da sie vor Calais auf starken Feind trifft.

Nehring: „Ein englischer Panzer wird von einer deutschen Pak außer Gefecht gesetzt. Die Besatzung bootet aus und schüttelt der deutschen Pak-Besatzung sportlich anerkennend die Hände. ‚Es war ein fairer Kampf, er ist vorbei...'"

Die Spitzen der 1. Panzerdivision erreichen noch am Abend des 23. Mai den Aafluß südlich Gravelines, etwa 20 km vor Dünkirchen.

Der Angriff am 24. Mai mißlingt.

Nehring: „Das Gelände an der Aa mit vielen Gräben und Kanälen in nassen Wiesen ist für Schützen- und Panzereinsatz wenig günstig. Der Feind setzt wieder starke Bomber- und Tieffliegerverbände ein. Dazu kommt die große Übermüdung und

Überanstrengung bis zum jüngsten Soldaten, die sich nach zwei Wochen dauernder Anspannung durch Kampf und Marsch bemerkbar machen. So werden zunächst vom Korps nur Brückenköpfe über die Aa als Voraussetzung für den am morgigen Tag vorgesehenen entscheidenden Vorstoß in den Nacken des Verteidigers erkämpft. Die 1. Panzerdivision wird auch diese Aufgabe schaffen, wie sie bisher alle Aufträge Guderians erfüllt hat."

Am Abend des 24. Mai erhält das Korps den Befehl, die Aa nicht weiter zu überschreiten, die erreichte Linie zu halten. Gründe werden hierfür nicht angegeben.

Guderian und Nehring vermuteten, daß die Kapitulation der alliierten Kräfte bevorsteht. Sie werden in dieser Auffassung durch den Text des Befehls bestärkt, der die Luftwaffe betrifft: „Dünkirchen ist der Luftwaffe zu überlassen. Falls Calais nicht am 26. Mai genommen wird, ist es gleichfalls der Luftwaffe zu überlassen".

Der Haltbefehl Hitlers – für Guderian ist es der dritte in diesen Maitagen – führt nicht zu einem erneuten Temperamentausbruch Guderians.

Nehring: „Wir haben Vertrauen zur Führung, die bisher im Ganzen ganz ungewöhnliche Erfolge aufzuweisen hat, nachdem sie Mansteins und Guderians Vorschläge aus dem Winter 1939/40 ausgewertet hatte.

Wir werden allerdings unruhig, als wir regen Schiffsverkehr auf dem Meer in Richtung Dünkirchen feststellen – zu weit ab, um ihn mit Artillerie zu erreichen. Noch mehr aber, als kleine Schiffe, Torpedoboote und andere in die Aamündung einlaufen und dort Truppen an Bord nehmen.

Selbstverständlich melden wir diese Vorgänge, und am 27. Mai wird der Angriff gegen Dünkirchen fortgesetzt – wiederum zwei Tage verzögert, noch dazu unter Ablösung der Panzerdivisionen durch motorisierte Infanterie.

Kostbare Tage, die man dem Gegner schenkt, um ihm zu erlauben, seine Verteidigung zu verstärken, die bewunderswerte Evakuierung der Masse seiner Soldaten zu organisieren! Wenn dabei auch die Alliierten das Gerät ihrer Armee zurücklassen mußten: es war ersetzbar, da das Potential der Welt für sie arbeiten konnte. Die ausgebildeten Soldaten dagegen waren die unersetzliche Basis für Neuformationen. Darüber waren wir uns aber in jenen Tagen noch nicht klar. Wir hatten immerhin einen überwältigenden Sieg errungen."

Am 26. Mai erließ Guderian einen Tagesbefehl mit Dank und Anerkennung für seine Truppen. Er sah die Aufgabe seines Panzerkorps an dieser Front für erledigt an.

In ihm hieß es: „Ein Weg von 600 km trennt uns von der Grenze des Reiches. Ich hatte Euch aufgefordert, 48 Stunden nicht zu schlafen. Ihr habt 17 Tage durchgehalten. Ich hatte Euch gezwungen, Flanken- und Rückenbedrohungen auf Euch zu nehmen. Ihr habt nie geschwankt. In vorbildlichem Selbstvertrauen und im Glauben an die Erfüllbarkeit Eures Auftrages seid Ihr jedem Befehl mit Hingabe nachgekommen.

Deutschland ist stolz auf seine Panzerdivisionen, und ich bin glücklich, euch zu führen.

Wir gedenken in Ehrfurcht unserer gefallenen Kameraden."

Nehring schreibt: „Die Panzertruppe hatte getan, was nur möglich war. Man mußte Offizier und Mann bewundern.

Sie ahnten damals noch nicht, was ihnen in fünf weiteren Kriegsjahren noch bevorstehen sollte.

Die Hochstimmung des Sieges ließ sie die erheblichen Anstrengungen willig ertragen. Ihr Vertrauen in die eigene Führung war unerschütterlich. Das Unteroffizierkorps war das Rückgrat der Truppe. Viele Offiziere bis zum General gingen im Laufe des Krieges aus ihm hervor.

Besondere Anerkennung verdienten die Panzerfahrer, die manchmal 15 Stunden am Lenker saßen, ebenso die Instandsetzungsdienste, die unermüdlich tätig waren, die Nachschubdienste, die häufig feindbesetzten Raum durchfahren mußten. Sie alle trugen zum Kampferfolg wesentlich bei.

Die Verluste waren nicht unbeachtlich. Eine Panzerformation verlor beispielsweise in diesen Kampftagen 25 Tote und 77 Verwundete. Das waren etwa 28 % der Kampfstaffel, aber erklärlich durch den ständigen Einsatz der Panzer in vorderer Linie. Nur so konnte bei den Schützen und bei den folgenden Infanteriekorps Blut gespart werden. Erstmalig standen sich Gegner gegenüber, die beide über Panzerkampfwagen verfügten, die Alliierten sogar über wesentlich mehr und zu einem nennenswerten Teil über stärkere Panzer."

Was nun folgte, war für Nehrings Organisationstalent eine neue große Probe, die er glänzend bestand.

Hitler befahl am 28. Mai die Bildung der „Panzergruppe Guderian“. Der Stab wurde aus dem bisherigen Generalkommando XIX.A.K. gebildet. „Der bewährte Oberst Nehring blieb Chef des Stabes“, schreibt Guderian. Unterstellt wurden das XXXIX.A.K. (General Rudolf Schmidt) mit der 1. und 2. Panzerdivision und der 29.I.D.(mot.), das XLI.A.K. (General Reinhardt) mit der 6. und 8. Panzerdivision und der 20.I.D. (mot.) sowie einige Verbände. Die Panzergruppe gehörte zur 12. Armee des Generalobersten List.

Oberbefehlshaber der Heeresgruppe war Generaloberst v. Rundstedt. Die Panzergruppe erhielt den Auftrag, die Aisne und den Aisne-Kanal zu überwinden und auf das Plateau von Langres vorzustoßen. Spätestens dort sollte sie weitere Befehle erhalten.

Dieses Ziel wurde am 15. Juni erreicht. Dort war auch am Abend dieses Tages der Gruppengefechtsstand.

Guderian schreibt: „Da bisher kein Befehl vom OKH über die weitere Verwendung der Panzergruppe eingegangen war, sandte ich einen Verbindungsoffizier des OKH, der sich bei meinem Stabe befand, im Flugzeug zurück, um meine Absicht zu melden, den Vormarsch in Richtung auf die Schweizer Grenze fortzusetzen.“

Zwei Tage später, „am 17. Juni, hatte Oberst Nehring, mein tüchtiger Chef, den Stab auf der kleinen Terrasse zwischen unserem Quartier und dem Wall der alten Festung versammelt, um mir mit herzlichen Worten zum Geburtstag zu gratulieren. Er war in der glücklichen Lage, seine Wünsche durch die Meldung vom Erreichen der Schweizer Grenze durch die 29.I.D. (mot.) zu bekräftigen.“

Anschließend fuhr Guderian zur Truppe nach Pontarlier und befahl durch Funkspruch das unverzügliche Abdrehen des XXXIX.A.K. nach Nordosten auf Belfort und Remiremont an der oberen Mosel, des XLI.A.K. auf Epinal und Charme.

Als er abends auf den Gefechtsstand zurückkehrte, fand er die Weisung der Heeresgruppe Ritter von Leeb vor, seine Panzergruppe sei ihr unterstellt und habe in Richtung Belfort-Epinal vorzugehen.

Die französischen Divisionen waren eingekreist, der Widerstandswille zerbrach, am 22. Juni schloß die französische Regierung Waffenstillstand.

Am 30. Juni erließ Guderian einen Tagesbefehl, in dem es hieß: „Der Siegeslauf von der Aisne bis zur Schweizer Grenze und den Vogesen wird in die Geschichte eingehen und als heldenmütiges Beispiel für den Durchbruch schneller Truppen bestehen bleiben. Ich danke Euch für diese Tat, die die schönste Erfüllung meines über ein Jahrzehnt währenden Kampfes und Strebens war."

Mit Nehring fuhr Guderian am 1. Juli von Besançon, dem Stabsquartier der Panzergruppe Guderian, zur Schweizer Grenze auf den Mont Rond. Von dort oben konnten sie bis zum Genfer See blicken.

Sie sahen jenseits der Grenze ein friedliches Land. Guderian lehnte sich entspannt mit den Armen auf die Brüstung des Betonblocks, auf dem die Sehenswürdigkeiten in der Schweiz durch Pfeile angezeigt wurden. Nehring saß lächelnd neben ihm.

Ein Angehöriger des Stabes fotografierte sie auf dem Gipfel ihres Erfolges.

Dann wurde der Stab der Panzergruppe nach Paris verlegt. Guderian und Nehring sollten die große Führerparade vorbereiten, zu der es dann nicht kam. „Zum Glück", schreibt Guderian.

Anfang August war der Stab wieder in Berlin. Er fand im Dienstgebäude des Stabes der 3. Panzerdivision in der Kurfürstenstraße 87 eine Unterkunft.

Am Tage vor seinem 48. Geburtstag erhielt Nehring seine Beförderung zum Generalmajor.

Sie galt mit Wirkung vom 1. August 1940 und war bevorzugt ausgesprochen worden.

Guderian wurde Generaloberst.

Die enge und erfolgreiche Zusammenarbeit der beiden Offiziere fand ihr Ende.

Nehring sollte eine neue Panzerdivision aufstellen und unter Guderian führen.

Aber wohin?

10. KAPITEL

# *Die 18. Panzerdivision*

Am 29. September 1940 befahl das Oberkommando des Heeres die Umstellung von neun Infanterie-Divisionen in Panzerdivisionen und Infanterie-Divisionen(mot.) mit der Maßgabe, daß das, was dabei frei werde, zur Aufstellung der 18. und 20. Panzerdivision benutzt werden sollte.

Die Feldverwendungsbereitschaft ist bis zum 30. April 1941 herzustellen.

Nehring befand sich noch bei der Gruppe Guderian in Berlin, die den Auftrag hatte, die Aufsicht über die Organisation und Ausbildung von Panzer- und mot-Divisionen zu führen. Durch diesen Befehl Hitlers wurde die Zahl der Panzerdivisionen verdoppelt, aber deren Durchschlagskraft geschwächt, denn auf jede Division kam nur noch die Hälfte der bisher verfügbaren Panzer.

Bei der Gruppe Guderian in der Kurfürstenstraße versuchte man zu erraten, was das bedeuten solle. Gefragt wurden weder Guderian noch Nehring vom OKH, als diese Verdopplung und gleichzeitig Halbierung angeordnet wurde.

Guderians Gedanken bewegten sich in südlicher Richtung, er dachte an die Beendigung des Kampfes gegen Großbritannien. Nehring wohnte in Wünsdorf, den Dienst im Gruppenkommando versah er lesend und schreibend, er hatte jetzt dafür Zeit, und er hielt das immer für eine schöne Sache.

Am 11. Oktober traf ein Fernschreiben vom Heerespersonalamt bei der Gruppe Guderian ein: „Mit Wirkung vom 25. Oktober 1940 wird ernannt: Generalmajor Nehring, Chef des Generalstabes der Gruppe Guderian, zum Kommandeur der 18. Panzerdivision. Meldung über Wehrkreisauskunftsstelle Dresden."

Die Gruppe Guderian stellte dem neuen Divisionskommandeur dessen Dienstwagen und ein Krad leihweise zur Verfügung, da Nehring gehört hatte, daß die Neuaufstellung noch ohne Kraftfahrzeuge sei.

Als General Nehring am 28. Oktober 1940 mittags im Hotel „Chemnitzer Hof" in der sächsischen Industriestadt Chemnitz eintraf, fand er dort den „Arbeitsstab Chemnitz" vor, der zwei Tage vorher unter dem Ia, Major i. G. Estor, mit wenigen Männern seine Arbeit aufgenommen hatte. Estor war Ic im XIX.A.K. gewesen und deshalb Nehring gut bekannt.

Auf Nehrings Frage, wie es mit dem Gerät, den Waffen und den Kraftfahrzeugen stehe, erhielt er zur Antwort, daß eigentlich noch alles fehle.

Es mußte ganz von vorn angefangen werden.

Für Nehring war dies eine Zumutung, die er als Affront derer hinnehmen mußte, die bisher im OKH seine Panzerdivisions-Theorien scharf abgelehnt hatten, obwohl sie in Polen und im Westen in der Praxis zu großen Erfolgen führten. Er glaubte damals, er habe doch eine anständige Panzerdivision aus der Gründerzeit der Panzertruppe verdient.

Am 30. Oktober fuhr er nach Berlin, um dort wegen des „in jeder Weise sehr ungünstigem Bildes" beim OKH vorzusprechen.

Die neue Panzerdivision sollte sich aus Truppenteilen mehrerer Divisionen und Neuaufstellungen zusammensetzen, die mit Ausnahme der Panzeraufklärer, der Panzerjäger und der III. Abteilung des Artillerieregiments reine Infanterie- bzw. bespannte Verbände gewesen waren. Vorkenntisse und Erfahrungen auf dem Gebiet der Motorisierung bei der Verwendung und Kampfesweise Schneller Truppen gab es weder bei den Führern noch bei der Truppe. Die Nachrichtenabteilung war bisher eine Landwehrabteilung mit überaltertem Personal gewesen.

Von einem zugeteilten Panzer-Regiment war noch nichts zu sehen.

Bei Nehring verdichtete sich der Eindruck, man habe gerade ihm zugemutet, die Panzertruppe noch einmal von unten aufzubauen.

Vier Wochen später sah für ihn die Lage schon anders aus. Ihm wurde die neugebildete Panzer-Brigade 18 zugeführt, die aus dem Panzer-Regiment 18 unter Oberst Hauser bestand. Da die I. Abteilung (A) aus der 1. Panzerdivision, die II. Abteilung (B) aus der 2. Panzerdivision und die III. Abteilung aus der 5. Panzerdivision kam, merkte Nehring, daß man ihn nicht ganz verlassen hatte.

Diese Panzerabteilungen waren frei geworden, weil Hitler auf das „Unternehmen Seelöwe", die Landung in England, verzichtet hatte. Die Abteilungen A und B waren im Sommer auf dem Panzerschießplatz Putlos an der Ostsee zusammengezogen worden, um mit Unterwasser-Panzern ausgestattet und ausgebildet zu werden.

Im September waren die Versuche aufgegeben worden.

Ursprünglich war vorgesehen, die Tauchpanzer auf Elbkähne zu verladen, deren Vorderteil abgeschnitten und mit Zement ausgegossen war, um beim Tauchen das nötige Gegengewicht zu schaffen; Schleppdampfer sollten sie zur englischen Kanalküste bringen. Über eine ausschiebbare Gleitbahn konnten die Panzer dann tauchen und das Ufer erreichen.

Nehring richtete sich mit seinem Stab im Chemnitzer Hotel „Stadt Gotha" ein, der in „Arbeitsstab York" umbenannt wurde. Durch Kradmelder ließ er ein eigenes Postnetz aufbauen, da die Feldpost sich im dienstlichen Schriftverkehr als viel zu langsam erwies. Nehrings Truppen lagen weit verstreut im westsächsischen und thüringischen Raum.

Sein großes Organisationstalent erwies sich bei dieser „Krümperarbeit" im kalten Winter 1940/41 als Motor für diese motorlose (bis auf das Panzerregiment) Truppe.

Nehrings Nachfolger als Chef des Generalstabes der Gruppe Guderian, Oberstleutnant Frhr. v. Liebenstein, und der erste Generalstabsoffizier, Major Bayerlein, hatten nach dem Besuch des sowjetischen Außenministers Molotow im November 1940 in Berlin von Generaloberst Halder, dem Chef des Generalstabs des Heeres, erste Weisungen über den „Fall Barbarossa", den Krieg gegen Rußland, erhalten. Als sie Guderian darüber Meldung erstatteten, war dieser entsetzt. Nehrings 18. Panzerdivision war der Gruppe ausbildungsmäßig zugewiesen worden, aber anderen Armeekorps unterstellt. Es ist möglich, daß Nehring sehr bald Andeutungen über das, was seiner Truppe bevorstehen könnte, erhalten hat.

Gewißheit erhielt er bei einer Planübung, die Guderian am 20. und 21. März 1941 in Berlin abhielt. Für Nehring und seinen Ersten Generalstabsoffizier Major i. G. Estor zeichnete sich der neue „Ernstfall" ab, der Krieg gegen das riesige Reich zwischen dem Bug und dem Pazifischen Ozean.

In der ersten Beurteilung für das Heerespersonalamt, die Nehring als Truppenführer erhielt, hieß es am 14. Februar 1941 durch General v. Vietinghoff, dessen 46.A.K. (mot.) in Hirschberg die 18. Panzerdivision unterstellt war, Nehring sei ruhig, überlegt, sarkastisch, vor dem Feinde voll bewährt, er habe ein klares Urteil, sei sehr gewandt, frisch und leistungsfähig.

Erziehungsmäßig sei er von dem Beurteilenden „noch nicht zu übersehen", er fülle aber im übrigen sehr gut seinen Posten aus.

Da er leicht gegen Untergebene abgesetzt sei, würden die Wiederherstellungen engerer Beziehungen zu ihm behindert. Nehring blieben alle diese Beurteilungen bis an sein Lebensende unbekannt. Aber hier zeigte sich die Distanz, die er während des Krieges hielt – nicht nur nach unten, auch nach oben –, die ihn Abstand von allem halten ließ, das er nicht durchschauen konnte. Er war kein Troupier, sondern ein Militärgelehrter, der für hohe und höchste Kommandostellen in Frage kam. Er hätte aber auch im Generalstab des Heeres eine wesentliche Rolle gespielt.

Wenige Tage, bevor Nehring in Berlin von dem neuen „Ernstfall" durch Guderian erfuhr, hatte ihn in Chemnitz ein Fernschreiben des Heerespersonalamtes erreicht: „Gen. Major Nehring ist sofort auf Tropenfähigkeit zu untersuchen. Das Ergebnis ist beschleunigt dem Heerespersonalamt zu melden." Am folgenden Tage meldete die 18. Panzerdivision, General Nehring sei tropendienstfähig.

Nehring vermutete sofort eine Versetzung nach Nordafrika, wo unter Rommel das Deutsche Afrikakorps entstand. Zu ihm sollte die 21. Panzerdivision gehören, die in Nordafrika bis Ende April aufgestellt wurde. Zu ihr gehörte das Panzerregiment 5, das Nehring von 1937 bis 1939 in Wünsdorf geführt hatte.

Rommel kam nicht aus dem Generalstab, er hatte Feinde im OKH, der Chef des Generalstabes Franz Halder hielt nicht viel von ihm, deshalb lag es nahe, ihm für Nordafrika einen altgedienten bewährten Generalstabsoffizier als Divisionskommandeur beizugeben, der mit der neuen Panzertaktik von Anfang an vertraut war und für ihre durchdachte Anwendung im weitoffenen Gelände Libyens sorgen würde.

Seit dem 20. Februar 1941 wurde im OKH für das Deutsche Afrikakorps eine zusätzliche „volle Panzerdivision" in Aussicht genommen, wie es in den Akten des OKH heißt.

Möglich ist, daß Guderian, dem Nehring in Berlin seine Tropendienstfähigkeit meldete, dafür sorgte, daß es nicht dazu kam. Nordafrika war Nebenkriegsschauplatz.

Alexander Frhr. von Seebach erinnert sich an einen Ausspruch Guderians im März 1941: „Wenn dieses ganze Unternehmen (Rußland) überhaupt einen Sinn haben soll, dann bitte ich

Winterschlacht im Osten: Nehring bei Ssuchinitschi Ende Januar 1942 nach der Befreiung der Gruppe von Gilsa.

1.2.42: Abschied vom Stabe der 18.Pz.Div. bei Ssuchnitschi, Versetzung nach Nordafrika.

Anfang März 1942 in Nordafrika: Generalleutnant Nehring, soeben Kommandierender General des Deutschen Afrikakorps geworden, mit seinen beiden Divisionskommandeuren. Rechts von ihm Generalmajor Georg von Bismarck, Kdr. der 21.Pz.Div. (gefallen 31.8.42), und Generalmajor von Vaerst, Kdr. der 15.Pz.Div. links von ihm.

Links unten: Unterkunft des Generalkommandos Deutsches Afrikakorps in der Wüste 1942. Rechts unten: Rommel besucht Nehring.

Mai 1942: Besprechung des Angriffs auf Tobruk in der Cyrenaika. Von rechts: Nehring, Rommel, Major von Mellenthin, Ic der Panzerarmee Afrika.

Rommel (rechts von ihm Nehring) bei einer Ansprache in der Wüste 1942.

In Ägypten 1942: von rechts Rommel, Oberst Bayerlein, Chef des Stabes des Deutschen Afrikakorps, General der Panzertruppe Nehring.

Sommer 1942 in Ägypten: Vor der Fahrt zur Front wird die Kompaßzahl für die Fahrt in die Wüste ermittelt.

Nehrings Geburtstagsfeier am 15.8.1942 vor El Alamein in der Wüste.

Links unten: General der Panzertruppe Nehring als Befehlshaber in Tunesien November-Dezember 1942.

Rechts unten: 16.3.43: Kosakenparade bei Mariupol am Asowschen Meer vor General Nehring. Hier mit Oberst Hesse, Chef des Stabes seines XXIV. Panzerkorps.

Januar 1944 bei Kalinowka/Winniza.

April 1944 Ukraine: Nehring bei der Geländebeurteilung mit Stabsangehörigen seines XXIV. Panzerkorps.

Sommer 1944 in Galizien: Mit Generaloberst Raus, OB der 4. Panzerarmee (Mitte) und Generalleutnant Jauer, Kdr. der 20.Pz.Div.

Mit Feldmarschall Model Ostfront 1944.

Geburtstagsfeier am 15. 8. 44 mit der Familie in Wünsdorf.

Januar 1945 zwischen Kielce und Lodz: General Nehring im „Wandernden Kessel“, den er nach Deutschland heim führte.

Anfang März 1945: In der Schlacht bei Lauban/Schlesien.

Als Kommandierender General der Panzergruppe Nehring während der Schlacht bei Lauban in seinem Befehlswagen.

für die Fahrt in die feindliche Hauptstadt (Moskau) unbedingt eine Rückfahrkarte zu lösen."

Erst ein Jahr später, nach der Ablösung des Generalobersten durch Hitler, Ende Januar 1942, wurde Nehring zu Rommel nach Nordafrika kommandiert.

Was lag dazwischen!

Eine Verlegung der 18. Panzerdivision im Frühjahr 1941 unter Nehring nach Nordafrika unterblieb. Was sollten auch Tauchpanzer in der Wüste!

Am 23. März 1941 hielt Nehring in Chemnitz eine Kommandeurbesprechung ab, auf der er das Thema für die Übungen der nächsten Zeit mitteilte. Mit seinem Ia Estor brachte er die „Studie Milowitz" in die Besprechung (Milowitz hieß der Truppenübungsplatz bei Prag, der Nehrings Division aufnehmen sollte), deren Inhalt in einem Satz zusammengefaßt wurde, der lautete: „Übergang über einen Fluß in Angriffsgruppen, Durchbruch durch eine befestigte Uferstellung und Stoß in die Tiefe des Feindes."

Wo dieser Fluß (und damit der neue Feind) zu finden war, blieb offen. Wenige Monate später stand die 18. Panzerdivision an diesem Fluß.

Es war der Bug nicht weit von Brest-Litowsk, der Stadt und Zitadelle, die Nehring im September 1939 zum ersten Mal kennengelernt hatte. Als er 1936 eine Studie über die Rote Armee niederschrieb, hatte ihn deren Stärke beeindruckt, aber auch die Kapazität einer Panzerproduktion im Kriegsfall.

Wenn er jetzt daran dachte, daß er seine neue, unfertige Panzerdivision in dieses weite Land führen sollte, dann überkam ihn eine grenzenlose Ohnmacht gegenüber der Führung seines eigenen Landes, das in diesen Alexanderzug verwickelt werden könnte.

Für die Ausbildung im Frühjahr hatte die Ausbildungsabteilung des Generalstabs des Heeres Anweisungen gegeben, die auf einen Rußlandfeldzug verdeckt hinwiesen: Es sollte viel nachts und in Wäldern geübt werden, Panzerverbände sollten sich selbst vor Nahangriffen schützen können, schmale, tiefe Schützenlöcher seien gegen Panzergefahr zu graben, Führung und Truppe hätten zu lernen, sich mit wenigen schlechten, teilweise unrichtigen oder veralteten Karten abzufinden. Besonders Letzteres wies auf ein Land hin, über das kein gutes Kartenmaterial vorlag, und das war Rußland.

Könnte es aber auch ein Land außerhalb Europas sein, Persien oder Indien?

Die Ausbildung stand im Zeichen der Erziehung von Führer und Mann „zu rücksichtslosem Angriffsgeist, zu Kühnheit und entschlußfreudigem Handeln, getragen von dem Vertrauen auf die Überlegenheit des deutschen Soldaten über jeden Gegner und dem unbeirrbaren Glauben an den endgültigen Sieg."

Der endgültige Sieg.

Was für ein Wort, das jetzt aufkam.

Für den Generalstäbler Nehring, der alles Verschwommene haßte, war das eine Schimäre, obwohl er auf die Überlegenheit seiner Soldaten baute.

Im März wurde der Truppenübungsplatz Milowitz bei Prag der Division zugewiesen. Was von ihr fahren konnte, wurde dorthin verlegt. Die Panzerbrigade 18 und die I./Pz.A.R.88 paradierten am Jahrestag der Pragbesetzung, dem 15. März, über den Wenzelsplatz, um nachhaltigen Eindruck auf die Bevölkerung zu machen.

Anfang April traf auf dem Flugplatz Rusin bei Prag die erste Kette einer Heeresaufklärungsstaffel (4 Flugzeuge) ein, die 6.(H) 13 (Pz), deren Zuführung Nehring verlangt hatte.

Generaloberst Guderian besuchte die Division, wobei ihm Nehring die „unerhört schlechte Ausstattung mit Kraftfahrzeugen" meldete.

Guderian erwiderte, er wolle helfen, könne aber nichts versprechen. Aber beruhigend sagte er, die Division habe noch Zeit, etwa bis zum 1. Juni, solange werde sie hier bleiben.

Bisher war nur eine Schützenkompanie, die 2./S.R.52, behelfsmäßig motorisiert. Die beiden Schützenregimenter 52 und 101 warteten immer noch auf Kraftfahrzeuge.

Anfang Mai erfuhr Nehring, daß es in der Sowjetunion einen neuen schweren Panzer, den T 34 gäbe.

Er fuhr sofort nach Berlin, sprach in der Organisationsabteilung des Kriegsministeriums mit dem Oberst i. G. Buhle und hielt ihm vor, seine Division habe gegen den neuen Panzer nur 3,7 cm Panzerabwehrkanonen. Der Oberst versprach Nehring, zur Abwehr des T 34 eine größere Zahl der neuen 5 cm Panzerabwehr-Kanone zuzuführen, außerdem könne die Division damit rechnen, eine erste Rate von 342 Kraftfahrzeugen zu erhalten, aber nicht sofort, es würde noch dauern; man habe nicht genügend Treibstoff-Kanister.

Er besuchte Guderian in der Kurfürstenstraße, der über die fehlenden Kraftfahrzeuge „geradezu erschüttert" ist, und sofort Generalmajor v. Schell, den Beauftragten für das Kraftfahrzeugwesen, aufsucht. Dann läßt Guderian Nehring wissen, der wieder nach Milowitz gefahren ist, daß die Division bis 30. Mai die Kraftfahrzeuge haben werde. Sie seien allerdings in Frankreich abzuholen und kämen aus der französischen Automobilproduktion.

Nehring malt sich aus, daß er diese handelsüblichen Fahrzeuge erst für den Truppengebrauch herrichten und auf eine Divisionsübung und sonstige motorisierte Übungen in größeren Verbänden solange verzichten müsse, bis die Division voll motorisiert sei.

Er wußte jetzt, daß seine Division um den 10. Juni einsatzbereit sein müßte.

Schon am 1. Mai fuhr ein Erkundungskommando zum Bug, das Ende Mai verstärkt wurde.

Die Nervosität im Divisionsstab wuchs. Nehring war bekannt, daß andere neue Panzerdivisionen längst mit Kraftfahrzeugen ausgestattet waren. Ähnlich erging es nur der neuen 20. Panzerdivision.

Guderian hatte ihn auf eine sehr schwere Aufgabe in dem neuen Feldzug hingewiesen.

Er führte jetzt die Panzergruppe 2, der die 18. Panzerdivision im 47.A.K.(mot.) unterstellt war.

„Enorme Leistungsanforderungen sind bei dem kommenden Einsatz notwendig," hatte er am 17. April dem Divisionsstab gesagt, „keine Ruhe, kein Schlaf, um schnell ins freie Feld zu kommen. Verpflegung wird dürftig sein. Munition ist schwer heranzuschaffen, Fahrzeuge wegen schlechter Wege nicht überlasten, die Hauptwaffe sind die Panzer, Schützen werden nicht durch Panzer vorwärtsgerissen, sondern der Schütze nützt den Erfolg der Panzer aus."

Anfang Juni erhielt die 18. Panzerdivision die Masse ihrer Kraftfahrzeuge in Paris, es waren französische Typen, die für Rußland ungeeignet waren. Auf ihnen fuhr die Truppe aus ihren Aufstellungsräumen sofort in die Bereitstellungsräume ostwärts von Warschau.

Nehring ahnte nicht, daß man sich im Oberkommando des Heeres vorstellte, der Feldzug werde im Herbst beendet sein. Deshalb machte man sich dort über die miserable Motorisierung der 18. Panzerdivision keine Gedanken. Bis zum Herbst könnten die Kraftfahrzeuge aufgebraucht werden, denn dann wäre im Osten alles vorbei. Der Verschleiß war eingeplant.

Danach würde man weitersehen.

Nehring war mit seiner Division, die Speerspitze einer Panzergruppe sein sollte, in ein Vabanquespiel der Obersten Führung geraten. Er wußte, daß es ihm schwer gemacht werden würde, mit ihr zu bestehen.

Bis Minsk, der Hauptstadt Weißrusslands, waren es 350 km, bis Smolensk 700 und bis Moskau 1100 km, wenn man von den Umwegen absah.

Das waren die nächsten Aussichten für Nehring und seine Division. Aber Nehring wußte auch, daß die Angriffsziele der drei Heeresgruppen auseinander führten, was operativen Grundsätzen widersprach, mit denen Nehring bisher gelebt hatte als Generalstabsoffizier.

War sich Hitler seiner Sache so sicher, fragte er sich, daß er glaubte, diesen operativen Nachteil im Sinn einer schnellen Durchführung des Feldzuges in Kauf nehmen zu dürfen? Der Tagesbefehl des Kommandierenden Generals des 47. Panzerkorps, der am 21. Juni bei Nehrings Divisionsstab eintraf, zusammen mit dem Angriffsbefehl für den 22. Juni 1941, nannte das hohe Ziel, das die 18. Panzerdivision erhielt: „Wir sind stolz darauf, als Panzerkorps an entscheidender Stelle der Angriffsfront eingesetzt zu werden. Unser Ziel ist weitgesteckt, es ist die feindliche Hauptstadt Moskau.“ In der Geschichte der 18. Panzerdivision heißt es hierzu: „Vor 129 Jahren war von Dresden Kaiser Napoleon mit seiner Großen Armee aufgebrochen, um das Ziel zu erreichen, das der in Sachsen aufgestellten 18. Panzerdivision nun gesteckt wurde.“

Nehring würde unter Guderian kämpfen, das gab ihm altes Vertrauen zurück. Das bisherige militärische Geschehen erschien ihm wie ein Wunder.

Nehring schreibt: „Dem Soldaten blieb keine Wahl. Morgen um 3.15 Uhr wird angetreten werden, ‚wie das Gesetz es befahl‘. Man mußte Vertrauen haben, in die obere Führung, in die eigene Truppe, in die Nachbarn, in den ungeheuren Apparat, der am 22. Juni 1941 auf den Befehl eines einzigen unkontrollierten Mannes zu arbeiten begann, der die Widerstandskraft des sowjetischen Volkes und Staates und die unendliche Weite des Landes grobfahrlässig unterschätzt hatte.

Die Truppen taten befehlsgemäß ihre Pflicht und erfüllten ihren Auftrag."

Generalmajor Nehring ging mit 17 174 Mann seiner Division in diesen Feldzug; sie kamen vor allem aus Sachsen und dem Sudentenland; die II./Pz.A.R.88 stammte aus Rostock, die III./ Pz.A.R.88 aus dem Rheinland, die Panzerbesatzungen kamen aus ganz Deutschland.

11. KAPITEL

# *Nach Rußland und Nordafrika*

Am frühen Morgen des 22. Juni 1941 steigt Generalmajor Nehring in ein Sturmboot seiner Panzerpioniere, nachdem das Panzerregiment 18 als erstes Panzerregiment der Kriegsgeschichte durch den Fluß Bug bei einer geringen Wassertiefe (zwei bis vier Meter) den Angriff vorgetragen hatte. Bei seinen Panzern fährt der General mit dem Regimentskommandeur Graf Strachwitz in die Tiefe des Raumes, der 18. Panzerdivision mit ihren Räderteilen weit voraus, für die der Brückenschlag durch weiche Ufer sich hinauszögert.

Bei Nehring sind der Adjutant Hauptmann v. Reinhard, der Nachrichtenoffizier Heintze und der Ordonnanzoffizier Günter Schulze.

Auch Generaloberst Guderian setzt über den Fluß und folgt Nehrings Panzern. Am Nachmittag gibt es den ersten Panzerkampf mit zahlreichen Abschüssen von Feindpanzern.

Einige Tage ist Nehring vorn allein mit seinen Panzern, er ist nun General der Panzer, er fährt im Panzer die Vorstöße mit.

Sein Ordonnanzoffizier Schulze erinnert sich, daß Nehring sparsam mit Worten bei diesem Panzerraid gewesen sei.

Als die Räderteile der Panzerdivision nach vorn aufschließen, fährt Nehring mit seiner Generalsstaffel, die aus zwei bis vier Panzern, zwei Flak auf Selbstfahrlafetten und einer Gruppe Kradmelder besteht. Der General sitzt mit Adjutant und Nachrichtenoffizier im Schützenpanzerwagen, von ihm aus hat er Funkverbindung zu seinen Kommandeuren und dem Ia Major i.G. Estor, der den Divisionsstab nachführt. Leutnant Schulze erinnert sich: „Ich lotste im Beiwagenkrad die Generalsstaffel, deren enge Feindberührung des öfteren bewies, daß der General sein persönliches Schlachtenglück auch auf uns übertrug. Daß die Generalsstaffel Divisionsspitze fuhr, daß sie Gefangene machte, daß russische Panzer den Wagen des Generals rammten, waren die Randerscheinungen einer derartigen frontnahen Panzerführung, bewunderswert kurze, prägnante Funkbefehle waren die Zügel, an denen er die einzelnen Truppenteile führte."

Es kam zu den Gefechten bei Slonim – hier die ersten Nahkämpfe der Generalsstaffel mit Partisanen –, Baranowitschi und Nieswiez.

Am Südrand Nieswiez steht nachts Nehring mit seinem Befehlswagen, hinter ihm eine Pak 3,7 auf Zugmaschine, die aber nur in Fahrtrichtung feuern konnte, sowie Kraftfahrzeuge.

Vor ihm mit Front auf ihn zu ein Panzer seines Regiments, der in Richtung Nieswiez sichern soll. In diesem Augenblick sind Kettengeräusche von rückwärts hörbar. Nehring leuchtet die ankommenden Panzer mit der Taschenlampe an und erkennt zwei russische Panzer, die hintereinander links rückwärts von seinem Wagen neben der Pak und dem Pkw stehen. Trotz des Ernstes der Lage – denn jeden Augenblick muß das feindliche Feuer in den eigenen offenen Wagen schlagen – befiehlt Nehring: „Sofort anfahren! Halbrechts!" und macht damit das Schußfeld für den vorn stehenden Sicherungspanzer frei, der nunmehr sofort das Feuer eröffnet und mit wenigen Schüssen die feindlichen Panzer in Brand schießt.

Nehring überreichte dem Panzerkommandanten am nächsten Tage für seine Aufmerksamkeit, Geistesgegenwart und das erfolgreiche Schießen das Eiserne Kreuz.

Die Division stößt in 2 Kampfgruppen bis Minsk vor. Nach dem Gefecht bei Wolma steht sie am 30. Juni auf der Autobahn Minsk-Moskau.

Sofort beginnt der Panzervorstoß mit aufgesessenen Schützen in einem Zuge über 100 km zum feindlichen Brückenkopf Borissow an der Beresina, der am späten Abend nach hartem Kampf genommen wird. Damit ist ein großes operatives Ziel erreicht. Die beiden wichtigsten Brücken über den Fluß werden genommen. Am 1. Juli steht das Schützenregiment 52 unter Oberst Jollasse auf dem Ostufer des „Birkenflüßchens" im schweren Kampf.

Eine Waffenschule der Roten Armee ist der Gegner, dazu die 1. Proletarische Panzerbrigade Moskau.

Nehring schreibt: „Durchbruch von 20 feindlichen Panzern längs der Autobahn nach Westen! Sie stoßen auf die dicht hinter der Front haltende Generalsstaffel, rammen meinen Befehlspanzer und brechen das rechte Leitrad ab, werden dann aber von eigenen Panzern abgeschossen. Ein in Flammen stehender russischer Panzer dreht seinen Turm auf den Divisionskommandeur. Dieser, im letzten Augenblick von seinem Artillerieführer

(Oberstleutnant Schräpler) gewarnt, springt zur Seite, während sein Panzerfahrer verwundet wird."

Für Borissow erhält General Nehring am 27. Juli 1941 das Ritterkreuz aus der Hand Guderians.

Am 3. Juli wird der Vormarsch wieder aufgenommen, die Division trifft auf schwerste russische Panzer, dann steht sie vor Orscha am Dnjepr, der neuen Verteidigungslinie des Generals Jeremenko.

Sie wird nach Süden verschoben und fährt bei Kopys auf einer Kriegsbrücke über den Dnjepr. Noch immer als Spitze des Panzerkorps und der Panzergruppe 2 Guderians verliert sie erhebliche Teile ihrer Versorgungstruppen, weil die kämpfenden Teile zu weit nach vorn geprescht sind, dem – wie sie glauben – Ziel Moskau entgegen.

Daraufhin bezeichnen abgeworfene russische Flugblätter die 18. Panzerdivision für aufgerieben, der Divisionskommandeur sei umgekommen.

Dann setzten harte Kämpfe vom 15. bis 20. Juli im Waldgebiet bei Gusino und Krassny an der Autobahn hart südwestlich Smolensk ein, die verlustreich sind.

Nehring fährt im Befehlspanzer immer wieder nach vorn, um der Truppe nahe zu sein.

Sie weiß das zu schätzen. Lange nach dem Kriege dankten ihm Gefreite und Feldwebel dafür.

Damit ist aber die Aufgabe der 18. Panzerdivision als Speerspitze vorläufig beendet. Die 29.I.D.(mot.) wird, in der Flanke von der schwer ringenden 18. Panzerdivision gedeckt, vorgezogen und auf Smolensk angesetzt, in das sie am 16. Juli eindringt. Dadurch war das erste der Panzergruppe 2 gesteckte Operationsziel erreicht.

Während der Kämpfe im Jelnja-Bogen in der zweiten Hälfte des Juli 1941 deckte die 18. Panzerdivision, aus dem Waldgebiet von Gusino abgezogen, verstärkt durch das Regiment „Großdeutschland", selbständig die Flanke der Panzergruppe 2 gegen eine Umfassung von Roslawl her. Durch geschickte bewegliche Kampfführung Nehrings gelang es, den stark überlegenen Feind trotz krisenreicher Entwicklung solange erfolgreich abzuwehren, bis von Westen her Infanterie-Divisionen eintreffen konnten, die durch die hartnäckige Verteidigung der Stadt Mogilew am Dnjepr tagelang aufgehalten wurden.

Die 18. Panzerdivision bezog am 28. Juli einen Auffrischungsraum bei Potschinok auf dem Höhenrücken von Smolensk.

Vom 22. Juni bis 28. Juli 1941 hatte sie 765 Gefallene, darunter 63 Offiziere, 1968 Verwundete und 377 Vermißte einschließlich der ihr unterstellten Einheiten. Von 212 Panzern, die durch den Bug gefahren waren, kamen noch 12 einsatzbereit bei Smolensk an.

Vier Wochen ruht die Division, um wieder einsatzbereit gemacht zu werden.

Aber sie muß auch rasten, weil sich die Oberste Führung nicht im Klaren ist, was nun gemacht werden solle.

Dann ist nicht mehr Moskau das Ziel, sondern die Ukraine. Ende August rollt sie nach Süden; die Landser sagen: „Wieder der Heimat zu," und sichert die linke offene Flanke der 2. Panzerarmee Guderians, die mit Truppen der Heeresgruppe Süd den Kessel von Kiew schließen soll.

Am 30. August befiehlt Guderian der Division, von Potschep auf Trubschewsk vorzustoßen, dadurch befand sie sich dreißig Kilometer vor der Front der Armee. Von allen Seiten angegriffen, hielt die Division nicht nur ihre Stellung und deckte damit den Angriff des 47. Panzerkorps in Richtung Sseredina-Buda, sondern griff ständig erneut solange an, bis auf Drängen des OKH Guderian sie am 5. September auf das Westufer des Ssudost beiderseits Pogar zurückbefehlen mußte.

Nehring befand sich mit seinem Stab während der beweglich geführten Kämpfe als Stützpunkt in vorderster Linie.

Den Angriff einer russischen Kavalleriebrigade am 31. August erlebte der Divisionskommandeur beim Schützenregiment 52. Er wurde zum Divisionsstab zurückgerufen, da sich die Lage kritisch für die Division entwickelte. Auf der Rückfahrt durchbrach er mit seiner kleinen gepanzerten Funkstaffel und einem Panzerspähwagen den feindlichen Einschließungsring und brachte Gefangene und eine russische Pak als Beute mit.

Am 28. September 1941 begann der Herbstangriff der 2. Panzerarmee, der in den Raum ostwärts Moskau führen sollte. Vorher hatte Nehring eine Luftlandekompanie aus Freiwilligen zusammengestellt, die den Straßenknotenpunkt Tula aus der Luft nehmen und solange halten sollte, bis die Panzer heran waren. Sie kam nicht zum Einsatz.

Dies wäre Aufgabe der Luftwaffe gewesen, aber sie war dazu nicht in der Lage. Nehring hatte in seinen operativen Studien während seiner Generalstabsjahre in Berlin immer wieder die Zusammenarbeit von Panzertruppe und Fallschirmjägern bearbeitet. Jetzt hätte dafür die Stunde schlagen müssen, wie er glaubte. Aber es gab keine Fallschirmjäger im Osten, sie waren auf Kreta schwer zerschlagen worden.

Tula sollte dann hart verteidigt werden. Guderians Panzerarmee hat es nicht erobern können.

Jetzt wurde die 18. Panzerdivision aus Jampoly und Shurawka bei der Stadt Schostka in der nördlichen Ukraine zu einem Panzerraid angesetzt, der sie am 5. Oktober im Rücken der russischen 50. Armee südlich Brjansk in dem vom Ausgangspunkt 175 km entfernten Karatschew sah. Dieser Panzerraid nach Karatschew wird in der „Geschichte der 18. Panzerdivision" durch Funksprüche dokumentiert. Er war beispielhaft für den Einsatz einer Panzerdivision zum Durchbruch in den Rücken des Feindes. Vor diesem Panzerraid konnte Nehring die Neuauflage seines Buches „Panzerabwehr" vom Verlag E. S. Mittler und Sohn in Berlin erhalten, das er im Frieden geschrieben hatte. Das Buch hieß jetzt „Panzervernichtung" und war durch die Erfahrungen in den vergangenen Kriegsjahren angereichert worden.

Während der Ruhepause bei Smolensk hatte Nehring am 15. August 1941 das Vorwort zur Dritten Auflage geschrieben, in dem es hieß: „Die Feldzüge in Polen, Frankreich und Rußland haben die Richtigkeit der Untersuchungen meiner Studie ‚Panzerabwehr' bewiesen. Sie erscheint unter dem Titel ‚Panzervernichtung', um die Wandlungen in den taktischen Anschauungen sinnfälliger zu machen."

„Schriftstellerisch tätig", hieß es lakonisch in der Beurteilung seines Kommandierenden Generals des 47. Panzerkorps, Lemelsen, die er Anfang 1942 über Nehring abgab.

Von Karatschew schickte Nehring sofort Teile seiner Division über Chwastowitschi nach Kzyn im Norden vor, von denen schwere Kämpfe bestanden wurden. Dadurch wurde die russische 50. Armee, die um Brjansk stand, vom Rückzugsweg abgeschnitten.

Am Tag nach der Eroberung von Karatschew fiel der erste Schnee. Die Schlammperiode begann, durch die der Angriff auf Moskau zum Stehen kam.

Die Division wurde auseinandergerissen, die Schützen kämpften ohne Panzer an der Kesselfront um Brjansk; Nehring erhielt mit den Panzern den Auftrag von Guderian, auf der festen Straße über Orel nach Fatesh vorzustoßen, um die im Schlamm festsitzende und von russischen Panzern eingeschlossene 9. Panzerdivision freizukämpfen, was innerhalb von zwei Tagen gelang. 22 feindliche Panzer wurden abgeschossen. Nehring erhielt daraufhin eine Sonderzuweisung von Eisernen Kreuzen für seine Division.

Mitte November 1941 trat die Panzerarmee erneut an. Nehring erhielt den Auftrag, zur Deckung der offenen Ostflanke der 2. Panzerarmee von Orel über Mzensk auf die Industriestadt Jefremow vorzustoßen und diese zu nehmen. Die Division wurde damit 100 km rechts heraus gestaffelt, ein Auftrag, den Nehring „nicht alltäglich" nannte. Hinzu kam, daß er seine Panzer abgegeben hatte, denn Guderian wollte mit allen Panzern, die ihm noch zur Verfügung standen, nach Tula durchbrechen. Oberst Eberbach führte diese Panzergruppe. Als Nehrings Division vor dem gut verteidigten Jefremow eintraf, konnte er seine Panzer wieder bekommen, nachdem er ständig dazu gedrängt hatte, aber das Panzerregiment blieb außerhalb des Gefechtsfeldes aus Spritmangel liegen.

So nahm Nehring ohne Panzer Jefremow nach hartem Kampf. Dies geschah am 20. November 1941.

In Nehrings Stab befand sich ein Spezialist, der für die in Jefremow befindliche größte Kunstgummifabrik Russlands vom OKH mitgegeben worden war.

Die Fabrik brannte bei den Kampfhandlungen nieder.

Es war eisiger Winter geworden.

Nehring erhielt nun den Auftrag, sich nach Norden an das 47. Panzerkorps wieder heranzuziehen, nachdem ihn Infanterie abgelöst hatte.

Dabei erreichte die Aufklärungsabteilung der 18. Panzerdivision am 23. November 1941 30 km ostwärts Skopin den östlichsten Punkt, den das deutsche Ostheer 1941 einnehmen konnte.

Dieser Vorstoß trug ausschlaggebend dazu bei, daß das Vorgehen starker russischer Kräfte gegen die Ostflanke der 2. Panzerarmee frühzeitig geklärt und das rechtzeitige Ausweichen der Panzerarmee sichergestellt wurde.

Bei den folgenden Ausweichbewegungen, die Guderian befahl, ging die Division vom 8. bis 24. Dezember 1941 unter schwierigsten Witterungsbedingungen hinter den Ssuscha-Abschnitt südostwärts Mzensk zurück und bereitete sich zur Abwehr vor.

Am Heiligen Abend 1941 traf Nehring mit dem Stab in Woina ein. Woina, der neue Gefechtsstand, hieß auf deutsch: „Krieg“. Nehring, der nur wenige Worte zu seinem Stab sprach, er blieb weiter wortkarg, es war so viel zu denken, weniger zu reden, wußte nun, daß der Krieg noch lange dauern würde. Er war zufrieden, daß er seine 18. Panzerdivision ungeschlagen vom Feind in die Winterstellung geführt hatte.

Diese Division war ihm ans Herz gewachsen.

Weihnachten 1941: Die 18. Panzerdivision hatte nur noch 30 Prozent ihrer Kampfstärke. Wegen der Rücknahme seiner Panzerdivisionen in die Ssuscha-Stellung wurde Guderian auf Verlangen des neuen Oberbefehlshabers der Heeresgruppe Mitte, Feldmarschall von Kluge, von Hitler abgelöst; gleichzeitig hatte Guderian wegen des Verhaltens von Kluges um seine Enthebung gebeten.

Damit endete auch die Zusammenarbeit zwischen Nehring und Guderian im Frieden und im Krieg. Jetzt war Hitler auch noch Oberbefehlshaber des Heeres. Im letzten Armeetagesbefehl Guderians vom 26. Dezember 1941 hieß es: „Der Führer und Oberste Befehlshaber hat mich mit dem heutigen Tage des Kommandos enthoben... Wir waren miteinander auf Gedeih und Verderben verbunden und es war meine größte Freude, für Euch sorgen und für Euch eintreten zu dürfen. Lebt wohl... Meine Gedanken begleiten Euch auf Euerem schweren Gang. Ihr geht ihn für Deutschland.“

Nehring wurde noch schweigsamer. Täglich fuhr er zu seinen Soldaten in den verschneiten Erdlöchern an der Ssuscha.

Alexander Frhr. von Seebach schreibt: „Im Quartier der Division, in Woin bei Mzensk, erfuhr ich von Nehring, daß der Russe nördlich von uns zwischen Belew und Kaluga weit nach Westen durchgebrochen sei. Er zeigte auf die roten Pfeile und war so bedrückt, wie ich ihn noch nie erlebt hatte. Die 18. Panzerdivision mit ihrem fast schon legendären guten Ruf und ihrem hervorragenden Kommandeur wurde zu einer neuen Verwendung nach kurzer Ruhe hochgejagt.“

General der Panzertruppe Rudolf Schmidt, ein „klarer Kopf, der sich nichts vormachen ließ“, wie Nehring schreibt, hatte in Orel zusätzlich zu seiner 2. Armee noch die 2. Panzerarmee übernommen. Von ihm erhielt Nehring am 7. Januar 1942 den neuen schweren Auftrag. In Orel erfährt er vom Chef des Generalstabes der 2. Panzerarmee, Frhr. von Liebenstein, daß seine Division verstärkt werden soll und dann die Kampfgruppe des Kommandeurs der 216.I.D. zu entsetzen habe, die in Ssuchinitschi von den Russen eingeschlossen wurde. Sie war als Reserve aus Frankreich dort mit der Eisenbahn eingetroffen. Geführt wurde sie von General von und zu Gilsa, den Nehring zu Beginn des Polenfeldzugs als Kommandeur des Potsdamer Infanterieregiments 9 in der Tucheler Heide kennengelernt hatte. Gilsa war einst Adjutant des Reichswehrministers Noske, Kommandeur des Olympischen Dorfes in Döberitz 1936.

Ssuchinitschi liegt in einer 100 km breiten Frontlücke zwischen 2. Panzerarmee und 4. Armee. Über Orel und Brjansk verlegt Nehrings Panzerdivision, der Teile der 208.I.D. unterstellt werden, die aus Frankreich eintrifft, sowie das Schützenregiment 12 der 4. Panzerdivision unter Oberst Smilo Frhr. v. Lüttwitz.

Am 16. Januar wird angetreten. In hohem Schnee, bei einer Kälte bis zu – 43 Grad, ständig im Gefecht mit dem Feind, dringt Nehrings Streitmacht mit wenigen Panzern bis nach Ssuchinitschi vor, aus dem Gilsa einen Ausfall machen läßt. Der Einschließungsring ist gesprengt. An die 1000 Verwundete werden aus der Stadt auf Panjeschlitten gerettet, dann wird sie aufgegeben.

Am 27. Januar erhält Nehring ein Fernschreiben Hitlers, in dem seine Leistung und die seiner Truppen hoch anerkannt wird.

Gilsa erhält das Eichenlaub zum Ritterkreuz, Nehring wird befördert und bekommt ein neues Kommando.

Später erfuhr er, daß Rommel in Nordafrika sich von General Crüwell trennen wollte, der das Deutsche Afrikakorps führte.

Nun konnte Nehring dessen Nachfolger werden.

Der Vorstoß nach Ssuchinitschi hatte bei Stalin den Eindruck hinterlassen, die Deutschen würden vor Moskau mit neuen Divisionen wieder zum Angriff antreten. Deshalb schickte er seinen besten General neben Schukow, Rokossowski, nach Ssuchinitschi.

Am 1. Februar übergab Nehring die 18. Panzerdivision mit einer Kampfstärke von 3 149 Mann dem Generalmajor Frhr. v. Thüngen.

Im Kriegstagebuch der Division heißt es, die Kälte sei erträglich geworden, Schnee falle wieder.

Nach Nordafrika nimmt Nehring seinen Nachrichtenleutnant Heintze und den Ordonnanzoffizier Leutnant Mittag mit, dazu seinen Fahrer Voller.

In seinem Abschiedsbefehl an die Division hieß es: „Der Führer hat mich außer der Reihe zum Kommandierenden General des Afrikakorps bestimmt. Ich bin stolz auf diese Auszeichnung, ist sie doch zugleich eine besondere Anerkennung für Eure Leistungen, die Ihr unter meinem Kommando gezeigt habt! Ich scheide trotzdem mit Wehmut von Euch, Kämpfer von Ssuchinitischi, die Ihr zur Zeit den Gipfel Eurer Erfolge und Eures Ruhms erklommen habt. Ich werde Euch nicht vergessen... Meine besten Wünsche begleiten Euch und die Division für die Zukunft, die unerschlossen vor uns liegt, und vereinigen sich mit den Euren im gemeinsamen Wunsche."

Die Wendung von der unerschlossenen Zukunft traf genau die Lage und die Stimmung der Truppe, dennoch war sie – in einem Tagesbefehl – kühn zu nennen. Denn sie widersprach dem Selbstgefühl der obersten Führung auch in widriger Situation.

Alexander Frhr. von Seebach, der Ic im Divisionsstab war, schreibt, Nehring habe die Soldaten seiner 18. Panzerdivision überlegen und immer darauf bedacht, unnötige Verluste zu vermeiden, geführt. Er habe viel von seinen Untergebenen verlangt, aber er habe sich auch selbst nie geschont.

In seinem Abschiedsbrief schrieb General Rudolf Schmidt an Nehring: „Der Erlaß des Führers hat Ihre und Ihrer Truppe kühne Tat ja auch voll anerkannt."

In der Beurteilung, die General Lemelsen am 30. Januar 1942 dem Heerespersonalamt schrieb, heißt es, Nehring sei durch und durch nur Soldat, betont korrekt, schwer zu durchschauen, geistig besonders hochstehend, schriftstellerisch tätig. Er sei ein guter höherer Führer mit gutem taktischen und operativen Verständnis, der seine Panzerdivision trotz Materialschwierigkeiten von Sieg zu Sieg geführt habe. Persönlich sei er außerordentlich tapfer und setzte sich in schwierigen Lagen rücksichtslos ein. Nehring sei zum Kommandierenden General eines Panzerkorps geeignet.

Am 7. Februar meldet sich Nehring bei Hitler im ostpreußischen Führerhauptquartier „Wolfsschanze". Anwesend sind die Generale Jodl, Schmundt und Buhle sowie ein Adjutant. Hitler redet 50 Minuten auf ihn ein, er kommt nicht zu Wort, die ganze Weltlage wird ihm in der Hitlerschen Version vorgeführt. Dann spricht Hitler über seine Absichten für die Sommeroffensive auf dem Südflügel der Ostfront. Als Nehring endlich fragen kann, was in Nordafrika geschehen soll, erwidert Hitler: „Ich gebe keine zu erreichenden Ziele für Generaloberst Rommel an. Jeder Schritt dort nach Osten ist ein Erfolg und daher zu begrüßen."

Mit den Worten: „Sagen Sie dem Generalobersten, daß ich ihn bewundere" ist Nehring entlassen. Ihm fällt auf, daß er keine Weisungen für das Verhalten gegenüber den Arabern oder gar der arabischen Bewegung bekam.

Am 9. Februar unterschreibt Hitler Nehrings Beförderung außer der Reihe zum Generalleutnant. Das Rangdienstalter soll erst später festgelegt werden.

Am 8. Februar ist Nehring nach Berlin geflogen. Vom Heerespersonalamt erhält er den verdienten Urlaub vor dem neuen Einsatz. Dabei riet ihm General Linnarz, der die Berliner Dienststelle des Heerespersonalamtes leitete, Guderian vor politischen Äußerungen zu warnen, da er ihn sicher besuchen werde, was Nehring dann auch tat.

Guderian sagte ihm bei diesem Besuch, Hitler habe ihn nicht verstanden.

Nun mußte die Tropenausrüstung besorgt werden. Den Urlaub verbrachte Nehring in Wünsdorf; zu Besuch kamen seine Schwiegereltern Rohrbeck vom Rittergut Neuburg.

Doch das Pz.A.O.K.Afrika drängte, den Urlaub abzukürzen, da Rommel erkrankt war und zur Behandlung nach Deutschland abreisen wollte. General Crüwell sollte ihn vertreten.

Obwohl Nehrings Urlaub bis Ende Februar dauern sollte, beugte sich das Heerespersonalamt dem Drängen aus Afrika.

Am 25. Februar 1942 traf Generalleutnant Nehring in Rom ein, das im tiefsten Frieden zu leben schien, was ihn erstaunte. Er meldete sich bei Feldmarschall Kesselring und besuchte die Dienststellen, die mit der Versorgung von Rommels Truppen beschäftigt waren. Hier ließ man sich Zeit. Erst am 1. März empfing ihn der italienische Wehrmachtbefehlshaber Generaloberst Graf Cavallero und am 2. März stand er vor Mussolini im Palazzo Venezia, der ihn pathetisch begrüßte.

Nehring war nun, wie die Panzerarmee Afrika, dem Comando Supremo in Rom unterstellt. Von jetzt an sollte er in das unübersichtliche Geflecht der Führung eines Krieges durch Verbündete geraten, in eine Bündniskriegsführung, die von ihm viel Diplomatie erforderte. Italienische Sprachkenntnisse hatte Nehring nicht, aber er konnte sich auf Französisch gut verständigen, wenn es seinen italienischen Gesprächspartnern an Deutschkenntnissen mangelte.

In Nordafrika würden ihm italienische Verbände unterstellt werden.

Er hatte plötzlich zwei Kriegsherren, Hitler und den König von Italien mit dessen Generalstab. Und außerdem noch den Duce des faschistischen Italiens, der jedoch keine Kommandogewalt besaß.

Nehring erlebte viel Neues, das ihn überraschte, aber er blieb dabei, die neue Situation, in die er geraten war, als alter Generalstäbler nüchtern und sachlich zu beurteilen.

Die militärische Lage der Panzerarmee Afrika sah gut aus. Bis Ende Februar hatte Rommel die Cyrenaika zurückerobert, die Briten verschanzten sich in der Gazala-Stellung.

Malta wurde bombardiert. Über Marsala flog Nehring nach Tripolis, wo er am 6. März eintraf. Am folgenden Tage fuhr er zum Oberkommando der Panzerarmee, das zwischen Derna und Tobruk lag. Rommel war in Deutschland. So wies ihn General Crüwell ein. Am 9. März traf Nehring beim Generalkommando des Deutschen Afrikakorps in der Oase Um er Zem ein. Nach 30 bis 40 Kältegraden in Rußland empfing ihn große Hitze im Schatten der Palmen. Bei + 30 Grad fühlte er sich wohl, auf seine neue Umgebung wirkte der Panzergeneral, der aus der östlichen Kälte kam, entspannt. Er lächelte und konnte sogar hin und wieder herzlich lachen.

Das Britische Hauptquartier in Kairo erfuhr erst zwei Monate später von Nehrings Ankunft in Libyen: Inzwischen hatte Generalmajor v. Bismarck die 21. Panzerdivision übernommen, die 15. Panzerdivision führte schon länger Generalleutnant v. Vaerst.

Am 17. Mai 1942 funkte ein amerikanischer Offizier aus Kairo an das Kriegsministerium in Washington, die Ankunft der Generale Nehring und v. Bismarck in Libyen bedeute eine „wesentliche Verstärkung der Schlagkraft der deutschen Panzerarmee Rommels“ nach Ansicht des Britischen Hauptquartiers. Der Funkspruch wurde von der deutschen Panzerarmee abgehört. Es konnte für Nehring nicht besser damals kommen.

12. KAPITEL

# *Deutsches Afrikakorps*

Bei der Vorbereitung der Sommeroffensive der Panzerarmee Afrika lernte Nehring Rommel kennen, der in ihm sofort den bewährten Kommandierenden General eines Panzerkorps sah, wie er am 14. April 1942 in einer knappen Beurteilung für das Heerespersonalamt schrieb. Der Führungsstil Nehrings gefiel ihm, er wußte, wer Nehring war, Rommel achtete Guderian hoch.

Nehring schreibt: „Die weithin befahrbare Wüste war der ideale Kampfraum für einen Führer wie Rommel und für seine schnellen Verbände. Seine Führungstechnik war nicht die eines Feldherrn für operative und strategische Aufgaben, sondern mehr die eines Kampfgruppenkommandeurs, der sorgsam selber das Uhrwerk seines gemischten Verbandes durch persönliche Anordnungen an Ort und Stelle so sauber zusammensetzt, daß es mit Sicherheit einwandfrei arbeiten kann.

Dem hatte er seine Befehlstechnik angepaßt und damit war er der ideale Truppenbefehlshaber im Wüstenkrieg geworden, den es im großen deutschen Heer wohl nicht noch einmal gegeben hätte."

Erstaunt war Nehring, daß Rommel – im Gegensatz zu Guderian – nicht viel von einer Vorbereitung der unteren Truppenführung durch Planübungen auf der Karte hielt. „Dieser so überlegen erscheinende Mann sagte mir, dem Kommandierenden General des Afrikakorps, Mitte Mai 1942, als ich Möglichkeiten zur Inbesitznahme der Gazala-Stellung und von Tobruk mit meinen Divisionskommandeuren und den Generalstabsoffizieren nach der ungefähr bekannten Feindlage erörterte, vorwurfsvoll: ‚Weshalb tun Sie das? Führt mein Entschluß, den ich später fassen werde, nicht zum Erfolg, dann heißt es möglicherweise: Seht! Mein Vorschlag war doch besser'".

Nehring merkte, daß Rommel Kritik fürchtete, selten nach der Ansicht seiner Truppenführer fragte.

„Am liebsten befahl er nach der Art der ‚Sattelbefehle': ‚Antreten und diesen Raum gewinnen!', wobei er einen Kreis in die Karte zeichnete, den betreffenden Raum festlegte. Übliche Armeebefehle wurden kaum ausgegeben; fast alles erfolgte mündlich oder durch Funk. Der Gegner spielte in seinen Befehlen meist nur eine geringe Rolle. Er neigte dazu, ihn nach Art eines Wunschtraumes zu unterschätzen, um der eigenen Truppe Mut einzuflößen, vielleicht auch sich selbst. Rommels besondere Gabe war, die Eigenart des Feindes rasch zu erkennen, sinngemäß zu handeln und sich der Notwendigkeit veränderter Kampfführung anzupassen, neuartige Kampfmethoden und Aushilfen zu ersinnen und sie schnell auf die eigene Truppe zu übertragen. Sein unablässiger persönlicher Einsatz machte ihn und seine Ideen populär.

Er war überall zu finden, griff an Ort und Stelle ein, war der Motor der Kriegführung, wobei es mit der sehr gemessenen obersten italienischen Führung gelegentlich zu Kollisionen kam. Daraus entstand eine gewissen Spannung und gegenseitige Aversion, die manche bedauerlichen Nachteile im Gefolge hatte.

Dagegen hatte er mit der mittleren und unteren Führung der italienischen Streitkräfte sehr guten Konnex (Generale Navarini und de Stefani).

Seine eigene Truppe verstand ihn zuweilen auch nicht, da er häufig sogenannte ‚Sattelbefehle' gab, folgte ihm aber willig, da sie seine Führereigenschaften und seinen Schwung bald erkannte."

Nehrings Kritik an Rommels Führungsstil hatte ihre Ursachen. Er geriet während der nun beginnenden schweren Kämpfe mit dem Afrikakorps in schwierige Situationen, die er bei der Vorbereitung der Operationen vorausgesehen hatte.

Für Nehring improvisierte Rommel zuviel, während er als gelernter Generalstäbler zu planen hatte und auch bei kühnen Unternehmungen nie vergessen durfte, an die nächsten Tage zu denken.

Beide setzten sich in vorderer Linie während der Schlachten ein, die nun bevorstanden, ja, sie wetteiferten miteinander, am weitesten vorn zu sein.

Nehrings äußerliche Zurückhaltung sorgte dafür, daß es nicht zu Temperamentsausbrüchen kam.

Der Führer des Panzerspähtrupps aus der Aufklärungsabteilung 3, Helmut Schroetter, war Nehring sehr nahe, er lotste ihn auf dem Schlachtfeld. „Nie war General Nehring ungeduldig", schreibt er. „Am ersten Morgen der Schlacht um die Gazala-Stellung Ende Mai 1942, wie auch in den nächsten Tagen, in denen das Schicksal des Deutschen Afrikakorps an einem seidenen

Faden hing, lernte ich General Nehring als einen Führer kennen, der die Ruhe behielt und mutig in vorderster Front seine Truppen führte. So war es auch Tage später bei der Einnahme von Tobruk. Stehend in seinem Fahrzeug folgte der General der kämpfenden Truppe, für seine Soldaten immer ein aufmunterndes, manchmal auch tröstendes oder hurmorvolles Wort auf den Lippen."

Die Festung Tobruk war das Angriffsziel, das Rommel seiner Panzerarmee im Mai 1942 gab. Sie wurde durch die Gazala-Stellung gedeckt, die sich mit Minenfeldern bis zum Stützpunkt Bir El Hacheim im Süden erstreckte, den französischen Truppen unter General Pierre König hielten. Rommels Plan war, die Gazala-Stellung südlich von Bir Hacheim mit seinen Panzerverbänden zu umgehen und in den Rücken der Engländer zu stoßen. Fußtruppen unter General Crüwell sollten frontal die Stellung zum Schein angreifen.

Rommel hoffte, daß die britischen Panzerverbände, die hinter der Gazala-Stellung in Bereitschaft lagen, bei Crüwells Scheinangriff nach vorn fuhren, damit sie dann von der Speerspitze der Panzerarmee, Nehrings Afrikakorps, von rückwärts gestellt und vernichtet werden könnten. Tobruk mußte dann in deutsche und italienische Hand fallen. Bir Hacheim hatte das italienische 20. Schnelle Korps zu nehmen. Die italienischen Panzer konnten es nicht mit den britischen Panzern aufnehmen, da sie viel zu schwach gebaut waren.

Rommels Plan stand und fiel mit dem Verhalten der britischen Führung (General Ritchie). Den Rücken des Afrikorps hatte gegen Osten die 90. leichte Division unter General Kleemann bei dieser Operation zu decken, die Rommel unmittelbar unterstand.

Über den nächtlichen Umgehungsmarsch der Gazala-Stellung tief in der Wüste vom 26. zum 27. Mai 1942 schreibt Nehring: „In der mondklaren Nacht rollen die Divisionen ihrem 70 km entfernten Ziel Bir Hacheim zu.

Die Divisionen im ‚Flächenmarsch' in sich zusammengehalten: Spähtrupps voraus, dann das Panzerregiment in breiter Gefechtsfront, dicht dahinter die Artillerie und der Divisionsstab, hinter diesen oder seitlich gestaffelt die Schützenbataillone, Pioniere, Panzerjäger, Flak und weitere zugeteilte Verbände. Zwischen beiden Panzerdivisionen (15. und 21.) etwa in Höhe der Divisionsstäbe fährt das Generalkommando des DAK.

Der Marsch der hunderte von Fahrzeugen durch die mondhelle kahle Wüste ist ein grandioses Schauspiel und zugleich eine anerkennenswerte marschtechnische Leistung, besonders der Panzerfahrer, die unter riesiger Staubentwicklung leiden. Ohne Weg und ohne Anhaltspunkte wird der Bereitstellungsraum nach den Sternen und dem Kompaß pünktlich erreicht."

Die Luftwaffe, die Bir Hacheim bombardierte, warf dabei Leuchtfallschirme ab, die in der Ferne als Richtpunkt dienten. Der Panzerspähführer Schroetter sieht, wie General Nehring ruhig in seinem Fahrzeug schläft.

Mit diesem weitausholenden Wüstenmarsch wurde die Gazala-Stellung umgangen. Am Morgen wehren sich die Briten heftig, nach schweren Kämpfen steht Nehring mit seinen beiden Panzerdivisionen hinter dem englischen Nordflügel im Rücken des Feindes, nunmehr selbst eingeschlossen von der vor ihm haltenden feindlichen Front und rückwärts durch neu herangeführte britische Panzerverbände. Mit sechzig neuen schweren Panzern stieß der Gegner von Osten her in die Flanke der 15. Panzerdivision.

Die Troßfahrzeuge fluten zurück. Rommel erscheint mit einer zurückgehenden Flakbatterie. Nehring, der mit dem Flakkommandeur Oberst Wolz das Desaster sieht, greift ein. „Eine Flakfront, Wolz!," ruft er. „Ihre Kanonen schießen weiter als die Feindpanzer. Bauen Sie aus allen verfügbaren Kanonen eine Flak-Front auf!"

Rommel und Nehring zogen persönlich die Flakbatterien zusammen. Dann eröffneten sechzehn „Achtacht" das Feuer in einer drei Kilometer breiten Flak-Front. Als es dunkel wird auf dem Schlachtfeld brennen vierundzwanzig britische Panzer.

Hinter der Flak-Front wartet Nehring in seinem Schützenpanzer, bis die britischen Panzer sich endlich zurückziehen.

Mit diesen „Achtacht" (8,8 Flak) deckte der Kommandierende General die Rückseite seiner Korpsfront.

Damit war eingetreten, was Nehring gefürchet hatte, als er den Operationsplan Rommels studierte. Sein Afrikakorps war von jeder Versorgung abgeschnitten. Rommel hatte angenommen, die britischen Panzerverbände würden nicht tiefgestaffelt im Hinterland der Gazala-Stellung stehen sondern dicht aufgeschlossen hinter ihr. Nun kamen sie in den Rücken des Afrikakorps statt von ihm eingeschlossen zu werden!

In dieser äußerst kritischen Lage schlug Nehring Generaloberst Rommel vor, von Osten her, also von rückwärts, gegen die Minenfelder anzutreten, um sich einen sicheren Nachschubweg zu erkämpfen.

Auf der Suche nach einer Lücke in den Minenfeldern stieß das DAK, mit Nehring und seinem Chef des Generalstabes, Oberst Bayerlein an der Spitze, auf den bisher unbekannten britischen Stützpunkt Got el Ualeb, der nach schwerem Kampf genommen wurde. An der Seite Nehrings wurde Major Ehle, der das III. Bataillon des Panzergrenadier-Regimentes 104 führte, verwundet. Das Bataillon übernahm Hauptmann Reißmann, der mit ihm den Weg nach Westen frei kämpfte. Dabei wurde eine feindliche Panzerbrigade vernichtet und mehrere tausend Mann gefangen genommen.

Nachdem der Nachschubweg gesichert ist, greift Nehrings DAK wieder nach Osten an, schließt eine englische Panzerbrigade ein und vernichtet sie. Den Angriff seiner Panzer fährt Nehring im offenen Pkw beim Stab der 15. Panzerdivision mit, die nun Oberst Crasemann führt. General v. Vaerst war verwundet worden und fiel damit aus. Es folgen fast ununterbrochen Panzerkämpfe bis zum Durchbruch zum Mittelmeer östlich der Festung Tobruk.

Aber es gibt keine Atempause für das DAK, das sofort von Rommel nach Osten geschickt wird, um vorzutäuschen, daß die Panzerarmee Afrika wie im Vorjahr auf die Einnahme der Festung Tobruk verzichtet. Aber Rommel läßt nun das DAK kehrtfahren, um Tobruk von Südosten zu nehmen. Der handstreichartige Angriff gelingt mit starker Luftwaffenunterstützung. Rommel dringt mit der 21. Panzerdivision, Nehring mit der 15. Panzerdivision in die Festung ein, die unter dem Kommandeur der 2. südafrikanischen Division kapituliert. 33 000 Gefangene werden eingebracht.

Rommel wird Generalfeldmarschall, Nehring (am 1. Juli 1942) General der Panzertruppe.

Wiederum ist er außer der Reihe – zum drittenmal – befördert worden. Gleichzeitig wird er als Kommandierender General des Deutschen Afrikakorps bestätigt.

Rommel beurteilte für das Heerespersonalamt Nehring: „Energische Person, betont korrektes Wesen. Geistig hochstehend. Hat als Komm.Gen.d.DAK in der großen Sommerschlacht, die zur Einnahme von Tobruk führte, energisch und gut geführt und hat sich dabei sehr bewährt. Auch in schwierigen Lagen ruhig und überlegt handelnd."

Am Tag nach der Einnahme Tobruks fährt Nehring mit Oberst Bayerlein zum Baden ans Meer. Der Funkwagen bleibt wegen der Staubentwicklung des Generalswagens weit rückwärts. Am Strand tritt ein britischer Soldat mit erhobener Pistole auf sie zu, während die beiden Offiziere ihre Waffen wohl verwahrt am Koppel hängen haben. Nehring schreibt: „Was tun? Wir einigten uns. Er ließ uns ziehen, und wir ihn. Ob er durch die Wüste Anschluß an seine Leute gefunden haben mag?"

Es folgten ständige Verfolgungskämpfe in Richtung Ägypten, dort stößt Nehring mit dem DAK auf die El Alamein-Stellung der Briten.

Rommel befiehlt den Durchbruch durch die ausgebaute und verteidigte Stellung mit diesen Worten Nehrings Stabschef Bayerlein: „DAK Vorstoß in schärfstem Tempo über El Fajaga auf Kairo!" Der Stabschef der Panzerarmee (Gause) unterstrich diesen Befehl mit den Worten, das DAK solle nur zusehen, schnell dorthin zu kommen, damit die Briten keine Zeit fänden, die Nilbrücke bei Kairo zu sprengen.

Dem DAK gelingt der Einbruch in die verdrahtete, verminte und teilweise betonierte Wüstenstellung. Aber jetzt sitzt Rommel mit Nehring in der Alamein-Quattara-Senke fest. Ihre Truppen bieten gute Ziele für den Materialkrieg, der nun begann.

Nehring schreibt: „Damit war Rommels Führungstechnik zu einem wesentlichen Teil lahmgelegt. Mit geistvollen Ideen, mit Winkelzügen und Täuschungsmaßnahmen war dem massiven Einsatz Montgomerys in einem Stellungssystem nicht mehr erfolgreich zu begegnen.

Hier zeichnete sich Anfang September 1942 der Wendepunkt im nordafrikanischen Krieg beim deutsch-italienischen Angriff im Raum von Alem Halfa ab, dem dann der Zusammenbruch der Front von El Alamein folgte. Das mußte für die Achsenpartner eine unübersehbare Warnung sein.

Rommel hat diese strategische Warnung erkannt und versucht, Hitler zu beeinflussen.

Aber der Versuch wurde von Hitler in schroffer Form abgewiesen. Wahrscheinlich seit diesem Zeitpunkt dürfte Rommel ein Gegner Hitlers und der utopischen Ideen dieses Mannes geworden sein."

Während des Monats Juli finden bei glühender Hitze Abwehrkämpfe in der vom Afrikakorps eroberten Stellung vor El Alamein statt. Zeitweise hat das DAK nur noch sieben einsatzbereite Panzer. Da die italienischen Fronttruppen hier ständig versagen, muß Nehring Aushilfen sich ausdenken, um die Front halten zu können.

Am 3. Juli mußte er eingreifen, als Rommel die 21. Panzerdivision am hellen Tage überstürzt aus der Front zog, um sie aus einer anderen Richtung des Festungswerks El Alamein angreifen zu lassen. Die Briten drängten sofort nach, es entstand die Gefahr, daß die gesamte Front einstürzen könnte. Nehring, der mit Bayerlein im Befehlspanzer bei der aus der Front abrückenden 21. Panzerdivision erscheint, handelt sofort. Er fährt zu den sich langsam nach rückwärts absetzenden deutschen Panzern in die vorderste Linie und zwingt sie durch Zuruf, stehen zu bleiben, auch wenn sie keine Munition mehr haben. Dann bringt er zurückfahrende Batterien, die Munitionsmangel vortäuschen, wieder in Stellung.

So kommt die deutsche Front wieder zum Stehen, die Gefahr ist durch das Eingreifen Nehrings abgewendet worden, als er einen Befehl Rommels korrigierte.

Feldmarschall Rommel war auf der Höhe seines Ruhmes ein kranker Mann. Er litt vor allem unter einem Magen- und Darmkatarrh. Deshalb konnte er nur flüssige Nahrung aufnehmen, die aus einem Becher Fleischbrühe bestand, den er alle zwei Stunden trank. Sein Stab hatte einen erbeuteten britischen Sanitätskraftwagen für ihn als Begleitküche eingerichtet, in dem Tag und Nacht gekocht wurde.

Rommel fürchtete, mitten in der Schlacht auszufallen, deshalb hatte er Hitler gebeten, ihn nach dem Fall von Tobruk abzulösen und Guderian zu seinem Nachfolger zu ernennen.

Aber Guderian war bei Hitler in Ungnade seit Weihnachten 1941, deshalb wurde die Bitte Rommels abgelehnt.

Nehring hätte sich gefreut, wenn Guderian zu ihm nach Afrika gekommen wäre. Er hätte sicher einiges anders gemacht als der kranke Rommel, aber auch er wäre abhängig gewesen von den schwierigen Nachschubbedingungen für die Panzerarmee Afrika.

Am 15. August wurde General Nehring vor El Alamein in Ägypten 50 Jahre alt. Er erhielt eine Geburtstagstorte, das Musikkorps des Panzerregiments 5, dessen Kommandeur er vor dem Kriege gewesen war, brachte ihm und seinen Geburtstagsgästen ein Ständchen in der Wüste.

Die neue Operation stand bevor, die Rommel unternehmen wollte, um die Briten in Ägypten zu schlagen, bevor sie sich noch mehr verstärkt hatten.

Nehring wurde von Rommel Kairo als erstes Ziel für sein Afrikakorps genannt, als zweites Ziel dann die Stadt Suez am Kanal.

Vorher sollte er mit dem Afrikakorps noch einmal einen nächtlichen Panzermarsch durch die Wüste fahren, um im Rükken der britischen El Alamein-Stellung zu erscheinen und dort bis ans Mittelmeer vorzustoßen. Infanterie hätte dann die El Alamein-Stellung zu nehmen, während das Afrikakorps zum Nil rollte.

Doch die Entscheidungsschlacht, die Rommel schlagen wollte, während deutsche Truppen die Wolga bei Stalingrad erreichten, konnte nur stattfinden, wenn die Versorgungslage sich gebessert hatte. Der Treibstoff-Nachschub über das Mittelmeer mußte gewährleistet werden. Aber jeder Tag, der verstrich, machte die Ausgangslage für diese Schlacht schlechter, denn große Verstärkungen für die Briten in Ägypten näherten sich auf dem Seeweg. Schon am 16. Juli 1942 hatten die Amerikaner den Nahen Osten als wichtigen Kriegsschauplatz eingestuft, der mit allen Mitteln zu versorgen war, um ihn nicht in deutsche Hände fallen zu lassen. Nehring wußte, daß es in Kairo eine Organisation zur Befreiung Ägyptens von den Briten gab, die auf die Ankunft der Deutschen wartete. Ihr gehörte als Leutnant der spätere Präsident Saddat an.

Rommel meinte, hier liege die Gelegenheit vor, den Nahen Osten zu erobern und den deutschen Armeen, die nördlich des Kaukasus angelangt waren, die Hand zu reichen. Am 30. August war Rommel mit Treibstoff für eine Woche versorgt. Von Kesselring hatte er die unbestimmte Zusicherung, daß seine Panzerarmee mehr Treibstoff in nächster Zeit erhalten würde.

Am Nil hoffte Rommel, genügend Treibstoff und andere Versorgungsgüter zu erbeuten, wenn sein Schlachtenplan gelänge.

In Libyen hatte Rommel Krieg geführt, ohne zu ahnen, daß seine Divisionen auf reichen Ölfeldern standen, die dort einmal erschlossen würden.

Am 28. August hatten seine Korps- und Divisionskommandeure auf dem Gefechtsstand der deutsch-italienischen Panzerarmee von ihm die letzten Befehle erhalten. Noch einmal sahen sich Nehring, v. Bismarck, v. Vaerst und Kleemann, die über 200 Panzer verfügten, mit denen sie den Panzerraid zum Nil fahren sollten.

Nach Erreichen des Meeres sollte Nehring mit den Divisionen v. Vaerst und Kleemann durch die Wüste nach Kairo durchstoßen, v. Bismarck hatte Alexandrien südlich zu umgehen.

Nach Kairo sollte Nehrings Divisionen das italienische 20. Schnelle Korps folgen, um ihn dort abzulösen, damit das Deutsche Afrikakorps am Suezkanal eintreffen konnte.

Nehring faszinierte dieses Ziel, aber er wußte auch, daß die Briten jetzt stärker waren als vor vier Wochen. Damals mißlang der erste Versuch, den Nil zu erreichen.

Bei Vollmond fuhr das Afrikakorps wieder im Breitkeil in der Nacht zum 31. August durch die Wüste, wie es schon bei der Umgehung der Gazala-Stellung geschehen war. Aber Minenfelder lagen jetzt dort, wo Ende Mai für das Afrikakorps die Bahn frei gewesen war. Durch die Minen und nächtlichen Luftangriffe verlangsamte sich die Fahrt. Erst am frühen Morgen stand das Afrikakorps an der Ostseite des Minenfeldes. Die Überraschung des Feindes war mißlungen.

Durch Minenexplosion fiel Generalmajor v. Bismarck, Generalmajor Kleemann wurde von einer Mine verwundet. Bei v. Bismarcks 21. Panzerdivision fuhr Nehring im Schützenpanzerwagen mit seinem Stabschef, Bayerlein, und seinem Ordonnanzoffizier v. Burgsdorff. In der grellen Sonne des Augustmorgens packen britische Bomber und Schlachtflieger das Afrikakorps Nehrings, das wie auf dem Präsentierteller unter ihnen steht.

Zu ihren Zielen gehört auch der Schützenpanzerwagen Nehrings, der wegen seiner Funkantenne gut zu erkennen ist. Eine Bombe haut vor dem Schützenpanzerwagen in den Wüstensand, tötet Nehrings Ordonnanzoffizier und den Verpflegungsoffizier des DAK, die sich neben dem SPW aufhalten.

General Nehring wird durch die Wucht der Explosion gegen die Innenwand des SPW geschleudert, dessen dünner Stahl von Splittern der Bombe durchsiebt wird.

Blutüberströmt, an Kopf und Arm getroffen, wird Nehring aus dem SPW gehoben, in dem das Funkgerät seinen Stabschef Oberst Bayerlein und die beiden Funker vor Verletzungen bewahrte, da es die Splitter auffing.

Nehring hält sich aufrecht bis ihn sein Fahrer Voller im Generalskübelwagen abholt und zum Hauptverbandsplatz fährt.

Oberst Bayerlein hat sofort die Führung des Deutschen Afrikakorps übernommen, bei dem nun Rommel eintrifft. Noch einmal stürmt das Afrikakorps, dann bleibt es vor einer beherrschenden britischen Höhenstellung liegen.

Für Nehring und sein Afrikakorps ist der Traum vom Nil und den Pyramiden ausgeträumt.

Rommel muß nach wenigen Tagen die Operation abbrechen, die zur Einnahme von Kairo und Suez führen sollte.

Am 4. September 1942 schreibt er seiner Frau: „Sehr schwere Tage liegen hinter mir. Der Angriff der Armee mußte aus Gründen der Versorgung und der Überlegenheit der feindlichen Luftwaffe eingestellt werden, obwohl sonst nur der Erfolg auf unserer Seite war. Nun, daran ist nichts zu ändern.

P.S.: Bismarck gefallen! Nehring verwundet!“

Nehring liegt im Lazarett in Marsa Matruk. Am 10. September ist er transportfähig.

Über Kreta, Athen, Sofia, Belgrad und Wien wird er nach Berlin-Tempelhof geflogen.

Er konnte von Glück sagen, daß er noch einmal mit dem Leben davongekommen war.

Sein Funkoffizier Heintze, den er von der 18. Panzerdivision mitgenommen hatte, war in Afrika gefallen.

13. KAPITEL

# *Das Wettrennen nach Tunis*

Die Heimkehr aus der Wüste Nordafrikas nach Wünsdorf bei Berlin im September 1942 ist für den Kommandierenden General des Deutschen Afrikakorps der Beginn einer kurzen Ruhepause im Zweiten Weltkrieg. Die Verwundung hat ihn aus der Aktivität gerissen, die sein starkes Pflichtgefühl hervorrief.

In Afrika vertritt ihn ein Mann aus der Gründerzeit der Panzertruppe, General Ritter von Thoma. Rommel ist zur Behandlung seiner Krankheit in einem Sanatorium auf dem Semmering bei Wien. Guderian durfte Rommel nicht ablösen; der Generaloberst erfährt vom Heerespersonalamt, daß er mit einer Wiederverwendung nicht mehr rechnen könne.

Er denkt daran, Landwirt in Westpreußen zu werden.

Die Wehrmacht hat ihren letzten Sommer auf dem Vormarsch, noch einmal von Siegen verwöhnt, hinter sich gebracht.

Viele Deutsche in der Heimat glauben noch an einen glücklichen Ausgang dieses Krieges für ihr Land.

Nehrings Armwunde wird ambulant in Wünsdorf behandelt; er kann zu Hause wohnen, seine Frau Annemarie, die Bereitschaftsführerin des Deutschen Roten Kreuzes geworden ist, umsorgt ihn. Im Oktober nimmt er den ihm zustehenden Genesungsurlaub, obwohl seine Armwunde noch eitert. Das hörte erst auf, als ein Stück seines Mantels, den er vor El Alamein trug, aus der Wunde herauskam. Auf dem Gut von Verwandten in Bremin in dem westpreußischen Kreis Schwetz hält er sich mit seiner Frau auf, geht wieder auf Jagd. Hier will er sich auf seine Rückkehr nach Nordafrika vorbereiten, wo die große Offensive der Briten bei El Alamein erwartet wird.

Doch das Heerespersonalamt hat mit ihm etwas anderes vor. Am 19. Oktober 1942 versetzte es ihn in die Führerreserve des OKH. Sofort ruft Nehring von Bremin aus beim Heerespersonalamt in Berlin an und fragt, was das bedeute, worauf ihm erwidert wird, für ihn sei eine Verwendung als Kommandierender General im Raum Stalingrad vorgesehen. Auf Nehrings Einwand, es gebe doch genügend Generäle, er gehöre nach Afrika, sagt man ihm, es gebe aber keine so gute Generäle wie ihn, was er für eine Schmeichelei hält. Auf die Frage, ob er gesund sei, erwidert er, seine Armwunde sei noch nicht verheilt. Eine Verwendung im Osten erbitte er erst zu Mitte November. Außerdem sei sein Gepäck noch in Afrika.

Am 20. Oktober meldet er das auch noch schriftlich in einem Fernschreiben nach Berlin. Er ist nicht glücklich über die neue Verwendung und den Abschied vom Deutschen Afrikakorps, mit dem er Tobruk erstürmte und nach Ägypten vordrang.

Annemarie Nehring erinnert sich, daß ihr Mann in Bremin erzählte, er habe, als er auf dem Hochstand saß, einen ihm unbekannten Flugkörper am Himmel gesehen, der blitzschnell wieder verschwand. Davon war Nehring auf das äußerste erregt. Es wird eine Rakete, die spätere V 2, aus Peenemünde gewesen sein. In Bremin spricht man aber auch von den ersten polnischen Partisanen in der Tucheler Heide.

Am 25. Oktober erfährt er in Bremin aus dem Wehrmachtbericht, daß in Ägypten der erwartete Großangriff der Briten begonnen habe. Nehring kennt die schlechten Nachschubverhältnisse, er weiß, daß Rommel an die Versprechungen Kesselrings glaubte, er glaubte in Nordafrika Kesselring nichts, er meinte, ihn durchschaut zu haben.

Er weiß noch nicht, daß der Stab seines Afrikakorps zersprengt ist, General Ritter von Thoma den Tod suchte, aber gefangen genommen wurde, der Chef des Stabes, Oberst Bayerlein, sich zu Fuß durch die Wüste rettete, um nicht gefangen zu werden. Er kennt nicht Hitlers rücksichtslosen Haltbefehl, der zur Vernichtung der deutsch-italienischen Panzerarmee geführt hätte, wenn Rommel nicht am 4. November den Rückzug aus eigenem Entschluß antrat.

Jetzt ist Nehring wieder in Wünsdorf, seine Armwunde ist immer noch nicht verheilt.

Am 8. November landen die Alliierten in Marokko und Algerien. Der Wehrmachtbericht schweigt sich darüber aus. Am 9. November ruft Rommels Stabschef, General Gause, der auf Krankheitsurlaub in Berlin ist, Nehring in Wünsdorf an und bittet ihn, zu einer Aussprache zu kommen. Bei Gause trifft Nehring den Ministerialrat im Propagandaministerium Alfred-Ingemar Berndt, der zur Zeit Ordonnanzoffizier Rommels ist. Der Feldmarschall hatte ihn zu Hitler geschickt, um über die verlorene Schlacht gegen Montgomery zu berichten. Rommel wollte nun die Panzerarmee in die Marsa-el-Brega-Stellung zurückführen, die noch auszubauen war. Berndt erreicht bei Hitler dessen Einverständnis.

Rommel möchte, daß Nehring den Ausbau leitet. Gause fragt Nehring, ob er damit einverstanden sei. Dieser sagt sofort zu, da er nun wieder zu seinem Afrikakorps zu kommen glaubt. Noch am selben Tag geht ein Fernschreiben des Heerespersonalamtes an Rommel in Nordafrika: „Mit dem 10. November 1942 wird der Gen. d. Pz. Tr. Nehring, Führ.Res.O.K.H., dem Oberbefehlshaber der deutsch-italienischen Panzerarmee zur Verfügung gestellt (Standort Rom)."

Von Rom aus soll Nehring den Ausbau der Stellung organisieren. Dort trifft er am 11. November ein. Er besucht Dienststellen, die für seine neue Aufgabe zuständig sind.

Am 12. November erhält er einen Befehl, der ihn völlig überrascht: Er soll nach Tunis gehen und dort Befehlshaber werden. Zuvor habe er sich in Frascati bei Feldmarschall Kesselring zu melden, der ihn einweisen werde.

„Weder von deutscher Seite noch von seiten der Italiener," schreibt Franz Kurowski, „waren für den Raum Tunesien irgendwelche Sicherungsmaßnahmen getroffen worden. Der OB Süd, Kesselring, hatte strikte Weisung, weder einen tunesischen Hafen anzulaufen noch den Nachschubverkehr über Bizerta und Tunis gehen zu lassen. Er durfte keinen einzigen deutschen Soldaten dorthin bringen. Am 9. November erteilte Hitler Kesselring während eines Anrufes freie Hand gegen Tunesien. Er verbot ihm jedoch, sich selbst nach Tunis zu begeben. Der Wehrmachtführungsstab holte zuerst die Genehmigung von Marschall Pétain zur Landung deutscher Truppen ein. So kam es, daß erst am 11. November deutsche Fallschirmjäger und Teile des Wachbataillons Kesselring in Tunis landeten. Gleichzeitig wurden ein paar Jäger und Stukas hinübergeschafft."

Als Nehring am 13. November in Kesselrings Hauptquartier Frascati eintraf, fand er es in großer Unruhe. Die Luftwaffe bombardierte die alliierten Landungsstreitkräfte, Rommels Rückzug ging weiter, Südfrankreich wurde von deutschen Truppen besetzt.

Nehring hatte sich auf der Afrikakarte die Lage angesehen und seine Schlußfolgerungen gezogen. Er dachte an einen Brückenkopf um Tunis und Bizerta, der solange zu halten sei, bis Rommels Panzerarmee aufgenommen würde. Dann sei er zu räumen, um die Truppen in Europa zur Verfügung zu haben.

Unabhängig von ihm hielt auch Rommel dies für die einzige Lösung.

Eine strategische Entscheidung war zu fällen, die nach Abwägung aller Möglichkeiten getroffen werden mußte.

Was er nun von Kesselring, dem er mit Mißtrauen begegnet, erfährt, hält er für unmöglich. Er soll als Befehlshaber Tunis so weit nach Westen vorstoßen, um Bewegungsfreiheit für seine Truppen zu erhalten, die noch gar nicht dort sind. Kesselring nennt die Grenze zu Algerien und Oran als Ziel. Verantwortlich sei er nicht mehr dem OKH oder Rommel sondern dem OKW, das wie er hoffe, Nehring werde die Aufgabe „Tunis" meistern. Dieser Befehl sei endgültig. Er schließe ein, den gelandeten Feind wieder ins Meer zu werfen.

Vor allem aber müsse ein Mann mit „roten Streifen" an der Hose, ein General, nach Tunis, und das habe Nehring zu sein.

Abends nimmt er an der Lagebesprechung Kesselrings teil, dabei lernt er die Herren des Stabes kennen, mit denen er zusammenarbeiten soll. Er ist in Tunis Kesselring unterstellt, aber er hat nur Befehlsgewalt über Heerestruppen und unterstellte italienische Verbände. Luftwaffe und Kriegsmarine werden angewiesen, mit ihm zusammenzuarbeiten. Die gelandeten Fallschirmjäger darf er behalten.

Nehring hat den Eindruck, Reichsmarschall Göring wolle für sich einen eigenen Kriegsschauplatz in Nordafrika eröffnen, auf dem er Erfolge vorweisen könne.

Am 14. November ist er noch einmal bei Kesselring, der ihm den soeben von der Ostfront eingetroffenen Major i. G. Josef Moll als Ia des eben erst erfundenen 90. Armeekorps vorstellt, das Nehring als Kommandierender General in Tunesien führen soll.

Moll erinnert sich: „Mir fiel der drahtige, generalstabsmäßig bestens geschulte und fronterfahrene, jugendlich elastisch wirkende General durch seine andauernden, sachlichen Einwendungen gegen Kesselrings Lagebeurteilung auf. Sein Mut imponierte mir erheblich und Nehring gewann alsbald mein Vertrauen."

Über Rommels Panzerarmee Afrika erfuhr Nehring, diese werden in der Marsa-el-Brega-Stellung aufgefüllt und zu einer neuen Offensive Richtung Tobruk und Ägypten antreten.

Rommel, der Alfred-Ingemar Berndt erneut zu Hitler entsandt hatte, erfuhr, daß er Tunis außerhalb aller Betrachtungen lassen und einfach annehmen solle, daß es gelänge, den Brükkenkopf zu halten.

Über das Tunis jener Tage schreibt Botschafter Rahn, der mit einem kleinen Stab am 13. November dort gelandet war, um für das Auswärtige Amt Ribbentrops tätig zu werden:
„Oberst Harlinghausen, der Kommandeur der Luftlandetruppen, erklärte mir auf der Fahrt in die Stadt die Lage: ‚Tunis ist wie ein aufgeschwärmter Bienenschwarm. Es leben über 30 000 Franzosen, wohl zumeist Gaullisten, 40 – 50 000 Italiener und etwa 25 000 Juden hier zwischen den sehr viel zahlreicheren Tunesiern, dazu kommen noch etwa 10 – 15 000 Malteser.

Die Franzosen wollen ihre Stellung gegen Italiener und Araber halten. Die Italiener hoffen, daß nun ihr Traum einer Eroberung Tunesiens, das sie als ihr altes Siedlungsgebiet betrachten, in Erfüllung geht. Die Araber möchten lieber heute als morgen alle beide los sein. Über die Gefühle der jüdischen Bevölkerung brauche ich Ihnen nichts zu sagen. Die Franzosen haben außerdem etwa 25 000 Mann unter Waffen, und diese Waffen sind auf uns gerichtet'."

Rahn fragt Harlinghausen, wie groß die deutsche Streitmacht sei. „284 Mann", erwidert der Oberst.

Moll schreibt: „Nehring bezog am 14.11. im Hotel ‚Majestic' im Stadtzentrum Quartier, nicht ohne uns vorher ordnungsgemäß ins Gästebuch eingetragen zu haben. Verzweifelt und voller Eifer versuchte er in den nächsten Tagen, Fuß zu fassen und die befohlene Front aufzubauen. Dazu standen ihm lediglich das Hoteltelefon und eine fest gemietete französische Taxe zur Verfügung. Chauffeur war ein französischer Reserve-Hauptmann italienischer Abstammung. Andere Führungsmittel fehlten. Schließlich fand Nehring den bis dahin befehlsführenden deutschen Oberst Lederer in der Stadt Bizerta fast zufällig auf der Straße. Die uns zugeteilte Luftwaffe unter Oberst Harlinghausen meldete uns laufend das unaufhaltsame Vorrücken der Amerikaner auf Tunis. Die Lage erschien uns immer hoffnungsloser."

Oberst Lederer erhielt von Nehring den Befehl, Aufklärung in Richtung Bonê vorzutreiben.

Von Bizerta flog Nehring über Trapani in einer Transportmaschine nach Rom zurück, um Kesselring die Lage in Tunis zu schildern.

Am 16. November kehrte er endgültig nach Tunis zurück.

Für Alliierte und Deutsche hatte der „Wettlauf nach Tunesien“ begonnen.

Am 16. November waren Nehrings Generalkommando des 90. Armeekorps, das aus ihm sowie drei weiteren Offizieren bestand, das Fallschirmjägerregiment 5 (Oberstleutnant Koch), das Fallschirm-Pionier-Bataillon des Major Witzig, ein deutsches Marschbataillon, eine Batterie 8,8 Flak zu vier Geschützen, die Panzerspähkompanie des Oberleutnants Kahle (Sechsrad-Panzerspähwagen mit 7,5 cm Kanonen), ein italienischer Admiral mit zwei Bataillonen Marine-Infanterie im Raum Bizerta und zwei Bataillone der italienischen Division „Superga“ im Raum Pont du Fahs unterstellt. Dazu kam noch eine schwere Funkstelle zur Verbindung mit Kesselring in Frascati.

Moll schreibt: „Nehring versuchte nahezu täglich, mit der ihm eigenen Zähigkeit den ihm übergeordneten Feldmarschall Kesselring von der Aussichtslosigkeit unserer Lage zu überzeugen, aber Kesselring blieb hart.“

Nehring schreibt: „Die Aufgabe scheint fast unlösbar; dennoch geht es. Langsam kommen Truppen und Gerät über See und auf dem Luftwege. Kleine Erfolge werden durch frisches Zufassen erzielt, feindliche Luftlandeverbände und über See gelandete Truppen zerschlagen.“

Es gelingt Nehring, der mit Botschafter Rahn den französischen Kommandanten der Marinebasis, Admiral Derrien, aufsucht, diesen zu überzeugen, daß er mit seinen 12 000 Marine-Infanteristen sich ruhig verhält.

Nehring sah sich, als er die Festung betrat, schon als Gefangener des Admirals.

Rahn schreibt: „Inzwischen waren starke amerikanische Panzerverbände durchgebrochen und bis auf eine Entfernung von 15 km an Tunis herangerückt. Wir hatten ihnen außer zwei Sturmgeschützen nichts entgegenzustellen. Ich erinnere mich an die nächtliche Unterhaltung mit Nehring, der von Meldung zu Meldung auf die Nachricht vom Eintreffen der Amerikaner wartete und mir schließlich mit grimmigem Lächeln sagte: ‚Ich wünschte, ich wäre als ganz kleines Kind gestorben. Kommen Sie, gehen wir schlafen, wir können ja doch nichts ändern.‘ Sein Lagebericht, der nüchtern und wahrheitsgemäß abgefaßt war, wurde ihm im Führerhauptquartier übelgenommen.“

Über das gleiche Ereignis während Nehrings tunesischen Aufenthaltes schreibt Josef Moll: „Eines Morgens sahen wir von der Dachterrasse unserer Villa (der amerikanischen Botschaft d.Vf.) an die vierzig feindliche Panzer auf dem Flugplatz am Westrand von Tunis herumrangieren, während zahlreiche Bewohner der Stadt, auf den Dächern der Häuser stehend, dem Feind, ihren Befreiern, zuwinkten. Da befahl Nehring die Vernichtung aller bis dahin entstandenen Führungsunterlagen und zog sich ungewohnt früh – nach einem erneuten Telefongespräch über Paris-Rom mit Kesselring – zurück, nicht ohne sich von jedem einzelnen von uns mit Händedruck zu verabschieden. Nehring wirkte sehr ernst, aber sichtlich auch gefaßt und bereit, das Schicksal der Kriegsgefangenschaft auf sich zu nehmen. Das beeindruckte uns jüngere sehr.

Aber nichts geschah in dieser Nacht. Der Feind blieb merkwürdigerweise auf dem Flugplatz stehen, obwohl ihn kein einziger Soldat am Einmarsch in die Stadt Tunis gehindert hätte. So konnte Nehring mit jedem Tag mit neu zugeführten Kräften kleine Fortschritte machen und so etwas wie eine Art Abwehrfront um Tunis und Bizerta aufbauen. Dennoch, Nehring, dieser mitunter eigenwillige und nicht immer ganz einfache Vorgesetzte, versuchte immer wieder bei Kesselring, entweder mehr Kräfte zur Verfügung zu bekommen, oder von seinem nicht ausführbaren Auftrag entbunden zu werden.

Er verlor nie seine Beherrschung und verfolgte seine Pläne mit Kesselring mit einer geradezu unglaublichen Zähigkeit und Härte."

„Fast gleichzeitig mit mir," schreibt Rahn, „war ein Sonderkommando des Sicherheitsdienstes in Tunis eingetroffen und hatte die Polizeigewalt übernommen. Die erste, von Berlin befohlene Maßnahme dieses Sonderkommandos war die Verhaftung des Vorstandes der jüdischen Gemeinde. Außerdem war geplant, die männliche jüdische Bevölkerung zusammenzutreiben und zum Zwangsarbeitsdienst einzusetzen."

Nehring hörte davon. Durch Rahn ließ er den SD-Mann aus Berlin wissen, daß er verlange, den Vorstand der jüdischen Gemeinde wieder auf freien Fuß zu setzen, was auch geschah.

Später wurde dann, unter dem Nachfolger Nehrings, ein Arbeitsdienst vom Vorstand der jüdischen Gemeinde organisiert. Generaloberst von Arnim teilte die Arbeitskompanien einzelnen militärischen Verbänden zu und befahl, sie genau so wie freiwillige Arbeiter zu behandeln.

Doch das greift schon vor.

Ende November erfuhr Nehring von den Ereignissen um Stalingrad. In Tunesien gelang es ihm, die Straße nach Tripolis zur Panzerarmee Afrika zu sichern. Er ließ Fliegerkräfte aus Sizilien einsetzen, um den Vormarsch kleinerer Einheiten des Feindes im südlichen Tunesien, bei Kairouan, abzuwehren. Nach Westen schob er Sprengkommandos vor, die das Vordringen des Feindes verlangsamen sollten. Seine einzige schnelle Reserve waren Spähtrupps der Sechsrad-Panzerspähkompanie 190 des Feldwebels Hämmerlein, die er örtlich wechselnd dort einsetzte, wo sie gebraucht wurden. Nehring schreibt: „Alle getroffenen Maßnahmen aber waren in dem weiträumigen Gebiet nur ein Tropfen auf den heißen Stein. Der Süden Tunesiens blieb einer meiner großen Sorgen, da dort mit einem Schlage die Verbindung nach Tripolis unterbrochen werden konnte."

Er wollte die Armeereste Rommels im Brückenkopf aufnehmen und dann alles nach Sizilien übersetzen.

Nehring besuchte mit Botschafter Rahn den Bey von Tunis in seinem Schloß in Hammanlif. Sie wurden mit dem Hofzeremoniell empfangen; es kam nur zum Austausch von Höflichkeitsphrasen.

Verhältnismäßig schnell trafen italienische Truppen ein. Nehring wurde davon angenehm überrascht. In Libyen war das anders gewesen.

Auch deutsche Verbände kamen, darunter die erste Panzerabteilung der 10. Panzerdivision.

Langsam konnte Nehring die 500 km Front, die er halten sollte, mit Soldaten auffüllen. Die Truppen fuhren vom Flugplatz, auf dem sie landeten, sofort an die Front. Der Nachschub hatte täglich Verluste durch feindliche Flugzeuge und Schiffe.

Ende November hatte Rommel die Marsa-el-Brega-Stellung erreicht. Seine Truppen mußten über Tunesien versorgt werden. Kesselring besuchte Nehring zweimal. Ihm gab Nehring beim zweiten Besuch Ende November diese Beurteilung der Lage: „Die augenblickliche flache Front Bizerta-Tunis ist auf die Dauer mit den jetzigen Kräften gegen den zu erwarteten Feind nicht zu halten. Der Feind wird zwischen Bizerta und Tunis durchzubrechen versuchen.

Dagegen ist ein erweiterter Brückenkopf auf begrenzte Zeit zu halten. Nämlich solange, wie die See- und Flughäfen arbeiten können. Dies erscheint jedoch auf die Dauer zweifelhaft, wenn nicht bald Kräfte zur Vertiefung des Brückenkopfs herangeführt werden."

Franz Kurowski schreibt: „Der Kommandierende General dachte dabei vor allem an die rasche Heranziehung der zurückgehenden Panzerarmee Rommels, Übernahme des Oberbefehls in Tunesien durch Rommel und die Durchführung einer ähnlichen Operation, wie sie dann Mitte Februar 1943 noch von Rommel durchgeführt wurde.

Nachdem General Nehring seinen Lagevortrag beendet hatte, stutzte der Feldmarschall merklich: ‚Das müssen Sie mir schriftlich geben, Nehring. Ein Aufgeben von Tunesien kommt nicht in Frage.' Nach dem Abflug des Feldmarschalls am nächsten Tage wurde diese Meldung von Nehring befehlsgemäß abgegeben."

Anfang Dezember gehen Briten und Amerikaner von Westen mit Panzerverbänden zum Angriff über, unterstützt von französischen Truppen, während im Hafen von Bizerta 11 000 Mann französische Marinetruppen – angeblich neutral – stehen. Nehring schreibt: „Zu gleicher Zeit werden 50 deutsche Panzer gelandet. Mit ihnen, mit 2 Kradschützenkompanien, mit Fallschirmjägern, mit 1 Artillerieabteilung und einigen unzulänglich bewaffneten Marschbataillonen wird der Gegner bei Tebourba angegriffen und vernichtend geschlagen.

Die Lage ist damit gefestigt; der Gegner sieht von weiteren Versuchen ab, die Achsentruppen in Tunis ‚wegzuwischen'. Die erste Krise ist überstanden."

Nehring hatte die Operation angelegt, die zur Schlacht von Tebourba führte. In Tunis blieben nur 30 deutsche Soldaten zurück. Zwei 8,8-Flakgeschütze sicherten die Stadt nach Südwesten. Am 4. Dezember steht der Sieg Nehrings bei Tebourba fest. Auf dem Schlachtfeld ließen Briten und Amerikaner 134 Panzer zurück; 1100 Gefangene wurden eingebracht. 40 Geschütze mit Munition waren erbeutet worden.

Franz Kurowski schreibt: „Der Sieg von Tebourba war die Schicksalswende in der ersten Phase des Tunesienkampfes geworden. Er befreite das 90. Armeekorps und wohl auch den Feldmarschall Kesselring von einer großen Sorgenlast. Der Bestand des Brückenkopfes Tunesien war vorläufig gesichert, der

Rückmarsch der Armee Rommels nach Tunis aussichtsreich geworden.

General Nehring hatte in einer glücklichen Vereinigung kaltblütiger Chancen-Nutzung und Improvisationskunst einen Erfolg errungen, der im amtlichen amerikanischen Generalstabswerk von 1943 über den Krieg in Nordafrika mit dem Satz charakterisiert wurde: ‚The Germans won the race for Tunis – Die Deutschen gewannen den Wettlauf nach Tunis.'"

Für Nehring war noch etwas zu erledigen. Die Franzosen in Bizerta mußten entwaffnet werden. Dazu war Generalmajor Gause mit dem energischen Oberst Hasso v. Manteuffel bestimmt, die am 6. Dezember sich bei Nehring in Tunis meldeten.

Für dieses riskante Unternehmen stellte Nehring, nach einigem Zögern, da es ihn verwunderte, plötzlich die beiden Offiziere bei sich zu sehen, die eben angelandete zweite Panzerabteilung der 10. Panzerdivision und andere Truppen zur Verfügung, die nicht an der Front standen.

Das Unternehmen Bizerta sollte am 9. Dezember stattfinden.

Am 6. Dezember erfuhr aber Nehring zu seiner Überraschung von Gause, daß Generaloberst von Arnim den Befehl in Tunesien übernehmen und am 8. Dezember eintreffen wird. Nehring setzte für den 9. Dezember die Fortsetzung des Angriffs seiner „Gruppe West" an.

Bizerta und dieser Angriff fanden dann auch an diesem Tage statt.

So konnte Nehring bei der Befehlsübergabe an v. Arnim am 9. Dezember auch die restlose Entwaffnung und Übergabe aller französischen Küstenbefestigungen von Gabès bis Bizerta melden.

Das Heerespersonalamt versetzte ihn unter dem 10. Dezember wieder in die Führerreserve des OKH.

Er erhielt Urlaub bis zum 1. Februar 1943.

Das Deutsche Afrikakorps schickte am 4. Januar Nehrings Personalpapiere an die Führerreserve des OKH in Berlin.

Annemarie Nehring, zu der Nehring nach Wünsdorf zurückgekehrt war, erinnert sich, er sei froh gewesen, als er aus Tunis zurückkam. Tunesien sei nicht zu halten, sagte er ihr, es sei alles Wahnsinn. Ihm täten die Männer leid, die er dort zurücklassen mußte.

Er hatte noch dafür gesorgt, daß sein Fahrer Feldwebel Voller und seine persönliche Ordonnanz Jost nach ihm aus Tunis abfliegen konnten. Sie waren ihm dorthin auf seine Anforderung gefolgt.

Am 13. Dezember erfuhr er, daß sie in Sicherheit waren.

In Nehrings Tagesbefehl vom 9. Dezember an die ihm unterstellten Truppen hieß es: „Mit dem heutigen Tage übernimmt das Panzer AOK 5 (Generaloberst v. Arnim) die Führung der Achsenstreitkräfte in Tunesien, unter Umbildung des Generalkommandos 90. Armeekorps.

Damit ist der Anfang einer Entwicklung abgeschlossen, die von großer Bedeutung für die gesamte Kriegsführung ist.

Ich danke Führung und Truppe sowie meinen Mitarbeitern für das, was in den ersten Wochen unter unerhört schweren Bedingungen organisatorisch und kämpferisch geleistet worden ist. Unsere Lage, die jetzt völlig gefestigt ist, war damals einmalig in der Kriegsgeschichte."

Er erhielt von der obersten Führung keinen Dank für das, was er geleistet hatte.

Am 18. Dezember schrieb Goebbels in sein Tagebuch, Nehring gehöre zu den alten Reichswehroffizieren, die man besser längst abserviert haben sollte, denn sie besäßen keine Standfestigkeit.

Doch Nehring hatte sie in Tunesien in aussichtsloser Lage bewiesen, und er war der erste deutsche General, der amerikanische Panzertruppen besiegte.

Auch Rommel wurde aus Afrika abberufen.

Vier Monate später trat in Afrika ein, was Nehring vorausgesagt hatte. Es blieb Generaloberst v. Arnim überlassen, mit 300 000 deutschen Soldaten zu kapitulieren. Nach der Kapitulation 1945 empfingen amerikanische Truppenführer General Nehring mit Respekt, als er ihr Kriegsgefangener wurde.

Gegen ihn hatten sie zuerst gekämpft – und verloren.

14. KAPITEL

# *XXIV. Panzerkorps*

Nachdem General der Panzertruppe Nehring am 3. Februar 1943 in Wünsdorf die Sondermeldung über das Ende des Kampfes um Stalingrad gehört hatte, erwartete er unverzüglich eine neue Verwendung. Er hielt das Unglück von Stalingrad für groß und gefährlich, aber nicht für entscheidend.

Auch nach dem Kriege beharrte er auf diesem Urteil, als er sich mit Liddel Harts These über Stalingrad auseinandersetzte. „Das Unglück," so schrieb er, „beruhte auf Hitlers persönlichen Führungsfehlern, die mit großen Verlusten verbunden waren, sich aber durch tüchtige Generale außerhalb des Kessels ausbügeln ließen."

Für ihn war Afrika verloren, aber im Osten war noch ein weiter Raum in deutschem Besitz, der nach Stalingrad und dem Rückzug aus dem Kaukasus blieb.

Er nahm an, ein Panzerkorps zu erhalten, mit dem er dem Feinde „soviel Abbruch wie möglich" machen wollte. Er war ein Mann des deutschen Ostens, wie Guderian, der wußte, was auf dem Spiel stand.

Am 5. Februar erhielt er einen Anruf vom Heerespersonalamt, das ihn wieder dorthin schickte, woher er vor einem Jahr nach Afrika entsandt worden war. Am 10. Februar sollte er seine neue Verwendung als Kommandierender General des XXIV. Panzerkorps antreten, das zur Heeresgruppe B gehörte. Am 7. Februar reist er wieder „ins Feld", wie alte Soldaten es nannten. Beim OKH in Ostpreußen versuchte er, über seine Erfahrungen in Tunis zu berichten, aber dort interessierte sich keiner, nicht einmal der Chef des Generalstabes, General Zeitzler, für diesen Kriegsschauplatz, der vom OKW geführt wurde. Außerdem hatte man andere Sorgen.

Am 6. Februar hatte Hitler in der Wolfsschanze eine Aussprache mit v. Manstein und v. Kluge, auf der er sich zu den schon längst fälligen Frontverkürzungen entschloß. Es wurde auch über die Frühjahrsoffensive gesprochen. Die Heeresgruppe B schied aus, Mansteins Heeresgruppe Don erhielt die Bezeichnung HG Süd.

Von Manstein, zu dem Nehring nun gehören sollte, hielt er viel. Annemarie Nehring erinnert sich, daß bei der Eröffnung der Automobilausstellung Anfang Februar 1933 durch Hitler ihr Mann auf den ebenfalls anwesenden v. Manstein zeigte und sagte: „Das ist der klügste und der kommende Mann des Heeres."

Er sollte Manstein nun bewundern und verehren, als er unter ihm Dienst tat, und auch Manstein schätzte Nehring. Unter Manstein sollte Nehring im März 1944 die Eignung zum Oberbefehlshaber einer Armee zugesprochen erhalten.

Von Rastenburg flog Nehring nach Poltawa, wo er am 10. Februar das XXIV. Panzerkorps übernahm.

Von einem Panzerkorps konnte keine Rede sein. Es gab nur den Stab, das Generalkommando. Seit Anfang Januar war es auf dem Rückzug in Richtung Charkow gewesen und hatte dabei die beiden Vorgänger Nehrings, die Generale Eibl und Jahr verloren, die gefallen waren.

Im Herbst 1942 war General der Panzertruppe Frhr. v. Langermann und Erlenkamp gefallen, unter dem Nehring noch den Entsatz von Ssuchinitschi erzwungen hatte. Erster Kommandierender General war Frhr. Geyr v. Schweppenburg 1940 in Frankreich gewesen, später in Rußland, als Orel von ihm erobert wurde und zur gleichen Zeit Karatschew von Nehring.

Chef des Generalstabs war Oberst i. G. Heidkämper.

Jetzt erhielt Nehring zuerst einmal den Auftrag, von Krementschug am Dnjepr die unterstellten, abgekämpften Divisionen aufzufrischen, wie der militärische Begriff für die Wiederherstellung ihres Kampfwertes lautete. Zugleich wurde er dort Kampfkommandant und hatte den Ausbau eines Brückenkopfes ostwärts des Dnjepr für alle Fälle durchzuführen.

Nehring wußte damals nicht, daß Guderian am 18. Februar zu Hitler über Ostpreußen in dessen Hauptquartier nach Winniza reiste, um von ihm zum Generalinspekteur der Panzertruppe ernannt zu werden.

Die Panzertruppe brauchte Guderian, um wieder kampffähig zu werden.

Im März brach die Schlammperiode aus, die Nehring „unvorstellbar" nannte, als er mit dem Generalkommando vom 9. März bis 21. April ohne Panzerverbände im Abschnitt beiderseits Taganrog an der Miusfront und am Asowschen Meer eingesetzt war.

Das Schicksal des Panzerkorps wurde es, mit immer wieder neu unterstellten Divisionen von unterschiedlicher Zahl bei der Heeresgruppe Süd, zuletzt bei der Heeresgruppe Mitte den langen Rückzug nach Deutschland anzutreten, der zwei lange Kriegsjahre dauern sollte.

Nehring hatte ein Zeichen für das Panzerkorps entworfen, das ein langgestrecktes „N“ zeigte, durch das ein Pfeil nach vorn ging.

Seinen Gefechtsstand schlug er in Taganrog auf, das auf ihn einen bürgerlichen Eindruck machte, das Leben ging friedlich weiter, obwohl die Stadt im Schußbereich sowjetischer Artillerie lag. Auf dem Asowschen Meer, das im März noch zugefroren war, sah er zahlreiche Leichen russischer Soldaten, die Opfer vergeblicher Angriffe über das Eis geworden waren. Im ehemals zaristischen Theater sah Nehring ein Musical, das frei nach dem Thema „Lilli Marlen“ von Russen in deutscher Sprache gespielt und gesungen wurde.

Es ging an dieser Front ruhig zu. Der rechte Korpsflügel lief am Asowschen Meer bis halbwegs nach Mariupol, der Linke bog nach Norden ab zum Korps des Generals Mieth. Dahinter war die Eisenbahn noch benutzbar, die zur Versorgung diente. Auf ihr fuhr Nehring direkt an die Front.

Das Meer und der Mius lieferten viele gute Fische, auch den Stör für den Kaviar.

Die Küste sicherten Kosaken- und Kalmückenverbände, die Nehring bei seinen Besuchen durch Ehrengeleite, die freiwillig waren, abholen ließen. Neben seinem Wagen ritten dann im Trab und Galopp diese neuen Verbündeten der deutschen Truppen.

Gegen Mitte April wurde Nehring mit dem Generalkommando in Mariupol für eine andere Verwendung bereitgestellt. Es trafen Filmberichter der PK (Propagandakompanie) ein, die für die Deutsche Wochenschau eine Kosakenparade am 16. April in der Nähe von Mariupol aufnahmen. Mit seinem neuen Chef des Generalstabes, Oberst i. G. Joachim Hesse, ritt Nehring die Front der angetretenen Kalmückentruppe ab. Man hatte ihm dafür einen Schimmel gegeben. Am linken Uniformärmel trug er das Band „Deutsches Afrikakorps“.

Die Donkosakendivision ritt dann zunächst im Schritt, voraus das Musikkorps und die Sängerschwadron, dann im Galopp an ihm vorbei; vorher wurden Ansprachen gewechselt und sofort übersetzt, es traten auch Frauen beider Völker mit Liedern und Tänzen auf.

Das Ganze wurde dann in der Wochenschau gezeigt.

Im vergangenen Jahr hatte er noch Beduinen in der Wüste in ihren Zelten aufgesucht; nun nahm er die Parade von Kosaken und Asiaten ab.

Im Hafen von Mariupol bewunderte er die Hafenanlagen, die in das freie Meer hinausgebaut waren, und fand Spaziergänge auf der Mole im warmen Frühlingswetter erholsam.

Kurz vor Ostern wurde das Generalkommando nach Poltawa verlegt. Auf der Fahrt sah Nehring die Städte Ssaporoshe und Dnjeprpetrowsk; er wurde von dem gewaltigen Dnjeprkraftwerk beeindruckt, von dessen riesigen Turbinen einige aus dem Westen als Muster geliefert worden waren, während die anderen „täuschend ähnliche russische Nachbauten" waren. Abends sah er im russischen Theater Lessings „Emilia Galotti" in russischer Sprache, in Poltawa später in der Oper „Fidelio" ebenfalls in russischer Sprache.

Es war Ostern, und er bewunderte die Frömmigkeit der Bevölkerung, die Kirchen waren überfüllt.

Bis Ende Mai war das Generalkommando der 8. Armee südlich Charkow in Wyssoki unterstellt, dann der 1. Panzerarmee im Donezbogen bei Slawjansk mit dem Korpshauptquartier in Podolje.

Als Heeresgruppenreserve hatte es im Mai und Juni 4 Panzerdivisionen (3., 17., 19., SS-Wiking) auszubilden. Am 12. Mai erfuhr Nehring, daß in Tunis kapituliert worden war. Die Schlacht von Kursk stand bevor, die immer wieder von Hitler hinausgeschoben wurde.

Für diese Sommeroffensive im Osten hatte die deutsche Panzertruppe, neu ausgesrüstet, ihre besten Divisionen bereitzustellen. Der Generalinspekteur Generaloberst Guderian hatte Hitler gewarnt, durch eine Schlacht die Panzertruppe aufzubrauchen, aber Hitler beharrte auf seinem Entschluß.

Nehring hatte von Manstein einen Sonderauftrag erhalten. Mit seinem Panzerkorps (17. Pz.Div. und SS-Pz. Div. „Wiking") sollte er ganz zuletzt in die Schlacht geworfen werden, wenn der Durchbruch nach Norden, auf Kursk, der Heeresgruppe Süd gelungen sei, womit Manstein fest rechnete. Das XXIV. Panzerkorps hatte dann Verbindung zur 9. Armee Models aufzunehmen, die von Norden entgegenstoßen sollte.

Dieser Sonderauftrag für Nehring war ganz nach seinem Sinn. Er wurde auch der Grund dafür, daß Nehring an der „Zitadelle"-Besprechung bei Hitler am 1. Juli als einziger Kommandierender General teilnehmen durfte, zu der in der Wolfsschanze in Ostpreußen alle Armeeführer und Luftwaffenführer zusammenkamen.

Von Stalino flog Nehring in dem Führer-Condor-Flugzeug nach Rastenburg.

An der Ostfront herrschte zu dieser Zeit fast überall Ruhe. Es war die Ruhe vor dem Sturm, denn auch der Gegner hatte sich darauf vorbereitet, der durch Agenten über das deutsche Vorhaben bei Kursk längst informiert war.

Über die Besprechung bei Hitler schreibt Nehring: „Hitler war in seiner Ansprache zurückhaltend und nicht superoptimistisch. Die Stimmung der Führer aus dem Heer war ähnlich – außer bei Manstein. Manche äußerten sich sehr kritisch, da sich durch die zeitlichen Verschiebungen die Voraussetzungen geändert hatten. Es wurde dann auch ein Mißerfolg großen Ausmaßes. Göring trug hohe rote Stiefel und war sehr nervös. Nacheinander wurden wir an Hitlers Tisch gebeten, wo persönliche Angelegenheiten offen erörtert wurden. Ich benutzte die gute Telefonverbindung, um meine Frau in Wünsdorf anzuwählen."

Am 5. Juli begann der Angriff, am 9. Juli hatte Nehrings Panzerkorps die Bereitstellung zum Vorgehen nach Norden bei Belgorod eingenommen. Aber es kam nicht mehr zum Einsatz.

Am 10. Juli landeten die Alliierten auf Sizilien und am 12. Juli mußte die Schlacht von Kursk abgebrochen werden. Manstein wollte weitermachen, aber er war dann auch froh, daß Nehrings Panzerkorps unversehrt geblieben war. Er konnte es sofort nach Süden in den Raum Podolje-Isjum schicken, wo der Feind in die Stellungen eingebrochen war.

Vom 17. bis 19. Juli unternahm Nehring mit der SS-Pz. Div. „Wiking" und der 17. Pz. Div. einen Gegenangriff bei der 1. Panzerarmee, durch den die alten Stellungen im Wesentlichen wiedergewonnen wurden.

Sofort marschierte das Generalkommando zur 6. Armee in den Raum Stalino, um die 16. Pz. Gren. Div., die 23. Pz. Div. und die 294 I.D. zu übernehmen, mit denen zwei russische mot. mechanisierte Korps und vierzehn Schützendivisionen bis 29. Juli bei Kuibyschewo an der Miusfront abgewehrt wurden. Mit diesen Divisionen ging Nehring vom 30. Juli bis 2. August zum Gegenangriff über, der zur Wiederherstellung der früheren Hauptkampflinie führte.

Nehring wird am 1. August zum fünften Male, aber nur leicht, verwundet. Ihm wird das goldene Verwundetenabzeichen verliehen. Auf einer Frontfahrt am 5. August erhält die hinter dem Generalswagen fahrende gepanzerte Funkstelle einen Volltreffer durch feindliche Panzer, der aber schräg auftraf und deshalb das Fahrzeug nicht durchschlug. Der Funktruppführer Leutnant Gruber wird tödlich getroffen.

Am nächsten Tag verlegt das Generalkommando zur 8. Armee in Charkow, dann weiter nach Poltawa, das mitten in einer Lücke zwischen 8. Armee und 4. Panzerarmee liegt. Nehring wird am 15. August dort Kampfkommandant.

Manstein benutzt Nehrings Generalkommando als „Feuerwehr", der er immer wieder andere Divisionen unterstellt; zumeist sind es jetzt Panzerdivisionen.

Am 18. August greift Nehring, der 4. Panzerarmee unterstellt, mit der 10. Pz. Gren. Div., der Pz. Gren. Div. „Großdeutschland" und der 7. Pz. Div. aus dem Raum Achtyrka nach Süden an, um die Lücke zur 8. Armee zu schließen. Am 23. August hat er den Auftrag erfüllt. Seine Gegner waren 4 Panzerkorps, 1 Luftlandearmee, 5 Schützendivisionen.

298 feindliche Panzer wurden vernichtet, 228 Geschütze erobert.

Anschließend greift Nehrings Panzerkorps Ende August mit der 10. Pz. Gren. Division und der 34. I.D. von Semkow aus nach Nordwesten an, um eine neue Lücke innerhalb der 4. Panzerarmee zwischen dem XXXVII. Pz.Korps und dem VII. Armeekorps zu schließen. Auch dieser Auftrag wird erfüllt.

Das Panzerkorps gewinnt den Anschluß zur 112.I.D. und hält die neue Stellung.

Anfang September beginnt Manstein mit dem langsamen Zurückweichen auf den Dnjepr.

Im Raum Senkow kommt es bei Nehrings Panzerkorps dabei zu harten Rückzugskämpfen. Die Generalstaffel wird zweimal von russischen Schlachtfliegern angefallen, aber sie kommt heil durch; ein Kradmelder wird leicht verwundet.

Nehring schreibt: „Bei diesen Kämpfen leistet die Truppe Unerhörtes. Beim linken Nachbar ist der Gegner durchgebrochen. Im eigenen Rücken hat er den Uday-Abschnitt besetzt. Der Gasabwehroffizier des Generalkommandos, Oberleutnant

Gleiss, kann die Brücke bei Ssentscha noch rechtzeitig sprengen, dann fällt er. Dort waren Alarmeinheiten des Generalkommandos und der Korpspioniere als Rückenschutz erfolgreich eingesetzt. Inzwischen sind die 112. I.D. (General Lieb) und die 57.I.D. neu unterstellt worden. Letztere hat sehr stark gelitten. Sehr harte Kämpfe besonders bei der 10. Pz. Gren. Div., die unsere Flanke nach Norden deckt."

Hitler verzögerte immer wieder das Absetzen zum Dnjepr, während der Gegner versuchte, die deutschen Verbände vor dem Dnjepr noch abzufangen. Mit den Deutschen bewegte sich ein riesiger Heerzug von Angehörigen vieler Nationalitäten der Sowjetunion auf den Dnjepr zu, die sich freiwillig dem Rückzug der Deutschen angeschlossen hatten.

Für Nehring, der vom Abfall Italiens erfuhr, war dies alles die Götterdämmerung, die über Europa hereinbrach, vor allem aber über die Deutschen, und er zog sich immer mehr in sich selbst zurück, wurde noch verschlossener oder, wie es von nun an in Beurteilungen für das Heerespersonalamt heißen sollte, „undurchsichtig".

Die Sowjetführung konzentrierte ihre Panzerarmeen und Reserven gegenüber der Heeresgruppe Süd, um sie aufzuspalten und zu vernichten. Mansteins Kunst der militärischen Operation konnte sich nicht in großen Bewegungsschlachten zeigen. Hitler wollte nicht die Ukraine verlieren, wegen deren Reichtümern er doch auch den Krieg gegen die Sowjetunion begonnen hatte.

In dieser Lage blieb Nehring nichts anderes übrig, als sein Panzerkorps fest in der Hand zu halten, es nur auf seinen Befehl ausweichen zu lassen, standhaft zu bleiben, wo immer es nur angebracht war. Er hat nach dem Kriege eine Kartenskizze gezeichnet, auf der er die Stellungen seines Panzerkorps jenseits und diesseits des Dnjepr festhielt – mit dem Zusatz, daß seine rechten und linken Nachbarn durchbrochen wurden, sein Panzerkorps aber niemals.

Als am 23. September der Befehl für die Verteidigung des Dnjepr von der 4. Panzerarmee erlassen wurde, las Nehring, daß die Hauptkampflinie der Höhenrand auf dem Westufer sein sollte, von dem man weit über das flache Ostufer sehen konnte. Die infanteristische Verteidigung sollte, soweit möglich, an den Fuß der Höhenstufe gelegt werden. Die vier gepanzerten Divisionen hatten die Armeereserve zu bilden.

Als Brückenstelle wurde Nehring Kanew zugewiesen. Da sein Panzerkorps vor Kanew immer wieder angehalten wird, um Stellungen zu verteidigen, gelingt es sowjetischen Panzerkräften, sich von Norden bis auf 5–6 km an die Brücke heranzuschieben.

Nehring schreibt: „Die Lage für das Korps hat sich damit entscheidend zugespitzt. Fernsprechverbindung zur Armee ist nicht vorhanden. Auf dem Funkwege weist Kdr. General nochmals auf die bedrohliche Lage hin, und endlich gibt die 8. Armee, der das Korps neu unterstellt worden war, den Abmarsch nach Kanew frei.

Schon vorher hatte der Kdr. General aus eigenem Entschluß die 34.I.D. behelfsmäßig mit Lkw nach Norden verschoben, eine Maßnahme, die die Rettung des Korps bedeutete. Am zuerst eingetroffenen Inf.Rgt. 253 (Oberst Hippel) zerbrach der russische Panzerangriff am 23. September, so daß die Masse des Korps nach Fußmärschen von 60, teilweise 80 km in einem Zuge die Brücke Kanew bis zum 24. September 5.00 Uhr überschreiten konnte."

Nehring sieht vom Ostufer des Dnjepr dem Uferwechsel zu, der sich in voller Ordnung erstaunlich schnell vollzog. Dann geht er mit der Infanterie über die Brücke. Die meisten Infanteristen, die er sieht, liegen schlafend auf den Panjewagen.

Die erschöpfte Truppe erfährt, daß auf dem Westufer des Dnjepr weder Verteidigungsanlagen noch eine Sicherheitsbesatzung auf sie warten.

Außerdem ist der Gegner schon in vorläufig kleinen Landeköpfen über den Dnjepr gegangen. Die sowjetische Führung hatte für den Übergang über diesen großen Strom hohe Auszeichnungen in Aussicht gestellt.

Während das Generalkommando nach Potok verlegt und die Divisionen des Korps in ihre zugewiesenen Abschnitte am Dnjepr marschieren, springt die sowjetische 5. Garde-Fallschirmbrigade westlich des Flusses in dem Raum ab, den bei Dudari gerade die Masse der 19. Panzerdivision erreicht hat. Die Springer und die Transportflugzeuge geraten in wirksames Abwehrfeuer. Die abgesprungenen Soldaten zerstreuen sich und werden später gefangen genommen. Auch wenige Kilometer von Nehrings neuem Gefechtsstand in Potok gibt es Absprünge der 3. Garde-Fallschirmbrigade.

Insgesamt wurden von der Luftaufklärung etwa 900 Fallschirme gezählt, die auf der Erde lagen.

Es werden 209 Gefangene eingebracht, dabei der Stab der 5. Brigade, 612 Tote gezählt. Zu der vom Gegner erstrebten gemeinsamen Operation der Fallschirmbrigaden (1., 3., 5.) und der Übersetzgruppen zur Bildung eines operativ wichtigen Brückenkopfes ist es wegen der raschen deutschen Abwehr nicht gekommen.

Überlebende des Absprungs tauchten bei den Einwohnern unter. In seiner Studie von 1936 über die Rote Armee hatte Nehring fast bewundernd von der roten Fallschirmtruppe gesprochen, die 1935 bei Kiew übte. Jetzt hatte er sie in seinem Korpsbereich kennengelernt.

Drei seiner Divisionen, aus dem Raum westlich Kanew entfaltet nach Nordwesten in ihre Abschnitte marschierend, hatten die sowjetische Operation zerschlagen. Wäre sie eher erfolgt, vor dem Uferwechsel mit Hilfe der Eisenbahnbrücke von Kanew, so hätte sie Erfolg gehabt. Der Absprungraum wäre leer von deutschen Truppen gewesen.

Nehring hielt die Operation der Sowjets für dilettantisch. Über die eigene Truppe schreibt er: „Sie war sich trotz aller Belastungen während der wochenlangen Rückzugskämpfe ihrer Überlegenheit gegenüber den hilflos in der Luft pendelnden und gelandeten Russen bewußt. So ist es erklärlich, daß es nicht zu langen Kampfhandlungen kam, obwohl man mit 1 500 bis 2 000 Springern zu tun hatte."

Eine weitere derartige Operation mit ihrer Fallschirmtruppe riskierte die sowjetische Führung später nicht mehr.

Für Nehrings XXIV. Panzerkorps begann nun der Stellungskrieg am Dnjepr. Ihm waren – mit Korpsgefechtsstand in Kagarlyk, – zunächst unterstellt: 57., 112.I.D., 20. Pz. Gren. Div., 7. Pz. Div., 19. Pz. Div., 72.I.D., SS-Reich, 10. Pz. Gren. Div., 34.I.D. Dann wurden die Abschnitte geteilt.

Die Zahl der Divisionen entspricht der einer ganzen Armee.

Es kommt zu harten Kämpfen mit dem unablässig angreifenden Feind. Bei der 34.I.D. gelingt es, zusammen mit der SS-Div. „Das Reich", zwei feindliche Brückenköpfe zu beseitigen. Am ganzen Dnjepr bleibt dieser Erfolg einzigartig. Bei der 10. Pz. Gren. Div. wird der feindliche Brückenkopf, wieder zusammen mit der SS-Div. „Das Reich", stark eingeengt und der Bau von Unterwasserbrücken endgültig unterbunden.

Ende Oktober 1943 ist Nehring der ganze frühere Abschnitt bis Kanew wieder unterstellt – mit 8 Divisionen unter seinem Kommando.
Nehring wird aufgefordert, über den Großdeutschen Rundfunk vom Kampf am Dnjepr zu sprechen.

In ihrer „Geschichte des Großen Vaterländischen Krieges" werden nach dem Kriege die Russen ungewöhnlicherweise zugeben, daß sie die aussichtslosen Angriffe über den Dnjepr im Raum nördlich von Kanew wegen des starken deutschen Widerstands eingestellt und sich nach Kiew umgruppiert hätten.

Der starke deutsche Widerstand: Das war bei Nehrings XXIV. Panzerkorps.

Bei Kiew gelang dann der russische Durchbruch bei Nehrings Nachbararmee am 6. November 1943, der zur Bildung eines operativen Brückenkopfes bis Fastow führte. Er konnte dann zum Stoß nach Süden genutzt werden.

Gegen die nach Fastow vorgehenden Russen, die den nördlichen Flügel des XXIV. Panzerkorps bedrohen, setzt Nehring Panzerdivisionen ein, die er aus seiner Front herauszieht.

Nehring schreibt: „Die Gefahr für das Korps ist behoben, zumal der Gegner in der bisherigen Front schwächer geworden ist. Deshalb fährt der Kdr. General vom 14. November bis 18. Dezember in Urlaub."

Kommandierende Generale mußten bei Hitler um Urlaub bitten, der ihnen nur einmal jährlich gewährt wurde. In den Stäben konnte man den Urlaub intern regeln, so daß Stabsangehörige Nehrings zweimal im Jahr auf Urlaub fuhren. Für ältere Herren, die Korps kommandierten, sei diese Regelung durch Hitler etwas beschwerlich gewesen, meinte Nehring nach dem Kriege. Einen Kuraufenthalt hat er sich während des ganzen Krieges nicht geleistet. Er war jetzt Anfang Fünfzig. Annemarie Nehring sah seinem Gesicht die Strapazen der Monate an der Ostfront an. Er war sehr ernst geworden und zeigte eine Härte, die sie bei ihrem Manne so nicht kannte.

Im Urlaub ging Nehring wieder in Bremin bei dem Grafen von Klinkowström auf Jagd. Sie war seine einzige Erholung im Krieg.

Im Osten standen für ihn die Dinge auf Messers Schneide. Ein operativ entscheidender Durchbruch der Sowjets war unter großen Opfern abgewehrt worden. Dazu hatte neben den beispiellosen Leistungen der Truppe auch die nervenstarke Führung beigetragen.

Nehring hoffte, daß bei richtiger operativer Führung im Osten noch ein „Remis" erreicht werden könnte, und das war die Meinung vieler Frontgenerale. Auf jeden Fall müßte der Roten Armee der Weg nach Deutschland versperrt bleiben, bis die angedrohte Invasion im Westen dem Krieg ein Ende machen würde.

Nehrings Chef des Stabes, Oberst i. G. Joachim Hesse, schrieb Nehring 1978: „Mit Ihren Ansichten stimme ich voll überein. Stalingrad hat die Moral des deutschen Soldaten nicht erschüttert. Selbst nach der mißglückten ‚Zitadelle' im Juli 1943 war die Kampfmoral noch gut, jedoch wurde nicht mehr an das geglaubt, was man ‚Endsieg' nennt.

Der kleine Mann an der Front beschäftigte sich überhaupt nicht mit so hochtrabenden Begriffen wie ‚Endsieg'; er tat seine Pflicht und hoffte, daß der ‚Führer' doch noch alles zu einem guten Ende im Sinne des Mansteinschen ‚Remis' führen würde; besser gesagt, er glaubte daran. Erst als der Feind sich den Grenzen des Reiches näherte und die materielle Überlegenheit immer erdrückender beim Feind lag, ergriffen ihn bange Ahnungen ‚wie soll das bloß noch enden?'"

Links oben: Generaloberst Heinrici übergibt General Nehring die 1. Panzerarmee.
Rechts oben: Oberbefehlshaber der 1. Panzerarmee in der Heeresgruppe Mitte. Die Schwerter zum Ritterkreuz erhielt Nehring am 22.1.45 für den „Wandernden Kessel".

20.4.45 in Friedberg/Frydek: Letzter Appell des Panzerarmeestabes vor General Nehring.

Amerikanisches Kriegsgefangenenlager Tisch/Böhmen nach dem 9. Mai 1945. Gegenüber von Nehring General der Panzertruppe Kleemann, neben Nehring Major Blüthgen und ein Dolmetscher.

1950: Auf Jagd im Westerwald.

Annemarie und Walther K. Nehring im Urlaub.

Bundesverdienstkreuz
1. Klasse im Jahre 1973.

Bücher Nehrings.

Volkstrauertag 1976 in der Kampftruppenschule Munster. Abschreiten der Front der Ehrenkompanie am Ehrenhain der deutschen Panzertruppe. General a.D. Nehring und Generalleutnant Lemm, im Hintergrund die Kranzträger der gepanzerten Divisionen des deutschen Heeres 1939-1945.

Stadtallendorf 1978: Besuch beim Panzerbataillon 63, das die Tradition von Nehrings Panzerregiment 5 übernahm. Einweihung der „General-Nehring-Straße" in Stadtallendorf.

Im Traditionshörsaal der 18.Pz.Div. in Munster vor der Tafel mit der Kriegsgliederung der 18.Pz.Div.

Nehring mit Heinz Guderian, Generalmajor der Bundeswehr, Sohn von Generaloberst Guderian.

In der Wohnung Brehmstraße 32 in Düsseldorf.

Januar 1981 in Düsseldorf.

**Walther K. Nehrings Heimat Stuhm/Westpreußen, das nach 1918 zur Provinz Ostpreußen kam.**

**Name:** N e h r i n g , Walther

**Geburtstag:** 15.8.92

**Diensteintritt:** 16.9.11

**Landsmannschaft:** Preußen (Stretzin)

**Dienstgrad:** Gen.d.Pz.Tr.

**R.D.A.:** 1.7.42(3)

**Religion:** ev.

**ledig/verheiratet:** 27.9.23

**Sprachkenntnisse:** engl.u.franz.

**Söhne:** Christoph, 24.2.30; Hubertus, 19.12.35

**Töchter:** Annemarie, 18.9.24

**Friedensdienststelle:** XIX.A.K.

**Wehrkreis:**

**Stammwaffe:** Pz.Tr.

**Heimatanschrift:** Wünsdorf Krs. Teltow
Hindenburgstr. 3
Tel.: Amt Zossen 284

**Vermerke:** 19.8. erkrankt Grippe m. Bronchialkatarrh, Res.Laz. Wünsdorf eingel.

| Mob.-Verwendung: | Order-Nr. |
|---|---|
| 1. 9.1939 Chef Gen.St.XIX.A.K. | |
| 25.10.1940 Kdr. 18.Pz.Div. | |
| 26. 1.1942 OKH.FR. | |
| 27. 2.1942 mFb.Dtsch.Afrikakorps | |
| 1. 7. 1942 Kom.Gen. Dtsch.Afrika K. | |
| 19.10.1942 OKH.FR.(III.A.K.) | |
| 10. 2.1943 Kom.Gen.XXIV.Pz.Korps | |
| 28. 6.1944 mstFb.4.Pz.Armee f.Dauer d.Abwesenheit d.Gen.Oberst Harpe | |
| 5. 8.1944 mstFb. XXXXVIII.Pz.A.K. | |
| 20.8.1944 Kom.Gen. XXIV.Pz.Korps | |
| 2o.3.1945 mstFb.1.Pz.Armee | K 1625 |
| 3.4.1945 mFb.1.Pz.Armee | K 1755 |

**Werdegang:**

16.9.1911 eingetreten als Fhj.
22.2.1913 Leutnant Pat.22.2.11 J i
1.10.1914 Kp.Fhr.
2.11.1914 Btl.Adj.
9.11.1915 Jnf.Rgt. 152
6.6.1916 Oblt.Pat. Y
13.12.16 Kp.Fhr. J.R. 22
2.7.1917 stellv.Btl.Fhr.
16.11.19 Adj.d.Kdr.d.E(M.G.)Tr.XX.A.K.
1.4.1919 MGO. Stab 41.J.D.
4.6.1919 stellv.mob.Kreiskommissar
21.12.19 Ord.Offz.Rw.Brig. 20
22.7.1920 Wehrkreisprüfung
25.4.1921 Wehrkreisprüfung
RDA. 6.6.16 (9)
1.10.1922 MWK./J.R. 2
1.3.1923 (5) Hauptmann
22.3.1923 Wehrkreisprüfung
1.2.1925 Stab J.R. 2
1.10.1925 Rw.Min.
1.10.1926 Jnf.Rgt. 2
1.3.1928 Rw.Min.
1.3.1929 San.Abt. 6
MKF. 2
1.8.1929 Chef 1./Kr.A. 6
1.2.1932 Rw.Min.
1.2.1932 Major RDA. 1.4.31 (14a)
1.9.1934 (2) Obstlt.
1.10.1934 Gen.St.Jnsp.d.Kraftf.Tr.
6.10.1936 Wehrm.Akd.
19.9.1936 RKM.
1.3.1937 (6) Oberst
12.10.37 Kdr.Pz.Rgt. 5
Hilfs MKS. 1 u. 3
1.7.1939 Chef d.Gen.St. XIX.A.K.
1.8.1940 (14) Gen.Maj.
1.2.1942 Gen.Lt.
1.7.1942 (3) Gen.d.Pz.Tr.

Vater: Emil Nehring, Gutsbesitzer, verst.

Mutter: Martha geb.Weiß, verst.

Gattin: Annemarie geb. Rohrbeck, evang.

Vater d.Frau: Rittergutsbesitzer Ludwig Rohrbeck

a b c d e f N e h r i n g , Walther 1 2 3 4 5 6

Personalakte Nehrings beim Heerespersonalamt.

15. KAPITEL

# *Vom Dnjepr zur Weichsel*

Als Nehring kurz vor Weihnachten 1943 wieder an die Ostfront zurückkehrte, hatte Hitler den seit Kriegsbeginn besonders hochbewährten Oberbefehlshaber der 4. Panzerarmee, Generaloberst Hoth, trotz Mansteins Einspruch entlassen. Hoths Nachfolger wurde Generaloberst Raus.

Zu Weihnachten trat die inzwischen aufgefrischte und erheblich verstärkte 1. Ukrainische Front des Armeegenerals Watutin aus dem Brückenkopf von Kiew gegen die 4. Panzerarmee an und durchbrach sie an der Straße Kiew-Shitomir in 30 Kilometer Breite. Für Generaloberst Raus war jetzt Nehring „die letzte Rettung", wie er dem General sagte, um das 42.A.K. des Generals Mattenklott zu übernehmen, das in Auflösung geraten war. Die Front Nehrings wurde nicht angegriffen, der von Raus den Auftrag erhielt, die Führung des 42.A.K. zu übernehmen und den Durchbruch des Gegners zum Stehen zu bringen.

Im Fieseler Storch flog Nehring am 28. Dezember zum Bahnknotenpunkt Kasatin, wo sich der Gefechtsstand des 42.A.K. befinden sollte. Aus der Luft sieht er, daß keine Landezeichen ausgelegt sind, er kann zurückgehende eigene Truppen südlich der Stadt feststellen, in der noch gekämpft wird.

Nach vergeblicher Suche des Korpsgefechtsstandes fliegt Nehring weiter zum Flugplatz Kalinowka. Dort läßt er sich vom Generalkommando des VIII. Fliegerkorps und der 4. Panzerarmee über die Lage orientieren. Er erfährt, das Generalkommando 42. A.K. sei zersprengt, es gebe zu ihm keine Verbindung mehr.

Am Telefon schwitzt Nehring „Blut und Wasser", wie er schreibt, da der Wiener Dialekt des österreichischen Generalobersten Raus kaum zu verstehen ist. Auch in den folgenden Tagen blieben diese Verständigungsschwierigkeiten bestehen.

Kasatin war mit seinen großen Versorgungslagern am Morgen des 28. Dezember verloren gegangen. Vom Generalkommando 42.A.K. gab es nur noch zwei große Funkstellen. 30 km Fernsprechdraht standen noch zu Nehrings Verfügung.

Über die Truppen des Korps erfuhr Nehring, daß die 25. Panzerdivision zerschlagen sei und gruppenweise ständig auswich. Die neu zugeführte 168.I.D. war bereits stark angeschlagen und ging nach Südosten zurück. Die 18. Artillerie-Division war aus Kasatin unter starken Verlusten ihrer Geschütze ohne infanteristische Unterstützung ausgewichen. Zum rechten Nachbar, dem 7.A.K., gab es nur einen losen Anschluß mit Lücke. Der linke Nachbar, die 1. Panzerdivision, hatte Befehl, von Berditschew auf Kasatin anzugreifen, aber zu ihr gab es keine Verbindung.

Dort war die Frontlücke 20 km breit.

Als Gesamtbild ergab sich für Nehring: Starker, überlegener Feind mit zahlreichen Panzern, der kühn führt und zufaßt. Die große Gefahr besteht, daß der Feind den „erschütterten Haufen“ seines neuen Armeekorps erneut mit Panzern durchbricht und in einem Zuge auf den Flughafen Kalinowka und nach Winniza durchstößt.

Als erste Maßnahme löste er die 25. Panzerdivision auf und verteilte sie, gleichzeitig begann er, die 18. Artillerie-Division infanteristisch aufzufüllen, was vor allem durch ihre eigenen, nun zum Teil geschützlosen Artillerieabteilungen geschah. Die Absicht Nehrings war es, die 18.A.D. dazu zu bringen, daß sie selbständig kämpfen konnte.

Mit dieser Division, der einzigen Artillerie-Division des Heeres, gab es für Nehring ein Wiedersehen. Sie war aus seiner 18. Panzerdivision entstanden, die er vor fast zwei Jahren vor Ssuchinitschi verlassen hatte, um nach Nordafrika zu gehen. Ihr fehlten zwar die Schützenregimenter, aber der Divisionsstab war noch der alte, den er einst in Chemnitz zusammengestellt hatte. Nehring begrüßte jeden Stabsangehörigen mit Handschlag.

Die Divisionen gewinnen langsam ihren inneren Halt zurück. Sie haben Vertrauen zu Nehring. Die Truppe kämpft wieder und macht sogar Gegenstöße. Ausweichbewegungen, die Nehring befiehlt, erfolgen ordnungsgemäß.

Zug um Zug werden die Generalkommandos 42. A.K. und XXIV.A.K. ausgetauscht. Am 1. Januar 1944 wird der bisherige Korpsabschnitt in XXIV.Pz.Korps umbenannt. In der Nacht zum 2. Januar brechen 40 Panzer bei der 168.I.D. durch. Die Division läßt sich überrollen, vernichtet 19 Panzer, gewinnt die neue Hauptkampflinie und hält sie. Der Gegner dreht daraufhin nach Süden ab, um in den nächsten Tagen neue weiche Stellen oder Flügel zu suchen.

Nehring hat seinen Auftrag erfüllt, den operativen Durchbruch des Feindes über Kasatin auf Winniza in seinem Abschnitt aufzuhalten, ohne daß neue Kräfte zugeführt werden konnten.

Am 3. Januar wurde Nehring die 1. Panzerdivision unterstellt, bei der sich Teile der 20. Pz. Gren. Div. befinden, die bald ganz zu ihm kommt. Bis zum 13. Januar sind beide Divisionen noch im Kampf.

Es beginnt der Stellungskrieg. Korpsgefechtsstand ist nun Kalinowka.

Für Kasatin erhält Nehring am 8. Februar 1944 als 383. Soldat der Deutschen Wehrmacht das Eichenlaub zum Ritterkreuz. Da Hitler das Eichenlaub immer selbst übergeben wollte, mußte Nehring bis Ende April darauf warten.

Anfang März kommt es zu einer Umgliederung. Das Generalkommando wird nach Chmielnik am Bug, nordwestlich von Kalinowka, verlegt und erhält andere Divisionen, darunter die 371.I.D. unter General Niehoff und die 208.I.D. unter General Piekenbrock, der bis 1943 unter Admiral Canaris Leiter der Abteilung 1 der Abwehr (Spionageabwehr) in Berlin war. Der rechte Flügel des Korps bleibt bei Kalinowka stehen, dafür wird das Korps gegen Berditschew gedreht.

Nehring ist der Meinung, sein rechtes Nachbarkorps tue zu wenig, um seine Stellung zu verbessern. Das ist ihm unangenehm, denn eine Division des Korps steht genau in seinem Rükken, da der Frontverlauf nördlich Winniza einen Sack bildet. Er ist jetzt der 1. Panzerarmee unter Generaloberst Hube (Chef des Generalstabes ist Wagener) unterstellt. Als Mitte März die neue russische Offensive auf Nehrings rechten Nachbar übergreift, wird dessen Front durchbrochen, worauf der zuständige Kommandeur der 254.I.D. sofort von Hitler abgesetzt wird, obwohl er gar nicht anwesend war. Er hatte Heimaturlaub.

Es beginnt die Einkreisung der 1. Panzerarmee um Kamenez-Podolsk. Am 23. März ist der Ring um den „Hube-Kessel“ geschlossen.

Nehring schreibt: „Eingeschlossen sind 3., 24., 46. Pz.Korps und 59. Korps (von der Chevallerie)! Ich verteidige mit dem XXIV. Panzerkorps die nördliche Hälfte der Rückfront. Meinc Kampflinie geht etwa von Winniza über Chmerinka, Skala auf Buczacz, das wir am 8. April nach harten Kämpfen erreichen, wobei uns die 4. Panzerarmee von Westen her hilft.“

Nehring geht mit dem Generalkommando zunächst nach Monastirzyska, dann in einen Abschnitt ostwärts Lemberg um Zlota Lipa-Tal südlich von Brody. Gefechtsstand ist Litwinow.

Das Korps untersteht wieder der 4. Panzerarmee, deren Oberbefehlshaber Raus am 14. April 1944 Nehring für das Heerespersonalamt beurteilt: „Harte, krisenfeste Soldatennatur mit viel Fronterfahrung, tatkräftiger, kühner Führer, tapfer und einsatzbereit. Hat in den schweren Kämpfen im Raum südlich Kasatin die stark angeschlagenen Divisionen seines Korps mit eiserner Faust zum Stehen gebracht. Er griff überall persönlich ein, wo es die Lage erforderte. Stellt hohe aber nicht unerfüllbare Forderungen an die Leistung der Truppe. Im Bewußtsein, energisch und sicher geführt zu sein, hielt sie auch schwersten Feindangriffen stand. Führt Befehle widerspruchslos nach bestem Können aus. Wirkt wenig herzlich, ist aber um die Truppe besorgt und kameradschaftlich im Umgang mit seinen Kommandeuren. Handelt auch in schwierigen Lagen ruhig und überlegt. Eignung: Über Durchschnitt Armeeführer."

Zuletzt bittet Raus noch, Nehring bei ihm zu lassen. Er schrieb: „Belassung".

Nehring schreibt: „Ende April große Trauerfeier für den mit dem Flugzeug verunglückten Generaloberst Hube in Berlin. Vier Generale halten im Mosaiksaal der Reichskanzlei die Ehrenwache am Sarge: Breith, Nehring, Gollnick und Eberbach. Vor uns die gesamte oberste Prominenz.

Beisetzung auf dem Invaliden-Ehrenfriedhof. Fliegergefahr – drehten aber ab. Hubertus, achteinhalb Jahre alt, war als Zuschauer bei meinem Fahrer.

Am nächsten Tag Fahrt mit dem Sonderzug nach Berchtesgaden. Zunächst im Gästehaus (Schloß!). Dann am nächsten Tag zu Hitler auf den Berghof, wo ich endlich mein Eichenlaub erhalten sollte. Nun war aber der einmalige Fall eingetreten, daß ich das Eichenlaub bereits zur Trauerfeier anlegen sollte. Also überreichte es mir der zweite Adjutant Hitlers, Engel, vorher! Für die Vorstellung bei Hitler wurde es wieder abgehakt. Wir versammelten uns – etwa 15 bis 20 Offiziere, vielleicht auch der eine oder andere Unteroffizier dabei – in dem großen Saal mit dem riesigen Fenster zum Untersberg. Da ich der Dienstälteste war, hatte ich Hitler zu melden und erhielt einen Händedruck. Er schritt dann die Reihe ab und übergab das betreffende Kästchen mit der Auszeichnung. Anschließend forderte er uns auf, Platz zu nehmen und sprach dann etwa eine Stunde auf uns ein.

Seine ruhig mit leiser Stimme vorgetragenen Ausführungen klangen ernst und waren nicht optimistisch. Er sprach von neuen Waffen, neuen Flugzeugen und U-Booten.

Ich war über seine Haltung sehr erstaunt, da ja überwiegend Frontoffiziere zugegen waren, denen man Mut machen sollte, anstatt alle Schwierigkeiten aufzuzeigen.

Seine Nüchternheit bei der Lagebeurteilung kam für mich völlig unerwartet. Ich sah ihn damals zum letzten Mal.

Anschließend war ich 8 herrliche Tage im grünen Wünsdorf auf Urlaub – zum vorletzten Male."

Hitler hatte, wie immer, wieder nur geredet. Er ließ niemanden zu Wort kommen.

Er konnte, wie Nehring beobachtete, nur noch Hoffnungen wecken, aber besaß keine Ausstrahlung mehr. Sein Charisma war verschwunden. Für Nehring war Hitler ein geschlagener Mann, doch immer noch mit der Gewalt über Tod und Leben.

Als sich Nehring am 28. Januar 1944 mit einem Korpstagesbefehl von der 18. Artillerie-Division verabschiedete, hatte er mit „Nehring, General der Panzer" unterschrieben. Es hätte General der Panzertruppe heißen müssen, aber General der Panzer, das war Nehring.

Auch seine Person umgab er mit einem Panzer in der aussichtslosen Lage, die er nun vorfand.

Als er zu seinem Generalkommando nach Galizien zurückkehrte, fand er eine ruhige Front vor, die nur dünn besetzt war.

Eine der ihm dort unterstellten Divisionen, die 20. Pz. Gren. Div., führte Generalleutnant Jauer, der bald einer der wenigen Freunde Nehrings unter den Generalen wurde. Da Jauer auch Jäger war, kamen sie sich rasch näher.

Im Grunde ist Nehring wohl einer der einsamsten höheren Truppenführer des Zweiten Weltkrieges gewesen. Er ging zu seinen Vorgesetzten schnell auf Distanz, wenn er deren Qualitäten durchschaut hatte. Seine Klugheit ließ ihn dabei vorsichtig handeln. Er konnte nicht wissen, ob ihm jemand, den er nicht schätzte, einmal gefährlich werden konnte. In dieser Endzeit des Krieges mußte man auf der Hut sein. Die Heeresgruppe Nordukraine führte Feldmarschall Model, den er aus der Zeit im Truppenamt der Reichswehr kannte. Er schätzte ihn nicht übermäßig, da er ihm zu sprunghaft schien. Nehrings aufrechte Art stand im Widerspruch zu der Raffinesse, mit der höhere Truppenführer ihr Licht nicht unter den Scheffel stellten. Jetzt erlaubte ihm die trügerische Ruhe an der Front, einen Bock und ein Stück Schwarzwild zu schießen. Das Jagdgewehr war ein Karabiner mit aufgesetztem wackligem Zielfernrohr, was ihm äußerst behelfsmäßig vorkam. Etwas Luxus im Generalkommando vertrug er nicht, den es bei anderen höheren Führungsstäben damals noch gab.

Bei einem ukrainischen Bauern lag er im Quartier, von dem er Monate später aus Deutschland einen Brief erhielt. Darin stand, er wäre in Süddeutschland und würde als minderwertiger Ostarbeiter schlecht behandelt, der General möge ihm doch helfen. Nehring schrieb an den zuständigen Kreisleiter der Partei, der sich sofort bei ihm schriftlich entschuldigte. Vor Frontgeneralen gab es in der Heimat noch Respekt bei den braunen Führern. Als sein zweiter Fahrer, Hermann Rühl, vom Kriegsgericht wegen der Gefährdung eines Bahntransportes zur Front zu Gefängnis verurteilt wurde, hatte Nehring Mühe, ihn vor dem Absitzen der Strafe zu bewahren.

Die Heeresgruppe Nordukraine konnnte über die Masse der Panzerverbände an der Ostfront verfügen, da Hitler und das OKH die neue Sommeroffensive der Roten Armee bei ihr erwarteten. Es handelte sich dabei aber um ein groß angelegtes Täuschungsmanöver der sowjetischen Führung, durch das die wahren Absichten verschleiert wurden.

Am 5. Juni 1944 gelang die alliierte Landung in der Normandie. Im Osten hielt die Ruhe an der Front an, bis am 22. Juni die sowjetische Großoffensive gegen die Heeresgruppe Mitte des Feldmarschalls Busch begann, die schnell zu einer der größten Niederlage des Ostheeres führte.

Inzwischen hatte Generaloberst Harpe die Führung der 4. Panzerarmee übernommen, mit dem Nehring Ärger in seiner Wünsdorfer Zeit gehabt hatte. Er war nun sein Vorgesetzter geworden.

Annemarie Nehring erinnert sich, daß die alten Kraftfahroffiziere in Wünsdorf einen „gemütlichen Haufen" bildeten, in den Nehring als Generalstäbler geriet und als Außenseiter empfunden wurde.

Als dienstältester Kommandierender General wurde Nehring am 28. Juni 1944 „für die Dauer der Abwesenheit des Generalobersten Harpe", wie es in seinen Personalakten heißt, mit der stellvertretenden Führung der 4. Panzerarmee beauftragt. Als er am 2. Juli Armeeführer wurde, hatte er fast nur noch Infanteriedivisionen unter seinem Kommando, da die gepanzerten Divisionen in die riesige Frontlücke gebracht wurden, die durch den Zusammenbruch der Heeresgruppe Mitte entstanden war.

Geblieben war der 4. Panzerarmee nur die 17. Panzerdivision. Darauf hatte die sowjetische Führung gewartet. Am 13. Juli durchbrach die 1. Ukrainische Front Marschall Konjews die inneren Flügel der 1. und 4. Panzerarmee und am 18. Juli trat die 1. Weißrussische Front im Raum von Kowel an, durchbrach den Nordflügel von Nehrings 4. Panzerarmee und drehte in die tiefe Flanke der zerschlagenen Heeresgruppe Mitte über Lublin ein.

Jetzt stand Nehring bei offenen Flanken mit dem Zentrum seiner 4. Panzerarmee noch weit vorn am Bug. Einen Rückzug zur Weichsel verbot Hitler.

Im Fieseler Storch war Nehring oft unterwegs, um seine Truppen zu besuchen, dabei sah er sich die Weichsel aus der Luft an und stellte fest, daß sie unreguliert war, ein Rinnsal, kein Strom, der militärisch als Hindernis bezeichnet werden konnte.

Chef des Generalstabes der 4. Panzerarmee war Georg Schulze-Büttger, den Nehring im Reichswehrministerium als besonders tüchtigen und sympathischen Offizier kennengelernt hatte. Er ahnte nicht, daß Schulze-Büttger, einst Adjutant von Ludwig Beck, dem früheren Generalstabschef des Heeres, auf den Wunsch Becks versucht hatte, Manstein für die Sache des Widerstandes zu gewinnen, als er in dessen Stab als Ia versetzt wurde. Aber Schulze-Büttger war bei Manstein mit seinen Argumenten nicht durchgedrungen. Nach dem 20. Juli verlor Nehring seinen Generalstabschef, der als Mitwisser des Attentates verhaftet und hingerichtet wurde.

Nehring schreibt: „Er war in den 20. Juli verwickelt. Mich hat er nie darauf angesprochen, obwohl wir gemeinsam auf die Oberste Führung schimpften. Die Frontgenerale sollten mit diesem Problem nicht belastet werden. Sonst hätte ich auch auf der Liste gestanden. Ich sehe noch sein Erschrecken deutlich vor mir, als die Rundfunknachrichten kamen und Hitler in seiner nächtlichen Rundfunkansprache ‚Beck und die Offiziersclique' anprangerte."

Tatsächlich hatten die Verschwörer des 20. Juli Frontbefehlshaber außerhalb ihrer Verabredungen gelassen. Die Front sollte damit nichts zu tun haben, damit sie nicht noch zusätzlich belastet würde.

Nach dem 20. Juli mußte Hitler endlich der 4. Panzerarmee erlauben, sich aus ihrer weit vorgeschobenen Stellung hinter die Weichsel zurückzuziehen. Guderian hatte die Geschäfte des Chefs des Generalstabs des Heeres übernommen. Es gelang Nehrings 4. Panzerarmee in krisenreichen Kämpfen mit knapper Not, wie er schreibt, der Einschließung zu entgehen und bei Sandomir und westlich davon gerade noch das Aufrollen der Weichselfront zu verhindern.

Nehring: „Die Infanterie war abgekämpft und fühlte sich den russischen Panzern unterlegen. Alles war dienstlich sehr schwer und unerfreulich."

Model, der das, was von der Heeresgruppe Mitte noch übrig geblieben war, nun mit der Führung der Heeresgruppe Nordukraine übernommen hatte, durfte endlich diese Heeresgruppe abgeben, die Generaloberst Harpe erhielt. Das Heerespersonalamt traf noch eine andere Entscheidung. Nehring durfte am 6. August seinen dreiwöchigen Jahresurlaub nehmen, ehe er wieder zum XXIV. Panzerkorps zurückkehren sollte. Die 4. Panzerarmee bekam General der Panzertruppe Balck.

In der Beurteilung, die Harpe am 14. August über Nehring abgab, fehlte bei der „Eignung" das Wort „Belassung". Nach Harpe war Nehring geeignet, als Armee-Führer, Militärbefehlshaber oder Kommandierender General eingesetzt zu werden. Vorher hieß es in der Beurteilung „War unter besonders schwierigen Verhältnissen vom 28.6. bis 6.8.44 mit der stellv. Führung der 4. Panzerarmee beauftragt. Er hat ruhig überlegt geführt. Was ihm an äußerster Kühnheit und letztnotwendigem, absolut rücksichtslosem Durchgreifen fehlt, hat er durch seinen persönlichen Einsatz und durch ständige persönliche Einflußnahme auf Führung und Truppe ausgeglichen."

Rücksichtslos war Nehring nie gewesen; die Beurteilung ehrte ihn, freilich auf eine andere Weise. Bei der Verwendung als Armeeführer wurde er übergegangen.

Er durfte jetzt seinen dreiwöchigen Jahresurlaub antreten, den ihm Hitler bewilligte.

Während seines Urlaubs erfuhr Nehring durch die Zeitungen von dem Umfang, den die Verschwörung des 20. Juli hatte. Aber noch mehr beeindruckte ihn die schlechte Lage an den Fronten. Er ahnte Fürchterliches.

Annemarie Nehring erinnert sich, daß er viel Zeit im Heizungskeller ihres Mietshauses in Wünsdorf verbrachte, um Papiere zu verbrennen.

Am 19. August erkrankte er an einer Grippe mit Bronchialkatarrh und wurde in das Reservelazarett Wünsdorf eingeliefert.

Am nächsten Tag, 20. August, erhielt er vom Heerespersonalamt wieder sein XXIV. Panzerkorps.

„Ich hatte das Pech oder Glück", schreibt Nehring, „eine leichte Lungenentzündung zu bekommen, sodaß ich erst Mitte Oktober zum Generalkommando XXIV hinausfuhr." Er verbrachte „herrliche Sommertage" in Wünsdorf und Bremin bei den Klinkowströms, seinen gräflichen Verwandten.

Aber in Bremin war, wie meistens, der Jagdaufenthalt nur kurz. Auch im Spreewald jagte er in den Revieren von Freunden. Dort schoß er am 18. September einen Vierzehnender. Nehring schreibt: „Ein Blattschuß! Es war ein schöner Abschluß".

Anfang Oktober begannen wieder die Anrufe vom Heeres personalamt, das anfragte, wann er wieder dienstbereit sei. Auch Generaloberst Harpe in Krakau wollte ihn jetzt schnell wiederhaben.

Am 11. Oktober wurde er dienstfähig geschrieben.

Seiner Frau sagte er: „Paß auf, die Straße Berlin – Wünsdorf – Dresden wird noch mal die Trennungslinie zwischen den Russen und den Amerikanern werden."

Da waren sie beide noch einmal zusammen, als sie diese Straße nach Berlin fuhren. „Es herrschte starker Nebel. Die Gesamtlage war bedrückend," schreibt Nehring. „So ganz vorbei habe ich damals nicht getippt, aber zu ändern war nichts. Schon 1939 sagte Generaloberst Frhr. v. Fritsch: ‚Hitler ist Deutschlands Schicksal und ihm bestimmt.'"

Auf dem Bahnhof Zoo nahm er von seiner Frau Abschied.

Als ihn sein Fahrer Feldwebel Voller am Bahnhof von Krakau abholte, berichtete er, daß vom Stab der Fahrer Mayerweck, der Leutnant d. Res. Brey und andere Soldaten auf der Fahrt zum Bahnhof Krakau in den Urlaub von Partisanen erschossen worden seien.

Nehring schreibt: „Harpe als Führer der Heeresgruppe hatte davon nichts gehört und war sehr erstaunt. Zum Ausgleich stand auf seinem Schreibtisch eine Büste Hitlers. Dann kam die Funknachricht, daß der Führer der ungarischen Armee, Miklos, zu den Russen übergelaufen sei und schließlich starb in diesen Tagen Rommel ‚an den Folgen seiner Verwundung', was jedermann glaubte. Und in meinem Krakauer Hotel standen einen Stock höher zwei Feldgendarmen Wache vor einem Zimmer, in dem ein verhafteter General saß. Für den Anfang genügte das."

Sein Generalkommando XXIV. Panzerkorps fand Nehring in Bardijew in der Slowakei. Es hatte wieder einmal nur Infanteriedivisionen unter seinem Befehl, die in dem schwierigen Wald- und Gebirgsgelände am Dukla-Paß in den Karpaten die verlustreichen Angriffe der Russen abwehrten. Sie kamen nicht durch.

Nehring schreibt: „Mein Chef des Stabes, Oskar Berger, war, glaubte ich, über meine Rückkehr nicht sonderlich entzückt, nachdem er drei Vertreter betreut hatte, die sich wohl auch nur als Vertreter gefühlt hatten. Anscheinend hatte er das Korps selbständig geführt, wie ich bald merkte.

Obwohl er für seinen Dienstgrad als Oberst sehr jung war, war er ohne Zweifel ein sehr tüchtiger Mann. Nur fiel es ihm schwer, sich anzupassen."

Das XXIV. Panzerkorps gehörte zur 1. Panzerarmee, die Generaloberst Heinrici führte, der Nehrings Taktiklehrer während seiner Generalstabsausbildung 1923/25 gewesen war.

Am 9.11.44 schrieb Heinrici diese Beurteilung Nehrings für das Heerespersonalamt: „Habe Gen.d.Pz.Tr.N. in der kurzen Unterstellungszeit als überlegten und sachlich arbeitenden Führer kennengelernt. Er zeichnet sich durch persönliche Einsatzbereitschaft und tatkräftige Einflußnahme auf Führung und Truppe aus. Persönlich führt er ruhig und sicher, ohne allerdings seiner Natur nach besonders harten oder gewagten Entschlüssen zuzuneigen. Jedoch nimmt er dahingehende Anweisungen bereitwillig auf und führt sie zuverlässig und zielsicher durch. Gewandte, anpassungsfähige Persönlichkeit. Überblick auch über größere Verhältnisse. Große Fronterfahrung, sehr gute militärische Durchbildung.

Über den Durchschnitt. Belassung."

Ende Oktober hatte Nehrings Generalkommando eine neue Verwendung erhalten. Seit dem 21. Juli war Generaloberst Guderian für die Ostfront verantwortlich.

Während Hitler für seine Ardennenoffensive im Westen Panzerverbände zusammenzog, wollte Guderian der Ostfront drei Panzerkorps als „Feuerwehren" zur Verfügung stellen, die geschlossen eingesetzt werden sollten und direkt dem OKH, also Hitler, unterstanden.

Das waren das Panzerkorps „Hermann Göring“, das Panzerkorps „Großdeutschland“ und das XXIV. Panzerkorps General Nehrings. Guderian holte deshalb Nehring aus den Karpaten hinter den von den Sowjets gebildeten Weichsel-Brückenkopf bei Baranow.

Er erhielt die 16. und 17. Panzerdivision, die jetzt ständig das XXIV. Panzerkorps bilden sollten, um dem Einsatz vereinzelter Panzerdivisionen vorzubeugen. Außerdem wurde Nehring noch die 20. Pz.Gren.Div. seines Freundes Jauer unterstellt. Nehring blieb skeptisch. Er hielt alles für zu spät. Er schreibt: „Man mußte froh sein, auch nur einzelne Panzerdivisionen als Feuerwehr einzusetzen, um das an vielen Stellen aufflackernde Feuer löschen zu können.“

Das Generalkommando kam nach Kielce. Nehring wohnte erstmals im Kriege in einer schönen Villa, später außerhalb der Stadt im ehemaligen Dienstgebäude eines polnischen Kommandeurs.

Die deutsche Front vor Nehrings Panzerkorps hielt die 4. Panzerarmee, die jetzt General Graeser führte, der ein Bein verloren hatte.

Mit Graeser war Nehring sich einig, daß sein Panzerkorps viel zu nahe der Front bereitgestellt wurde.

Nehring schreibt: „Erfahrungsgemäß wurde der Einsatzbefehl Hitlers jeweils 48 Stunden zu spät gegeben, weil er niemandem traute und alle operativen Einzelheiten in ganz Europa selbst regeln wollte.“

Mit seinen Gegenvorstellungen bedrängte Nehring den Generaloberst Harpe so heftig, daß dieser ihn ablösen lassen wollte, was aber das Heerespersonalamt nicht mitmachte.

Die 16. Panzerdivision, die Nehring sofort nach seiner Ankunft besuchte, hatte ihre Panzer in Boxenstellungen befehlsgemäß halb eingegraben, getarnt gegen Fliegersicht, aber die Batterien ausgebaut. Ihm wurde vom Kommandeur des Panzerregimentes 2 lakonisch gemeldet: „Zu nahe an der Front!“

Die Front war hier ruhig. Der Gegner bereitete seinen neuen Aufmarsch vor.

Im Panzerkorps wurde theoretisch und praktisch ausgebildet. Nehring leitete eine große Planübung, die den genauen späteren

Verlauf des russischen Angriffs voraussah und durchübte, der dann im Januar 1945 losbrach.

Anfang des neuen Jahres besuchte Guderian in Krakau den Generalobersten Harpe und dessen Chef des Generalstabes Ritter v. Xylander, die ihm vorschlugen, unmittelbar vor dem zu erwartenden russischen Angriff das Weichselufer aufzugeben und etwa 20 Kilometer in die wesentlich kürzere, ausgebaute Stellung zurückzugehen.

Guderian erwiderte, es bestünde wenig Aussicht, damit vor Hitlers Augen Gnade zu finden.

Er war verzweifelt.

Nehring sah sich die rückwärtigen Stellungen genau an. Das sollte ihm bald sehr hilfreich werden, obwohl dann diese Stellungen zu Hindernissen für die zurückmarschierende kämpfende Truppe geworden waren.

Trotz der Frontnähe gehörte Kielce noch zur Zivilverwaltung des Generalgouvernements, deshalb durfte der vierzehnjährige Sohn Nehrings, Christoph, ihn dort besuchen, der bei der Kinderlandverschickung seines Internates nach Jugoslawien in einen Ort an der Save geraten war.

Nehring stand zum ersten Mal ein Jagdrevier zur Verfügung, das ein Förster betreute, der früher Ordonnanz bei Hans Baehsler gewesen war, mit dem er in der Inspektion der Panzertruppe zusammengearbeitet hatte.

Bei einer Drückjagd auf Rotwild, an der auch die Generale Graeser und Jauer teilnahmen, schoß Nehring mit einem kleinkalibrigen ungarischen Militärgewehr eine Doublette, worüber er hocherfreut war. Es gab ja kaum noch etwas, über das man sich freuen konnte. Sein Sohn Christoph briet mit den Jägern im Walde am offenen Feuer Hasen und ritt auf Schimmeln, die das Panzerkorps aus Taganrog bis hierher mitgenommen hatte.

Dies alles klingt wie eine Idylle, aber was blieb Nehring damals noch in der aussichtslosen Lage übrig, als einem seiner Söhne etwas Gutes anzutun. Der Krieg war längst verloren. Keiner wußte, ob man sich wiedersehen würde.

Als am 12. Januar 1945 der russische Angriff im Baranow-Brückenkopf begann, Nehrings Quartier bei Kielce mit Bomben beworfen und mit Bordwaffen beschossen wurde, ließ er seinen Sohn zum letzten Zug bringen, der Kielce verließ, mit dem Christoph Nehring sich auf die lange Rückreise in das Internat an der Save begeben konnte.

Dann kam alles so, wie es Nehring vorausgesehen hatte. Die Front wurde überrannt, sein Panzerkorps in der Bereitstellung angeschlagen und eingeschlossen.

Es war ungewiß, ob es ihm und seinen Soldaten noch gelänge, den langen Marsch nach Deutschland antreten zu können.

16. KAPITEL

# *Ein absehbares Ende*

Theodor Fontane, der auch Kriegsberichter und Verfasser von Büchern über Preußens Kriege im 19. Jahrhundert gewesen ist, hat in seinem Roman „Vor dem Sturm“ geschrieben: „Alle Stubenhocker dringen beständig auf ‚Opfertod‘; alte geschulte Soldaten aber, die aus fünfzig Schlachten her wissen, einerseits welche niedrige Organisation, welch bloßer, wer weiß hergenommener Taumelzustand ausreicht, um ein Heldenstück gewöhnlichen Schlages zu verrichten, alle diese denken sehr ruhig über Bravourangelegenheiten und haben in der Regel längst aufgehört, alles, was dahin gehört, in einem besonderen Glorienschein zu sehen.“

Gegen Ende des Zweiten Weltkrieges kehrte die Panzertruppe, die Guderian und Nehring geschaffen hatten, aus mehr als fünfzig Schlachten nach Deutschland zurück, und jeder Offizier und Soldat wußte, daß es keinen Glorienschein für besondere Tapferkeitstaten mehr geben konnte, die so gewöhnlich geworden waren.

Dennoch gab es militärische Leistungen, die es verdienen, festgehalten zu werden, bei denen der Einzelne nur noch sich selbst besiegen konnte, nicht mehr den übermächtigen Feind.

Bravourstücke anderer Art als bisher wurden gefordert, die viel mit der Kameradschaft zu tun hatten, die das letzte Band geblieben war, das im untergehenden Reich noch etwas galt.

Alexanderzüge hatte es gegeben, jetzt ging es nur noch darum, sich an Xenophons „Anabasis“ zu halten, dem gefahrvollen Rückmarsch der Griechen aus fremden Ländern in die Heimat.

General der Panzertruppe Nehring kam Mitte Januar 1945 in die Lage, einen derartigen Rückmarsch anzuführen, den er nach damaligen Maßstäben glücklich beenden konnte.

Guderian, mit dem Nehring so lange verbunden war, hat in wenigen Worten in seinen „Erinnerungen eines Soldaten“ beschrieben, was Nehring zwischen dem 12. und 22. Januar 1945 leistete. Und er nannte auch „einen neuen Xenophon“, der vielleicht einmal darüber schreiben würde.

„Die Heeresgruppe A hatte ihre Reserven zum Gegenstoß eingesetzt. Diese waren auf ausdrücklichen Befehl Hitlers näher an die Front geschoben, als es Generaloberst Harpe ursprünglich befohlen hatte. Die Folge dieses Eingriffs war nun, daß sie von der russischen Artillerievorbereitung gefaßt und vor ihrem Eingreifen bereits stark angeschlagen wurden. Den Russen gelang eine teilweise Umzingelung dieser Panzertruppen. Sie mußten von nun an unter Führung von General Nehring wie ein wandernder Kessel nach Westen zurückgehen, richtiger: ‚sich zurückkämpfen', und haben diese außergewöhnliche Leistung in fester Haltung vollzogen, zum ewigen Ruhme des deutschen Soldatentums.

Einer Reihe von Infanterieverbänden gelang es, an diese wandernde Kesselschlacht Anschluß zu nehmen, nicht ohne das Tempo der Bewegungen zu verlangsamen. Aber trotz dieser Hemmung gelang das schwere Werk unter kameradschaftlicher Hilfeleistung aller Beteiligten."

Nehrings „Wandernder Kessel" ist in die Kriegsgeschichte eingegangen. Er wurde zum Synonym für eine fähige Truppenführung auch am Ende des Zweiten Weltkrieges und seiner Schlachten und für den letzten Marsch „heim ins Reich", der in alter, traditioneller Disziplin durchgeführt wurde. Deshalb wohl das große Wort Guderians vom Ruhme deutschen Soldatentums.

„Das Eigenartige war," schreibt Georg Jauer, der unter Nehring die 20. Pz.Gren.Div. führte, „daß wir trotz aller Bedrängnis und Sorgen nie das Gefühl hatten, wir würden im Kessel unser Ende finden. Wenn das so war, dann nicht zuletzt deshalb, weil einer dem anderen vertraute und jeder sein Bestes gab."

Ohne Befehle vorgesetzter Kommandostellen, allein auf sich und seine Soldaten gestellt, marschiert der wandernde Kessel von Kielce zuerst nach Norden, ihm schließen sich Reste der an der Weichsel stehenden, durchbrochenen Infanteriedivisionen an, dann trifft er auf starken Feind. Kurz entschlossen dreht Nehring seine Truppen nach Westen ab, findet eine Brücke über die Pilica wieder, die er beim Erkunden vor der Schlacht sich eingeprägt hatte, und es gelingt ihm durch diesen Linksabmarsch nach Kämpfen mit dem Gegner in nächtlichen Märschen, in einer vom Nebel verhangenen Landschaft, endlich auf deutsche Truppen zu stoßen, die zum Panzerkorps „Großdeutschland" gehören.

Nach 11 Tagen und rund 250 km Marsch durch den siegestrunkenen Feind hat Nehring diese selbstgestellte Aufgabe bewältigt. Alle Verwundeten wurden mitgenommen, die dann an der Warthe ausgeflogen werden konnten.

Am 22. Januar erläßt Nehring einen Tagesbefehl an sein XXIV. Panzerkorps, in dem es heißt: „Dem Marsch folgte der Kampf und umgekehrt. Wenig oder gar keine Ruhe, wenig Munition, wenig Betriebsstoff – dagegen aber Frost und Schnee, vereiste Wege und Straßen, starker und schneller Feind, schwieriges Gelände und Flüsse ohne Brücken – all das konnte uns nicht hindern, unseren Willen durchzusetzen, den Feind zu überrennen, wo er sich uns entgegenstellte, indem wir zusammenhielten."

Zuletzt wünschte er seinen Soldaten Bewährung wie bisher. „Daß es nicht anders sein wird, ist meine feste Gewißheit." Das war ein sibyllinischer Satz; er war doppeldeutig.

Anderes, besseres könne nun nicht mehr kommen. Ein „Weiter so!" war es wohl in diesem Sinne, und das hieß: westwärts.

Nehring: „In den Stäben Hitlers und Guderians (OKW und OKH) war man aufmerksam gewesen, und so erwartete mich ein Führertelegramm über die Verleihung der Schwerter zum Eichenlaub des Ritterkreuzes, was ich als Anerkennung für alle empfand, die dabei waren. In der Nacht zum 23. Januar schliefen wir erst mal aus."

Er war der 124. Soldat der Wehrmacht, der diese hohe Auszeichnung erhielt. Am 25. Januar fährt Nehring mit dem Generalkommando und dem Stab der 16. Panzerdivision nach Glogau, um dort die Oder-Verteidigung aufzubauen. Es wird eine Fahrt ins Ungewisse, da russische Panzerrudel überall herumfuhren. Zwei Kanonen auf Selbstfahrlafette begleiten die kleine Kolonne, die der Ordonnanzoffizier Sell anführt. Zweimal stößt sie auf Russen während des nächtlichen Marsches. Es schneit, Flüchtlingstrecks sind mit ihr unterwegs, das Elend der Zivilisten bedrückt die Soldaten, die ihnen hier nicht helfen können. Am Abend des 26. Januar ist die Oderbrücke von Glogau passiert, Quartier wird 6 Kilometer westlich davon auf dem Gut Herrndorf bezogen, wo nun der Gefechtsstand sich befindet. Dort war das Armeeoberkommando 9 bisher, das nach Norden in den Raum Frankfurt an der Oder abrückte.

Nehrings Verteidigungsabschnitt reichte nun von Steinau an der Oder – der Ort ausschließlich – bis Neusalz an der Oder. Reguläre Truppen findet Nehring nicht vor, nur Sicherungen aus Polizei, Volkssturm und Ersatztruppenteilen. Aber mit dem Eintreffen des „Wandernden Kessels" verbesserte sich die Abwehrkraft des Abschnittes wesentlich. An der Oder gab es eine Verteidigungslinie mit betonierten MG-Ständen, die schon vor 1933 ausgebaut worden war. Der Brückenkopf von Glogau war in diese Linie einbezogen.

Festungskommandant von Glogau wurde Oberst Jonas Graf zu Eulenburg. Nehrings XXIV. Panzerkorps gehörte jetzt zur Heeresgruppe Mitte des Generalobersten Schörner.

Da Hitler dem Panzerkorps „Großdeutschland" befohlen hatte, ostwärts der Oder zu bleiben und von dort den bei Steinau entstandenen, gefährlichen russischen Brückenkopf von rückwärts abzuschneiden, geriet General v. Sauckens Korps in eine aussichtslose Lage.

Es wurde Nehring unterstellt, der es über eine Kriegsbrücke auf das Westufer holte, die er in kurzer Zeit aus Brückenponton-Material schlagen ließ, das schon an der Elbe abgestellt worden war und vorausschauend von der Heeresgruppe herangebracht wurde.

Bei Hochwasser und Treibeis wurde auf halbem Wege zwischen Glogau und Steinau unter Leitung von Nehrings Korpspionierführer, einem Major der Reserve aus Hamburg, diese Brücke geschlagen, die auch für schwerste Tigerpanzer brauchbar sein mußte. Beiderseits der Brücke hatte der Feind die Oder erreicht, der freie Raum war noch zwei Kilometer breit.

Nehring fliegt durch diesen schmalen Korridor bei Schneegestöber in seinem Fieseler Storch über die Oder nach Osten, um beim Panzerkorps GD die Lage zu besprechen. Alles hing vom schnellen Uferwechsel des Korps mit seinen Tausenden von Kraftfahrzeugen ab. Diese Aufgabe gelang in den ersten Februartagen.

Nehring schreibt: „Wie so oft in diesem Zweiten Weltkriege mußten Truppe und Frontführung auch hier das Letzte aus sich herausholen, um die Fehler ihres ‚Obersten Kriegsherrn' ungefähr auszugleichen und ihrer Aufgabe, den Feind aufzuhalten, gerecht zu werden."

Nehring entschloß sich, die Pontonbrücke flußabwärts nach Glogau, zerlegt in mehrere Pontonfähren, zu schicken, was ohne Verluste dann geschah.

Beim Brückenschlag hatte er beobachtet, wie aus Richtung Steinau, dem bereits russisch besetzten Oderabschnitt, ein Tonnenfloß flußabwärts trieb, auf dem angebunden ein nackter Mann lag, der noch schwache Lebenszeichen zu erkennen gab, bald darauf aber starb, nachdem das Floß ans Ufer gezogen worden war. Neben ihm lag der Uniformrock eines deutschen Militärarztes.

Glogau hatte Hitler zum „Festen Platz“ erklärt. Das hieß, die Stadt mußte unter ihrem Kommandanten bis zum Äußersten gehalten werden, auch wenn das umliegende Gebiet von eigenen Truppen geräumt wurde.

Gegen diesen Befehl wurde von allen Kommandostellen sachlich begründeter Widerspruch erhoben, aber wie stets in solchen Fällen ohne Erfolg.

Nehring schreibt: „Der Kommandant, Graf Eulenburg, war sich seiner unlösbaren Aufgabe, die Stadt zu halten, bewußt. Er wies offen darauf hin, gehorchte aber als tapferer Soldat. Bei ihm blieb eine Besatzung von 6 – 8 000 Mann zurück, meist ältere Jahrgänge, die bataillonsweise gegliedert waren und keiner Division angehörten, dazu wenig Artillerie.“ Die Lage entwikkelte sich schnell weiter. Das Panzerkorps GD wurde nach Westen zurückgenommen, um zu versuchen, sich dem Gegner erneut vorzulegen. Nehrings XXIV. Panzerkorps (16. Pz. Div., 72.I.D. und 341. Reserve-Div. sowie weitere Verbände) erhielt Befehl, kämpfend in allgemein nordwestlicher Richtung zurückzugehen.

Nehring schreibt: „Glogau hielt sich noch längere Zeit, obwohl die Russen energisch angriffen, an vielen Stellen Brände ausbrachen und starke Verluste eintraten. Einige Tage bestand noch Fernsprechverbindung, später bis zum tragischen Ende Funkverbindung. Für uns war es ein unnötiges Opfer – für den Feind ein verhältnismäßig billiger Triumph.“

Jonas Graf zu Eulenburg fiel beim endlich erlaubten Ausbruch, nachdem ein Flugzeug in die Stadt sein Ritterkreuz abgeworfen hatte.

Als Bataillonskommandeur des Potsdamer Inf.Rgt. 9 war er 1939 in den Krieg gezogen. Nehring hatte ihn damals in der Tucheler Heide kennengelernt.

Nehrings Korps ging ab 10. Februar unter ständigen Nachhutkämpfen zurück, da der Feind nördlich von ihm bereits die Oder überschritten hatte. Ehe es am 20. Februar Guben erreichte, standen die Russen schon westlich von ihm. Es kam zu Kämpfen.

Bei Guben ging das Korps über die Görlitzer Neiße und richtete sich zur Verteidigung ein. Nehrings Abschnitt reichte von Guben bis zur Autobahn bei Forst, die nach Berlin und Wünsdorf verläuft. Auf dem Gut Schlichow, 4 km ostwärts von Cottbus, war Nehrings Gefechtsstand bis zum 28. Februar.

Nehring schreibt: „Hier sprachen die Bauern wendisch und verständigten sich gut mit unseren russischen Hiwis (Hilfswilligen) und unseren Kosaken. Cottbus war noch voller Betrieb, obwohl die Russen auf dem Ostufer der Neiße standen. Man hoffte oder glaubte noch, endlich halten zu können."

Nehring denkt dauernd an Wünsdorf und wie er einmal schnell zu seiner Frau fahren könnte. In Cottbus kauft er sich seine erste Brille.

Er schreibt: „Da kam am 27. Februar der Befehl für eine neue Aufgabe: Lauban durch Angriff zu befreien, um die Bahnlinie durch Schlesien wieder befahrbar zu machen. Dazu wurde die Panzergruppe Nehring aus dem 39. und 57. Panzerkorps sowie einigen Infanterie-Divisionen gebildet."

Mit seinem Generalkommando XXIV als Panzergruppenstab entwirft Nehring den Angriff gepanzerter Verbände mit beschränktem Ziel, der dann zur Einkreisung des starken Gegners führte. Die Panzerdivisionen griffen beiderseits von Lauban, das noch teilweise von Infanterie gehalten wurde, nach größter Geheimhaltung überraschend als eiserne Zange an und schlugen den Feind, der hohe Verluste an Menschen und Material erlitt.

Es war, zusammen mit der Befreiung von Bautzen in den letzten Tagen des Krieges, die letzte Offensive, die deutsche Panzertruppen unternahmen.

Daß die Schlacht von Lauban noch einmal gut ausgerüstete deutsche Panzerdivisionen im Einsatz sah, war für Nehring eine Genugtuung, die aber nach Lage der Dinge nichts mehr bedeuten konnte. Er schreibt: „Goebbels hielt daraufhin in Görlitz eine große Rede, in der er den an sich schönen Erfolg übertrieb und die Zuhörer wie üblich täuschte."

Goebbels kam auch nach Lauban und hielt vor Soldaten auf dem Marktplatz eine Ansprache. Nehring wurde nicht dazu gebeten. Feldmarschall Schörner, der dabei war, hatte ihm vorher gesagt, man wolle keine Generale vorzeigen. In einer Tagebuch-Eintragung hatte Goebbels am 18. Dezember 1942 sich abfällig über Nehring geäußert, der aus Tunis abberufen worden war. Er hatte ihm vorgeworfen, nicht standfest zu sein. Nun schlug er aus Nehrings Erfolg propagandistisches Kapital.

Vorgesehen war, daß Nehrings Generalkommando den Entsatz des belagerten Breslaus versuchen sollte, aber dazu kam es nicht mehr. Es mußte nach Oberschlesien verlegen, wo schwere Kämpfe bei der 1. Panzerarmee stattfanden.

Am 9. März traf Nehring auf dem Gefechtsstand Roben bei Leobschütz ein. Während dieser Abwehrkämpfe sah er seinen alten Regimentskommandeur vom Schützenregiment 52 in der 18. Panzerdivision, Erwin Jollasse, wieder, der als Generalleutnant eine Infanteriedivision bei Oppeln aus der Einkreisung herausführte.

Weitere Gefechtsstände waren Bolatitz, Dittmannsdorf, Oderberg und Obersdorf nordwestlich von Jägerndorf.

Hier erhielt Nehring nach anstrengender Fahrt durch nicht abreißende Flüchtlingstrecks ein Telegramm seiner Frau, in dem sie die Zerstörung des Wohnhauses in Wünsdorf, Hindenburgstraße 3, durch amerikanische Flieger mitteilte. Dabei sei das gesamte Hab und Gut der Familie verloren gegangen. Darunter befanden sich auch die Feldpostbriefe Nehrings, die nun unwiederbringlich dahin waren.

Am 21. März 1945 erhielt Nehring die 1. Panzerarmee, über die es im Wehrmachtbericht an diesem Tage hieß: „Im Kampfraum von Oberschlesien vereitelten unsere Panzer und Grenadiere in erfolgreicher Abwehr und wendig geführten Gegenangriffen beiderseits Leobschütz, östlich Ziegenhals und bei Neiße weiteren Raumgewinn sowjetischer Divisionen gegen die Sudeten."

Den Oberbefehl übergab ihm Generaloberst Heinrici in Fridek in Mähren.

In Berlin hatte Guderian endlich erreicht, daß Himmler als Oberbefehlshaber der Heeresgruppe Weichsel wegen Unfähigkeit (und ohne Verleihung des von Himmler erstrebten Ritterkreuzes) von Hitler abberufen wurde. Heinrici wurde Himmlers Nachfolger. Zu Nehring sagte er bei der Übergabe, er gehe mit der Absicht an diese letzte Aufgabe, um Berlin die Opfer zu ersparen, die bei einem Ausweichen seiner Truppen von der Oderfront eintreten müssten. Er wollte die Heeresgruppe dann so führen, daß sie beiderseits von Berlin nach Westen sich absetzte, um die Amerikaner und Briten an der Elbe zu erreichen.

Da Hitler nach der verlorenen Schlacht an der Oder Mitte April in Berlin blieb, statt nach Berchtesgaden auszuweichen, konnte Heinrici diese Absicht nur zum Teil verwirklichen. Unter Heinricis Führung war der 1. Panzerarmee bisher der Schutz des Mährisch-Ostrauer Industriegebietes sowie die Sicherung der Märkischen Pforte gelungen – damit des Flüchtlingsrückstromes aus Schlesien durch Böhmen und Mähren nach Bayern.

Nehring sah in diesen letzten Kriegswochen als Oberbefehlshaber der 1. Panzerarmee nur noch diese einzige Aufgabe: Menschen die Flucht und Rettung zu ermöglichen. Wie einen eisernen Schirm hielt er seine Panzerarmee zusammen, hinter dem die Trecks durch das Land zogen.

Markus Lach, Nehrings Ordonnanzoffizier, erinnert sich: „Um diese Aufgabe wie bisher zu erfüllen, waren General Nehring und ich täglich im Fieseler Storch und im Kraftwagen zu den Armeekorps und Panzerkorps und den ihnen unterstellten Divisionen unterwegs. Er blieb seinem Grundsatz – wie früher als Divisionskommandeur und Kommandierender General – die Truppe von vorn zu führen, auch hier treu. Das machte auf die kämpfende Truppe Eindruck. Wenn wir dann abends todmüde heimkehrten, erwartete uns der tägliche Schreibkram, dazu noch die persönlichen Vorträge der Sachbearbeiter des Armeestabes.

Die Tage endeten nie vor 1.00 Uhr und morgens 6.00 Uhr ging es wieder von neuem los. Ich habe mich oft gefragt, wie General Nehring das gesundheitlich durchhielt, zumal er bei kritischen Situationen kaum in der Lage war, etwas zu sich zu nehmen. Das einzige war dann eine von seinem Burschen Jost hergerichtete Haferschleimsuppe. Erwähnen möchte ich noch die gute Zusammenarbeit mit unserem Chef des Generalstabes, Oberst i.G. Frhr. v. Weitershausen, und unserem Ia, Oberstleutnant i.G. Sauerbruch, dem Sohn des berühmten Chirurgen Sauerbruch."

Zu den größeren Kampfhandlungen, die Nehring noch im April zu leiten hatte, gehört die „zweite" Schlacht von Austerlitz am 20. April, in der sein Nachfolger als Kommandierender General des XXIV. Panzerkorps, Källner, gefallen ist. Es war eine Panzerschlacht.

An diesem 20. April, dem Feiertag wegen des Geburtstages von Hitler, muß die Führungsstaffel der Panzerarmee noch einmal antreten, wie es damals üblich war.

Nehrings Ansprache war, wie immer, kurz. Er sagte: „Der Krieg ist nicht mehr zu gewinnen, aber wir müssen zusammenhalten, damit wir geschlossen die Heimat erreichen."

Die Heimat?

In der Nacht vom 20. zum 21. April mußte Nehrings Frau mit dem jüngsten Sohn Hubertus zu Fuß Wünsdorf verlassen, da sich die Panzer des Marschalls Konjew über Zossen näherten.

Nehring, der die große Lage in Umrissen kannte, konnte sich freilich damals nicht vorstellen, daß seine Frau zu Fuß fliehen müßte.

Ende März wurde er von seinen Vorgesetzten zum letzten Male für das Heerespersonalamt beurteilt, das nach Torgau ausgewichen war.

General Graeser, Oberbefehlshaber der 4. Panzerarmee, schrieb, Nehring habe sich bei den Absetzbewegungen und der Abwehr an der Neiße bewährt, sein Korps richtig und umsichtig geführt. Generaloberst Schörner, Oberbefehlshaber der Heeresgruppe Mitte, bestätigte, daß sich Nehring als Führer einer Armeegruppe (Panzergruppe Nehring) und der 1. Panzerarmee voll bewährt habe, wobei er dessen klare Führung, den Persönlichkeitswert und das vielerprobte Können hervorhebt.

Aber was bedeutete das jetzt noch...

Anfang Mai 1945, nach Hitlers Selbstmord in Berlin, hatte die 1. Panzerarmee eine Verpflegsstärke von rund 400 000 Mann. Davon hielt etwa ein Drittel die 400 Kilometer breite Front.

„Die Front war nicht durchbrochen," schrieb Nehring später, „aber die Frontsoldaten waren stark abgekämpft."

Hinter der Front lag nicht die Heimat sondern das Staatsgebiet der Tschechoslowakei, das 1939 von Hitler zum Protektorat Böhmen und Mähren und zur Republik Slowakei gemacht worden war. Eine Rückführung der 1. Panzerarmee würde mehr als eine Woche dauern, wie man im Stab berechnete. Er solle zu den Amerikanern führen, die gegen die obere Moldau vorstießen.

Das Erzgebirge wurde von zusammengewürfelten Verbänden unter Generaloberst Hoth noch gesichert, der wieder aktiviert worden war.

Nehring schickte seinen Ia, Oberstleutnant i. G. Sauerbruch, im Flugzeug nach Flensburg, um beim OKW vorzusprechen, das er nach längerer Suche in der Marineschule Mürwik fand. Dort trifft er den Chef des Generalstabes der Heeresgruppe Mitte, General v. Natzmer, der den Befehl für Schörner bekommen hat, sofort alle Vorbereitungen für die Rücknahme der Heeresgruppe zu treffen. Natzmer hat aber noch einen anderen Befehl vom OKW erhalten, nach dem die Heeresgruppe Mitte eine Verlegung von OKW und Reichsregierung nach Prag vorbereiten soll.

Der Befehl mußte den Anschein erwecken, daß Dönitz nach Prag kommen wolle. Dies führte dazu, daß General Nehring noch am 7. Mai auf Flugblättern in seinem Armeegebiet das verkünden ließ.

Als Sauerbruch zu Nehring zurückkehrte, hatte Jodl in Reims kapituliert.

Im Gegensatz zu Schörner, der noch zögerte, befahl der Oberbefehlshaber der Heeresgruppe Ostmark (vorher Süd genannt), Generaloberst Rendulic, an diesem 7. Mai den Rückzug zu den Amerikanern. Der rechte Nachbar Nehrings, General Kreysings 8. Armee, setzte sich sofort nach Westen ab. So kam es, daß am 8. Mai eine sowjetische Panzerarmee in die entstehende Lücke zwischen Nehring und Kreysing stieß und rasch in den Rücken der 1. Panzerarmee gelangen konnte.

Nehring befand sich mit seinem Armeeoberkommando in Deutsch-Brod. Er verließ seinen letzten Gefechtsstand am 9. Mai gegen Mittag mit seinem Stab, „nachdem jede Führung aufgehört hatte“, wie er später schrieb.

Der Kollaps war eingetreten.

Von der Heeresgruppe hatte Nehring nichts mehr erfahren.

Für den geplanten mehrtägigen Rückmarsch zum Amerikaner hatte Nehring ein Vorauskommando der Panzerarmee nach Budweis an der oberen Moldau geschickt, das dort einen Gefechtsstand einrichten sollte.

Da Nehring für sich und seinen Stab keinen Sinn darin fand, vor den Russen zu kapitulieren, fuhr er zu seinem neuen Gefechtsstand in Budweis. Da der tschechische Aufstand ausgebrochen war, umging er mit seiner kleinen Kolonne die Stadt Tabor und erreichte an diesem 9. Mai 1945 gegen Abend die amerikanischen Sicherungslinien an der Moldau, die er durchfuhr, um in Budweis mit seiner 1. Panzerarmee vor den Amerikanern zu kapitulieren. Er wurde von amerikanischen Offizieren der Panzerarmee des Generals Patton mit den Worten: „How do you do?“ empfangen, also mit: „Wie geht's Ihnen?“. Als die Amerikaner aber von Nehring erfuhren, daß hinter ihm seine Truppen kämen, wurden sie sehr unruhig, weil diese Deutschen sich nicht den Russen ergeben wollten.

Nehring schrieb später: „Sie fürchteten, überrannt zu werden. Noch mehr fürchteten sie die Aussicht, nun noch in den Krieg gegen Japan geschickt zu werden."

Für die meisten Offiziere, die Nehring hier antraf, war er ein deutscher General, den sie respektierten, weil er am linken Ärmel seiner Uniform das Band des Deutschen Afrikakorps trug. Er war für sie der einzige deutsche General, der amerikanische Truppen in diesem Krieg besiegt hatte.

Bei dem kleinen sudetendeutschen Dorf Tisch (Tsis) in der Nähe von Budweis war ein Zeltlager für sudetendeutsche Flüchtlinge und gefangene deutsche Soldaten entstanden. Dorthin wurde Nehring mit seiner Begleitung geschickt. Er nahm Quartier im Hause des Gendarmerie-Wachtmeisters. Verpflegt wurde er im Zeltlager. Dort wurde er von amerikanischen Offizieren, wie sich sein Ordonnanzoffizier Markus Lach erinnert, ausgeplündert: Sie nahmen ihm seine Stiefel, die Uhr, das Ritterkreuz mit Eichenlaub und Schwertern und anderes mehr weg. Sonst seien die US-Fronttruppen „erträglich" gewesen, meint Lach, der sich die Namen der US-Offiziere merkte, die auf diese Weise Beute machten.

So kam es, daß Nehring und die anderen Offiziere, die sich im Lager aufhielten, weder Rangabzeichen noch Orden trugen; sie sahen nicht anders aus als einfache Soldaten. Nehring hatte hier General der Panzertruppe Kleemann wiedergefunden, der ihm mit seiner 90. leichten Divison in Nordafrika oft unterstellt war, wenn Rommel sich den Einsatz dieser Division nicht vorbehielt. Kleemann war als Kommandierender General des Panzerkorps „Feldherrnhalle", eines Heeresverbandes, in den letzten Kriegstagen der rechte Nachbar von Nehrings 1. Panzerarmee in der 8. Armee gewesen. Am Morgen des 8. Mai hatte er im mährischen Schloß Jaromeritz die letzte Stabsbesprechung abgehalten und sein Panzerkorps mit den Worten entlassen: „Opfer will nicht immer Lohn".

Nun löffelten die beiden Generale an einem rasch gezimmerten Tisch unter freiem Himmel ihre Suppe, zusammen mit einem Dolmetscher, dem Ia Major Blüthgen und dem Ordonnanzoffizier Markus Lach. Versorgt wurden sie von Nehrings Burschen Jost.

Später meinte Nehring, sie seien trotz des furchtbaren Zusammenbruchs erleichtert gewesen, da endlich der seelische Druck des hoffnungslosen Kampfes von ihnen genommen war.

Aber als sie erfuhren, daß die Amerikaner ihre Kriegsgefangenen an die Sowjets auszuliefern begannen, rechnete auch Nehring damit. Er war ihr Oberbefehlshaber gewesen.

Tatsächlich verlangten die Russen Nehrings Auslieferung. Mitte Mai wurde Nehring mit anderen deutschen Generalen nach Pilsen gebracht, wo er von den Amerikanern erfuhr, daß sie seine Auslieferung abgelehnt hätten.

Wahrscheinlich war es erst zu diesem Zeitpunkt, daß er sich erleichtert fühlte.

Aber der Gram, daß seine Soldaten in die Hände der Sowjets gefallen waren oder ihnen ausgeliefert wurden, bedrückte ihn noch viele Jahre.

17. KAPITEL

# *Jahre der Gefangenschaft*

Den Amerikanern galt Nehring nun als „wertvolles Beutestück“ wegen der Bekanntschaft, die sie mit ihm auf dem Schlachtfeld in Tunesien gemacht hatten. Er war es gewesen, der den „Wettlauf nach Tunesien“ gewonnen hatte. Das bewahrte ihn aber nicht davor, letzte Bitterkeiten und Demütigungen ertragen zu müssen, die für die Führer der geschlagenen deutschen Armeen von den Siegern erdacht wurden. Das „Vae victis!“ traf die gesamte deutsche Wehrmacht. Die Generale sahen sich unter Umständen in Lagern wieder, die unvorstellbar für sie gewesen waren.

Dennoch: Nehring hat über das geschwiegen, was ihm zustieß; es muß genug Schlimmes passiert sein, das er sah und mit äußerlichem Gleichmut ertrug, der Möglichkeit, sich abzukapseln, sich ganz auf sich selbst zurückzuziehen, andere nicht wahrnehmen zu lassen, was er dachte. Oft hatte er das auch im Kriege so gehalten. Diese reservatio mentalis hielt er weiter durch; sie gehörte zu seinem Charakter.

Im Lager mußte er seinen Ordonnanzoffizier Lach zurücklassen, der das Glück hatte, bald aus der Gefangenschaft von den Amerikanern ins Zivilleben geschickt zu werden. In Pilsen versorgte Nehring noch sein Bursche Jost, bis die Generale nach Bayern ins Lager Aibling gebracht wurden. Jost wurde nicht entlassen, sondern nach Frankreich gebracht, wo er zwei Jahre lang im Bergwerk arbeiten mußte. Er ist dann in seine sächsische Heimat, nach Chemnitz, zurückgekehrt, das in Karl-Marx-Stadt umbenannt wurde.

In Aibling sah Nehring seinen fünfzehnjährigen Sohn Christoph wieder, der durch Süddeutschland wanderte und ihn in jedem Generalslager gesucht hatte. Beide wußten nicht, was aus der Familie geworden war.

Im Juni wurde Nehring in das Lager Dachau verlegt, in dem er schlimme Zeiten durchlebte, da dort seine Tochter Annemarie gefangen gehalten wurde. Ihre Verhaftung stellte sich als Mißverständnis heraus.

Nehring schreibt: „Es waren wilde Zeiten! Aber alles entwirrte sich. Annemarie kam mit Hilfe eines sachlich prüfenden deutsch-jüdischen US-Offiziers frei, und Christoph fand mit Gottes Hilfe, darf man sagen, von Bayern aus im feindbesetzten Lande die Mutter und Hubertus in Satrup, Kreis Angeln, in Schleswig Holstein am anderen Ende des übriggebliebenen Vaterlandes (6. September 1945)."

Hier erfuhr Christoph Nehring auch, weshalb seine Mutter und der Bruder so spät aus Wünsdorf weggegangen waren. Die meisten Offiziers- und Verwaltungsbeamtenfamilien waren schon länger weggegangen. Annemarie Nehring blieb, da sie als DRK-Bereitschaftsführerin sich um die Verwundeten kümmern mußte. Wünsdorf war überbelegt mit ihnen. Sie war auch der Auffassung, eine Generalsfrau dürfe sich nicht absetzen. Sie trat jedoch am Ende den langen Fußmarsch an, bevor die Russen Wünsdorf eroberten, weil der Ortsgruppenleiter der NSDAP sie anflehte, zu gehen, um ihr Leben zu retten. Der Ortsgruppenleiter wurde von den Russen getötet.

Inzwischen war Nehring mit sechs Generalen im vergitterten Transportwagen „wie ein Schwerverbrecher" aus dem Lager Dachau abgeholt worden. „Außerhalb des Lagers wurde alles aufgemacht, es war nur Augenpulver für die Masse," schreibt Nehring.

Sie kamen nach Neu-Ulm, wo sich der Bekanntenkreis Nehrings wieder erweiterte. Das Lager war auch eine Nachrichtenbörse zu den Ereignissen von gestern. Hier erfuhr Nehring manches, was er für unglaublich hielt. Er war umgeben von Zeugen der Geschehnisse, denen wenige Wochen nach der bedingungslosen Kapitulation „Ärger, Enttäuschung, Verzweiflung, Erbitterung und auch beabsichtigte Selbsttäuschung anzumerken war", wie Nehring später schrieb.

In Neu-Ulm wurden die Generale „gesiebt", da Kriegsverbrecherprozesse geplant waren, die dann auch nach dem Nürnberger Hauptkriegsverbrecherprozeß stattfanden.

Im Mai 1946 schlug der General der Gebirgstruppe Lanz eine Kundgebung gegen Generale vor, die sich unwürdig benommen hätten, wie Keitel, Göring, Burgdorf und andere, aber der dienstälteste General im Lager, Feldmarschall Ritter v. Leeb, sprach sich dagegen aus, weil es wohl darüber bittere Auseinandersetzungen gegeben hätte.

Am 30. September 1946 löste der Freispruch von Generalstab und Oberkommando der Wehrmacht im Nürnberger Urteil Erleichterung und Freude aus. Über das Todesurteil gegen Generaloberst Jodl war man entsetzt und empört.

Nehring wurde in diesem Monat mit anderen Generalen in das Lager Garmisch verlegt, das sich in der Jägerkaserne befand. Er hatte die „Siebung“ in Neu-Ulm im positiven Sinne überstanden. Mit Generaloberst Raus wurde er in einem Zimmer untergebracht. Jetzt konnte er den Wiener Dialekt von Raus besser kennen lernen, der ihm 1943 bei Kasatin in der Ukraine soviel Schwierigkeiten beim Telefonieren gemacht hatte. Raus hatte im Dezember 1942 mit seiner 6. Panzerdivision am Entsatzversuch von Stalingrad teilgenommen. Im Wehrmachtbericht hatte Nehring damals gelesen, daß die Heeresgruppe Manstein angetreten sei, um die eingeschlossene 6. Armee in Stalingrad zu befreien. Nun waren es nur noch, neben der 6. Panzerdivision, die nicht voll ausgerüstete 17. und 23. Panzerdivision unter General Kirchner gewesen!

In Garmisch gab es die Möglichkeit, einmal in der Woche Besuch zu empfangen. Nehring schreibt: „Glücklicherweise studierte meine Tochter Annemarie damals in München am medizinisch-technischen Institut der Universität, und so hatte ich die große Freude, sie wiederzusehen und von ihr mit allerlei schönen Sachen versorgt zu werden. Die Frauen und Verwandten standen an den Besuchstagen vor dem Kasernentor an.“

Er erhielt auch mehrmals Päckchen von dem russischen Hausmädchen, das die Nehrings in Wünsdorf beschäftigt hatten. Die „russische Nina“ war in einem Lager für „Displaced persons“ untergekommen, in dem sie von den Amerikanern sehr gut verpflegt wurde. Sie wollte nicht in ihre Heimat zurückkehren.

Auf Kohlenzügen kamen zu Weihnachten 1946 seine Söhne Christoph und Hubertus aus Flensburg angereist und besuchten mit ihrer Schwester den Vater.

Anfang 1947 sah Nehring seine Frau Annemarie wieder, „klein und ganz schlank, völlig zugedeckt von einem großen weichen Hut“, erinnerte er sich. „Da wir amerikanisch verpflegt wurden, sparten wir Kaffee und ähnliche Dinge für unsere Gäste auf, um uns etwas zu revanchieren. Es waren schon merkwürdige Zustände.“

Es war damals möglich, daß die Frauen von gefangenen Generalen monatlich RM 300,– von ihren Bankkonten abheben durften.

Das traf aber auf Annemarie Nehring nicht zu, da ihre Bankkonten im sowjetischen Sektor von Berlin gelegen hatten und wie alle anderen Bankkonten von Deutschen dort beschlagnahmt worden waren.

Sie erhielt für sich und die beiden Söhne monatlich RM 68,– Fürsorgeunterstützung.

Sie arbeitete in der Landwirtschaft beim Torfstechen und bei der Kartoffelernte und stellte für ein Kunstgewerbegeschäft in Flensburg aus alten Stoffen Teddybären her. In Satrup bewohnte sie bei der Familie Schlott ein Flüchtlingszimmer.

„Ich ernährte uns mit meiner Hände Arbeit", erinnert sich Annemarie Nehring.

In Garmisch begannen die kriegsgeschichtlichen Arbeiten, die dann in Allendorf bei Marburg fortgesetzt wurden. Sie sollten im Dienst der Vorbereitung der amerikanischen Kriegsgeschichtsschreibung über den Zweiten Weltkrieg unternommen werden, aber sie wurden viel mehr. Sieger und Besiegte arbeiteten gemeinsam an kriegsgeschichtlichen Themen. Den Amerikanern lag viel daran, über den Krieg im Osten etwas zu erfahren. Die Allianz mit der Sowjetunion trübte sich, bald sollte die Entzweiung eintreten, dem der „Kalte Krieg" folgte.

Für Nehring war diese Arbeit nicht nur eine Ablenkung vom Gefangenendasein, das trist genug blieb. Er konnte jetzt endlich ernsthaft Dinge aufarbeiten, zu denen er während des Krieges nicht gekommen war. Seine schriftstellerische Begabung erkannten die Amerikaner bald, die ihn betreuten. Da Nehring unter Guderian maßgebend an der „Operation Sichelschnitt" im Mai 1940 in Frankreich beteiligt gewesen war, hielt er seine Eindrücke von damals fest.

Und da er nicht nur im Osten sondern auch im Westen an Brennpunkten eingesetzt wurde, darüber hinaus noch unter Rommel und als Befehlshaber in Tunesien, war er ein vielseitiger, sachlich wägender und prüfender Gesprächspartner.

Seine kriegsgeschichtlichen Arbeiten, die später aus den USA an das Militärgeschichtliche Forschungsamt in Freiburg im Breisgau zurückgegeben wurden, sind Grundlagen für die Kriegsgeschichtsschreibung über den Zweiten Weltkrieg geblieben.

Von Garmisch aus erhielt Nehring im April und August 1947 „Urlaub auf Ehrenwort". Mit einem amerikanischen Militärfahrschein reiste er unter den damaligen Umständen mit Zügen nach Satrup zu seiner Frau. Von Hannover nach Hamburg saß er auf den Puffern des Personenwaggons.

Am 1. September 1947 setzte er seine Arbeit im Lager Steimbel bei Neustadt im Kreis Marburg fort.

Hier war er mit Guderian zusammen, der ebenfalls als „freier Mitarbeiter" gegen ein Monatsgehalt von 600,– Reichsmark dort wohnte. Bald konnte Nehring seine Frau und den elfjährigen Hubertus in das Lager holen, wo sie nun zusammenwohnten.

Am 12. Dezember 1947 wurde ihm die Klageschrift in seinem Entnazifizierungsverfahren von der Lager-Spruchkammer zugestellt, die dem hessischen Minister „für politische Befreiung" unterstand. Der öffentliche Kläger, Dr. Daub, begründete seinen Antrag, Nehring als Belasteten in der Gruppe II einzustufen, damit: „Der Betroffene war Berufsoffizier. Er wurde am 1. August 1940, also nach dem 1. Juni 1936, Generalmajor. Am 1. Juli 1942 wurde er General der Panzertruppe. Gemäß Teil A der Anlage zum Gesetz zur Befreiung von Nationalsozialismus und Militarismus Buchstabe L, Klasse II Ziff. 6 und Art. 10 des Gesetzes gilt der Betreffende als Belasteter, gehört also zur Gruppe II des Befreiungsgesetzes. Ferner war der Betroffene Generalstabsoffizier, aber anscheinend nicht im OKW, OKH oder OKL. Nach Klasse II Ziff. 2 des Teiles A der Anklage zum Gesetz ist der Betroffene hiermit gleichfalls Belasteter."

Als Beweismittel wurden der Meldebogen und der amerikanische Fragebogen angeführt.

Zur Entlastung der Vorwürfe brauchte jeder viele Zeugen, die in dieser Nachkriegszeit nicht einfach zu finden waren.

Aus Kaiserslautern erhielt Nehring Entlastung durch einen Friseurmeister, der in seinem Stabe beim XXIV. Panzerkorps gewesen war, dem im Kriege auffiel, daß Nehring nie mit „Heil Hitler" grüßte, wenn er zu ihm ins Zimmer trat. Er sei „Papa Nehring" genannt worden.

Generaloberst Heinz Guderian versicherte eidesstattlich, daß – soweit ihm dienstlich und privat bekannt wurde – „Herr Nehring niemals und in keiner Weise irgendwelche Vorteile für sich oder andere als Nutznießer im Sinne des Gesetzes erlangt."

Die letzten Sätze lauteten: „Herr Walther Nehring gehörte trotz seiner hohen Auszeichnungen *nicht* zu den von Hitler geschätzten Generalen. Er ist bei der Auswahl zum Armeeführer mehrfach übergangen worden."

Dies war die letzte Beurteilung, die Nehring von Guderian erhielt, und sie sollte ihn für die zukünftigen Jahre ausweisen, die für einen General der Panzertruppe a.D. schwer werden würden, auch wenn ihn die Spruchkammer als „nicht belastet" einstufte.

Das offene Lager Steimbel, das später auch „Historikerlager" genannt wurde, blieb jedoch ein Gefangenenlager, soweit die äußeren Umstände zu beurteilen waren.

In ihm arbeitete Nehring mit Guderian und fast allen überlebenden führenden Generalen und Generalstabsoffizieren der Wehrmacht zusammen. Er wurde von den amerikanischen Offizieren und Historikern hoch geschätzt, die er dort kennenlernte.

Am 1. Juni 1948 wurde er aus der Kriegsgefangenschaft entlassen. Als die neue Reichswehr ihn 1920 als Berufsoffizier übernahm, hatte er einen Revers zu unterschreiben, nach dem er sich als Offizier für 25 Dienstjahre verpflichtete. Es sollte so kommen, daß diese Dienstjahre 1945 abgelaufen waren. Drei Jahre in amerikanischer Gefangenschaft waren noch hinzugekommen!

Nun durfte er mit seiner Frau aus dieser zusätzlichen „Verpflichtung", die er wie viele andere auf sich nehmen mußte, im 1. Klasse-Abteil eines US-Sonderzuges abreisen. Dies geschah aus Marburg. Jahrzehnte später würde eine Straße in dem Marburg benachbarten Stadtallendorf nach General Nehring, dem letzten Oberbefehlshaber der 1. Panzerarmee, benannt werden.

Dann sollte ihm Heinz Guderian, der Sohn des Generalobersten, mit dem er auch in Steimbel zusammengewesen war, gratulieren und in dem Brief bemerken, daß beide sich das nicht vorzustellen gewagt hätten, als sie damals dort gefangen gehalten wurden.

Jetzt, im Juni 1948, fand Nehring Unterkunft im Flüchtlingszimmer seiner Frau in Satrup.

Als er dort eintraf, machte er auf seinen Sohn Christoph den Eindruck eines unerschütterten Mannes, der genau wußte, daß er es schaffen würde, sich und seine Familie durchzubringen. Im Gegensatz zu vielen anderen älteren Offizieren, die viel redeten und lamentierten und auf ein „Wunder" hofften und in der Provinz „versackten", wie er schreibt.

Für den Monat Juli 1948 beantragte Nehring Arbeitslosenunterstützung. Er hielt es damals für ein großes Glück, daß die Amerikaner ihm noch für Juni sein „Historikergehalt" von 600 Mark zahlten, aber in der neuen Währung der Deutschen Mark.

Das war damals viel Geld.

Die Fahrt durch das zerstörte Deutschland nach dem Norden war sein Abschied vom Soldatenleben.

Als er das frühlingshafte Land sah, das schon sommerlich warm war, kam ihm nicht der Gedanke, jemals wieder auf Jagd zu gehen.

Stretzin und das Rittergut Neuburg, auch Bendomin und Bremin waren polnisch geworden, die westpreußische Heimat untergegangen und verloren für ihn und seine Frau, die neben ihm im Zug der Amerikaner saß.

Wünsdorf gehörte zur russischen Zone, der ganze deutsche Osten war verfremdet und nach unvorstellbaren Leiden in andere Hände übergegangen.

Deutschland, das ist immer nur deutlich und klar in seiner Natur. Sie hat nichts mit der geistigen Verwirrung zu tun. Welch' ein Widerspruch, mit dem man leben mußte.

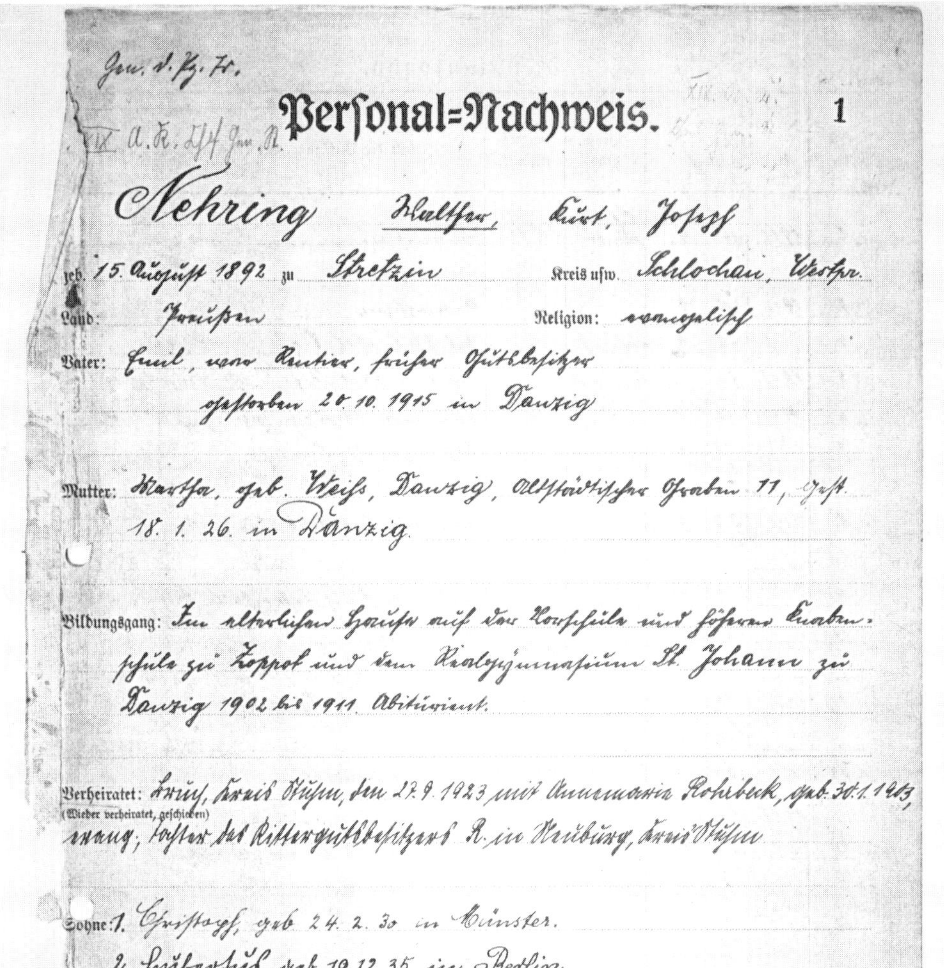
Gen. d. Pz. Tr.

XIX A.K. 2/4 Gen. R.

# Personal=Nachweis. 1

Nehring Walther, Kurt, Joseph

geb. 15. August 1892 zu Stretzin Kreis usw. Schlochau, Westpr.

Land: Preußen Religion: evangelisch

Vater: Emil, war Rentier, früher Gutsbesitzer gestorben 20.10.1915 in Danzig

Mutter: Martha, geb. Weiß, Danzig, Altstädtischer Graben 11, gest. 18. 1. 26. in Danzig.

Bildungsgang: Im elterlichen Hause auf der Vorschule und höheren Knabenschule zu Zoppot und dem Realgymnasium St. Johann zu Danzig 1902 bis 1911. Abiturient.

Verheiratet: (Wieder verheiratet, geschieden) Krey, Kreis Stuhm, den 27.9.1923 mit Annemaria Rohrbeck, geb. 30.1.1903, evang; Tochter des Rittergutsbesitzers R. in Neuburg, Kreis Stuhm

Söhne: 1. Christoph, geb 24. 2. 30 in Münster.
2. Hubertus, geb. 19.12.35 in Berlin.

Töchter: 1, Annemarie, geb 18. 9. 24 in Allenstein.

P. St. am 4.11.41 an H. B. u. Bearnau b. Berlin

Dienstlaufbahn.

Englisch, mündl. und schriftl.
Französisch, " " "

5781 21 D

Personal-Nachweis aus den Heeresakten.

| R-Lehrgang 1.1o.1923 | | * | † | A.Heer | RHeer | GSt (vermutl.meist 1.1o.1924) | | | |
|---|---|---|---|---|---|---|---|---|---|
| v.Borcke | Claus | 1894 | X 1942 | 3.GRzF | IR 9 | S 1926 | OTL | - | |
| Brandenberger | Erich | 1892 | 1955 | b.6.FA | AR 7 | S 1925 | Gen d PzTr | - | |
| Engelbrecht | Erwin | 1891 | 1964 | FA 41 | RR 8 | S 1925 | Gen d Art | - | |
| Hauffe | Arthur | 1891 | X 1944 | IR 171 | IR 9 | 1924 | Gen d Inf | - | |
| Jodl | Alfred | 189o | h 1946 | b.4.FA | AR 7 | S 1925 | GenOberst | - | |
| v.Ludwig | Kurt | 1892 | 1949 | GR 4 | IR 2 | S 1925 | GenMaj Lw | - | |
| Matzky | Gerhard | 1894 | | IR 63 | IR 2 | 1924 | Gen d Inf | GenLt | Bw |
| Schlieper | Fritz | 1892 | | FsA 17 | AR 5 | 1924 | GenLt | - | |
| Stapf | Otto | 189o | 1963 | b.22IR | IR 19 | S 1925 | Gen d Inf | - | |
| Ziegler | Heinz | 1894 | 1972 | FsA 15 | AR 2 | S 1925 | Gen d Art | - | |
| Zorn | Hans | 1891 | X 1943 | b.2.IR | IR 19 | S 1925 | Gen d Inf | - | |

| R-Lehrgang 1.1o.1924 | | | | | | GSt (vermutl.meist 1.1o.1925) | | | |
|---|---|---|---|---|---|---|---|---|---|
| Berthold | Gerhard | | X 1942 | IR 1o2 | IR 1o | S 1927 | GenLt | - | |
| Blumentritt | Günther | 1892 | 1967 | IR 71 | IR 15 | 1926 | Gen d Inf | - | |
| Braun | Julius | 1895 | 1962 | b.6.FA | AR 7 | ? 1925 | GenLt | - | |
| Brennecke | Kurt | 1891 | | IR 15 | IR 17 | 1925 | Gen d Inf | - | |
| Burdach | Karl | 1891 | 1976 | FA 12 | AR 4 | 1925 | GenLt | - | |
| Dostler | Anton | 1891 | h 1945 | b.6.IR | IR 2o | S 1927 | Gen d Inf | - | |
| Düvert | Walther | 1893 | 1972 | FsA 8 | AR 2 | 1925 | GenLt | - | |
| Foertsch | Hermann | 1885 | 1961 | IR 175 | IR 17 | 1925 | Gen d Inf | - | |
| Keitel | Bodewin | 1888 | 1952 | J 1o | IR 17 | 1925 | Gen d Inf | - | |
| Löb | Fritz | | 194o | PB 9 | PB 6 | S 1929 | GenMaj Lw | - | |
| Metz | Eduard | 1891 | 1969 | b.1.FsA | AR 7 | S 193o | GenLt | - | |
| Müller | Kurt | 1892 | 1939 | b.15IR | IR 2o | S 193o | O | - | |
| Osterkamp | Herbert | 1894 | 197o | FsA 7 | AR 1 | ? 1925 | Gen d Art | - | |
| Scheller | Walter | 1892 | X 1944 | IR 82 | IR 15 | S 1927 | GenLt | - | |
| Volkmann | Hellmuth | 1889 | 194o | PB 14 | IR 14 | S 1928 | Gen d Flg | - | |
| Waeger Dr Ing | Kurt | 1893 | 1952 | FA 17 | AR 2 | ? 1925 | Gen d Art | - | |
| v.Witzleben | Hermann | 1892 | | DR 2 | RR 6 | 1925 | GenMaj | - | |

| R-Lehrgang 1.1o.1925 | | | | | | GSt (vermutl.meist 1.1o.1926) | | | |
|---|---|---|---|---|---|---|---|---|---|
| Allmendinger | Karl | 1891 | 1965 | FR 122 | IR 13 | S 1928 | Gen d Inf | - | |
| Baessler | Johannes | 1892 | 1944 | IR 156 | IR 3 | ? 1926 | GenLt | - | |
| Baier | Albrecht | 1893 | 1955 | FA 3 | AR 3 | S 1929 | GenLt | - | |
| v.d. Chevallerie | Kurt | 1891 | v 1945 | GG 5 | IR 4 | ? 1926 | Gen d Inf | - | |
| Graessner | Walther | 1891 | 1943 | IR 98 | IR 12 | ? 1926 | Gen d Inf | - | |
| v.Greiffenberg | Hans | 1893 | 1951 | IR 14 | IR 4 | 1928 | Gen d Inf | - | |
| Hellmich | Heinz | 189o | X 1944 | IR 136 | IR 12 | ? 1926 | GenLt | - | |
| Körner | Gerhard | 1892 | U 1941 | FA 78 | AR 4 | ? 1926 | GenMaj | - | |
| Lindemann | Fritz | 1894 | h 1944 | 4.GFA | AR 3 | ? 1926 | Gen d Art | - | |
| Nehring | Walther | 1892 | | IR 152 | IR 2 | 1926 | Gen d PzTr | - | CG |
| R.v.Pohl | Max | 1893 | 1951 | b.7.FA | AR 7 | ? 1926 | Gen d Flg | - | |
| v.Tippelskirch | Kurt | 1891 | 1957 | GG 3 | IR 9 | 1926 | Gen d Inf | - | |
| Warlimont | Walter | 1894 | 197[illegible] | FsA 1o | AR 6 | 1926 | Gen d Art | - | |
| Wöhler | Otto | 1894 | | IR 167 | IR 15 | ? 1926 | Gen d Inf | - | |
| v.Wühlisch | Heinz | 1892 | F 1947 | HR 5 | RR 5 | ? 1926 | GenLt Lw | - | |

**Nachträgliche Rekonstruktion der drei ersten Lehrgänge im Reichswehrministerium für die Generalstabslaufbahn (im Truppenamt des RWM) mit den Teilnehmern und deren letzten Dienstgraden. Nehring im 3. Lehrgang.**

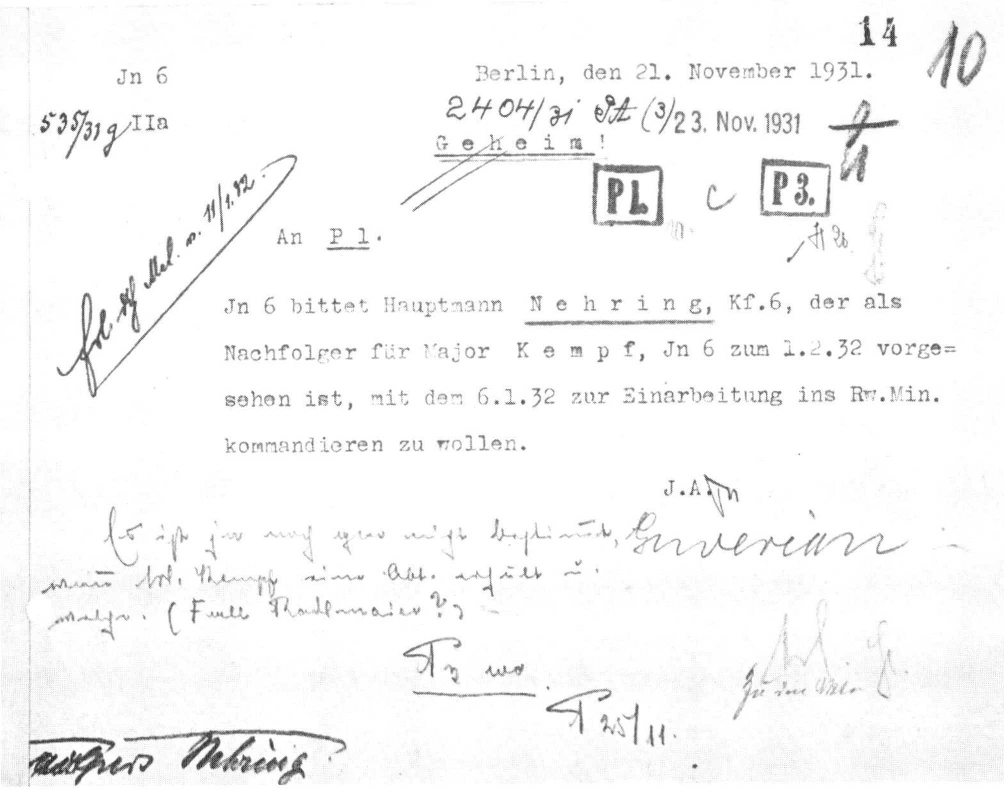

14 10

Jn 6 Berlin, den 21. November 1931.

535/31 g IIa

2404/31 g. (3/23. Nov. 1931

Geheim!

P1. P3.

An P1.

Jn 6 bittet Hauptmann Nehring, Kf.6, der als Nachfolger für Major Kempf, Jn 6 zum 1.2.32 vorgesehen ist, mit dem 6.1.32 zur Einarbeitung ins Rw.Min. kommandieren zu wollen.

J.A.

Guderian

Guderian fordert Nehring als Ia des Inspekteurs der Kraftfahrtruppe im November 1931 an. Beginn der Zusammenarbeit.

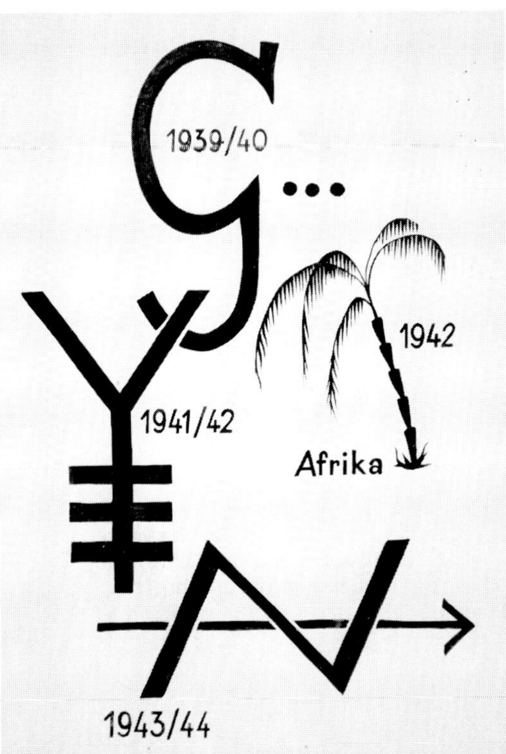


Nehrings Verwendungen im Zweiten Weltkrieg, Marschrichtungskennzeichen bzw. Verbandsembleme: Oben „G" = Guderian, Mitte links 18. Panzerdivision, Mitte rechts Deutsches Afrikakorps, unten „N" = Nehring XXIV. Panzerkorps.
Die 1. Panzerarmee (Nehrings letzte Verwendung) hatte kein Kennzeichen.

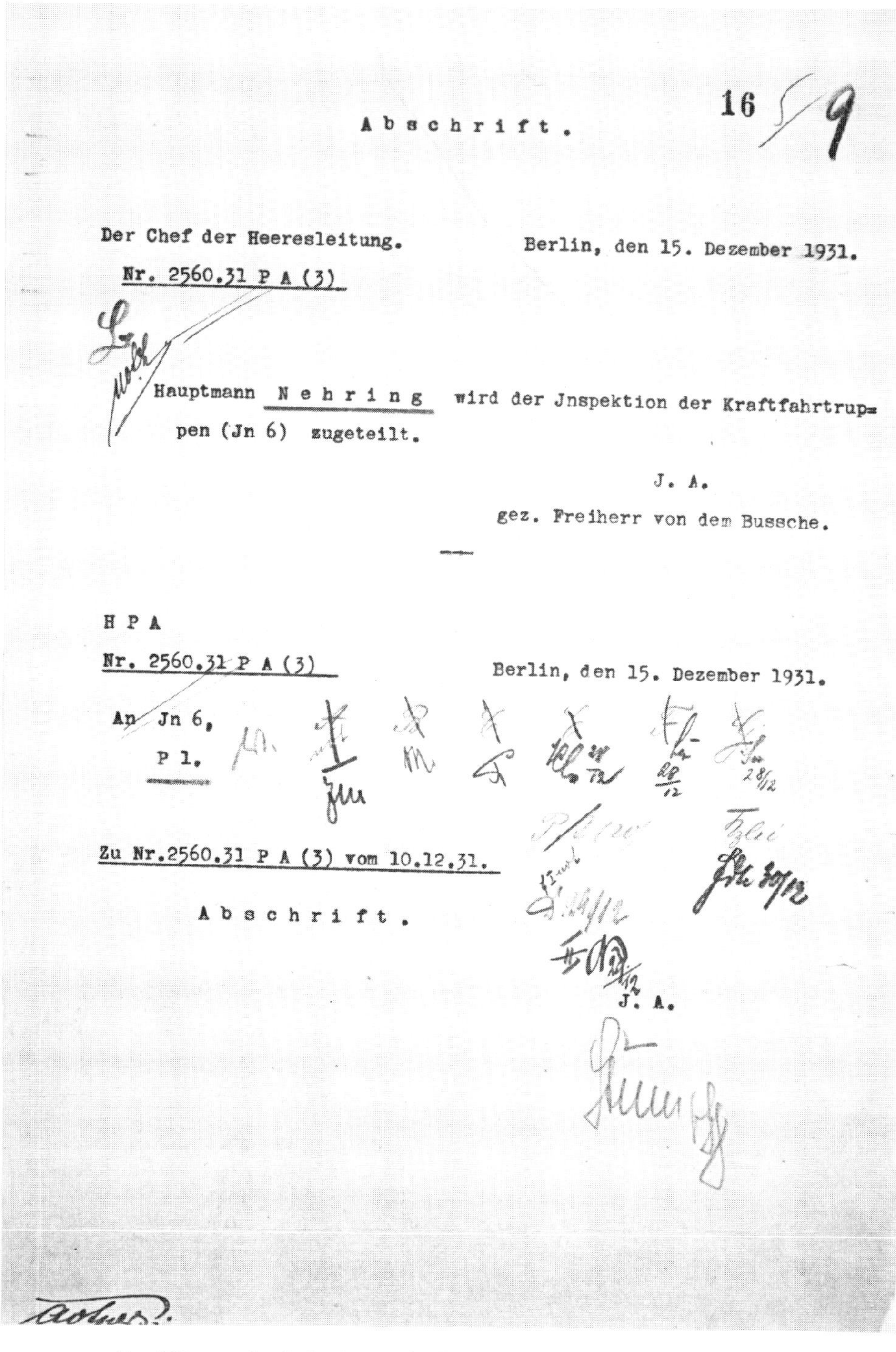

16

Abschrift.

Der Chef der Heeresleitung. Berlin, den 15. Dezember 1931.

Nr. 2560.31 P A (3)

Hauptmann N e h r i n g wird der Jnspektion der Kraftfahrtruppen (Jn 6) zugeteilt.

J. A.

gez. Freiherr von dem Bussche.

H P A

Nr. 2560.31 P A (3) Berlin, den 15. Dezember 1931.

An Jn 6,

P 1.

Zu Nr.2560.31 P A (3) vom 10.12.31.

Abschrift.

J. A.

Bestätigung der Anforderung im Dezember 1931 durch das Heerespersonalamt.

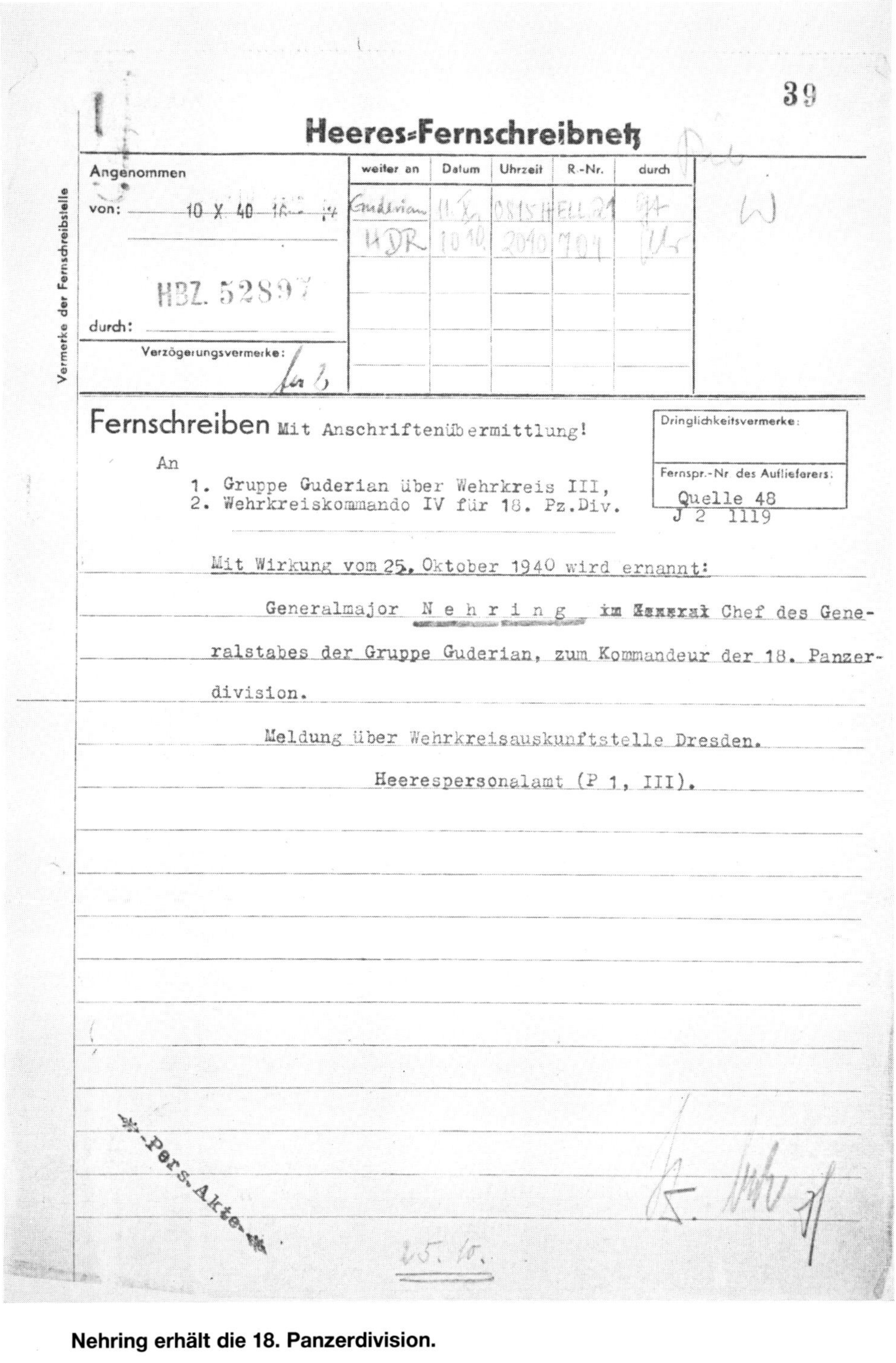

39

**Heeres-Fernschreibnetz**

Vermerke der Fernschreibstelle

| Angenommen | weiter an | Datum | Uhrzeit | R.-Nr. | durch |
|---|---|---|---|---|---|
| von: 10 X 40 | Guderian | 11. X. | 0815 | HELL 21 | |
| | HDR | 10.10. | 2040 | 704 | |

HBZ. 52897

durch:

Verzögerungsvermerke:

Fernschreiben Mit Anschriftenübermittlung!

Dringlichkeitsvermerke:

Fernspr.-Nr. des Auflieferers: Quelle 48

J 2 1119

An

1. Gruppe Guderian über Wehrkreis III,
2. Wehrkreiskommando IV für 18. Pz.Div.

Mit Wirkung vom 25. Oktober 1940 wird ernannt:

Generalmajor N e h r i n g ~~im Generalstab~~ Chef des Generalstabes der Gruppe Guderian, zum Kommandeur der 18. Panzerdivision.

Meldung über Wehrkreisauskunftstelle Dresden.

Heerespersonalamt (P 1, III).

-Pers. Akte-

25. 10.

Nehring erhält die 18. Panzerdivision.

Fernschreibvermittlung: 47

Fernschreibstelle:

| Angenommen: | weiter an | Datum | Uhrzeit | R.-Nr. | durch | TM-Zahl |
|---|---|---|---|---|---|---|
| | HRFX | 18.2 | 19 00 | 98 | Krause | |
| Aufgenommen: | | | | | | |
| von: | | | | | | |
| durch: | | | | | | |
| Verzögerungsvermerke: | | | | | | |

Vermerke der Fernschreibstelle.

Fernschreiben HBZ 217899

Telegramm

An

Pz.A.O.K. Afrika

Dringlichkeitsvermerke:

Fernspr.-Nr. des Auflieferers: 1867

Der Gen.Major N e h r i n g , Führ.Res.O.K.H., wird dem Oberbefehlshaber der Panzer-Armee Afrika zur Verfügung gestellt.

Inmarschsetzung durch W.Kdo. roem 3. Abreise von Berlin am 23.2.42.

Oberkommando des Heeres

Heerespersonalamt Ag P 1/1. Abt.(aII)

I.A.

[Unterschrift]

Z. d. A. Burg

-Pers.Akte-

Die Kommandierung nach Nordafrika.

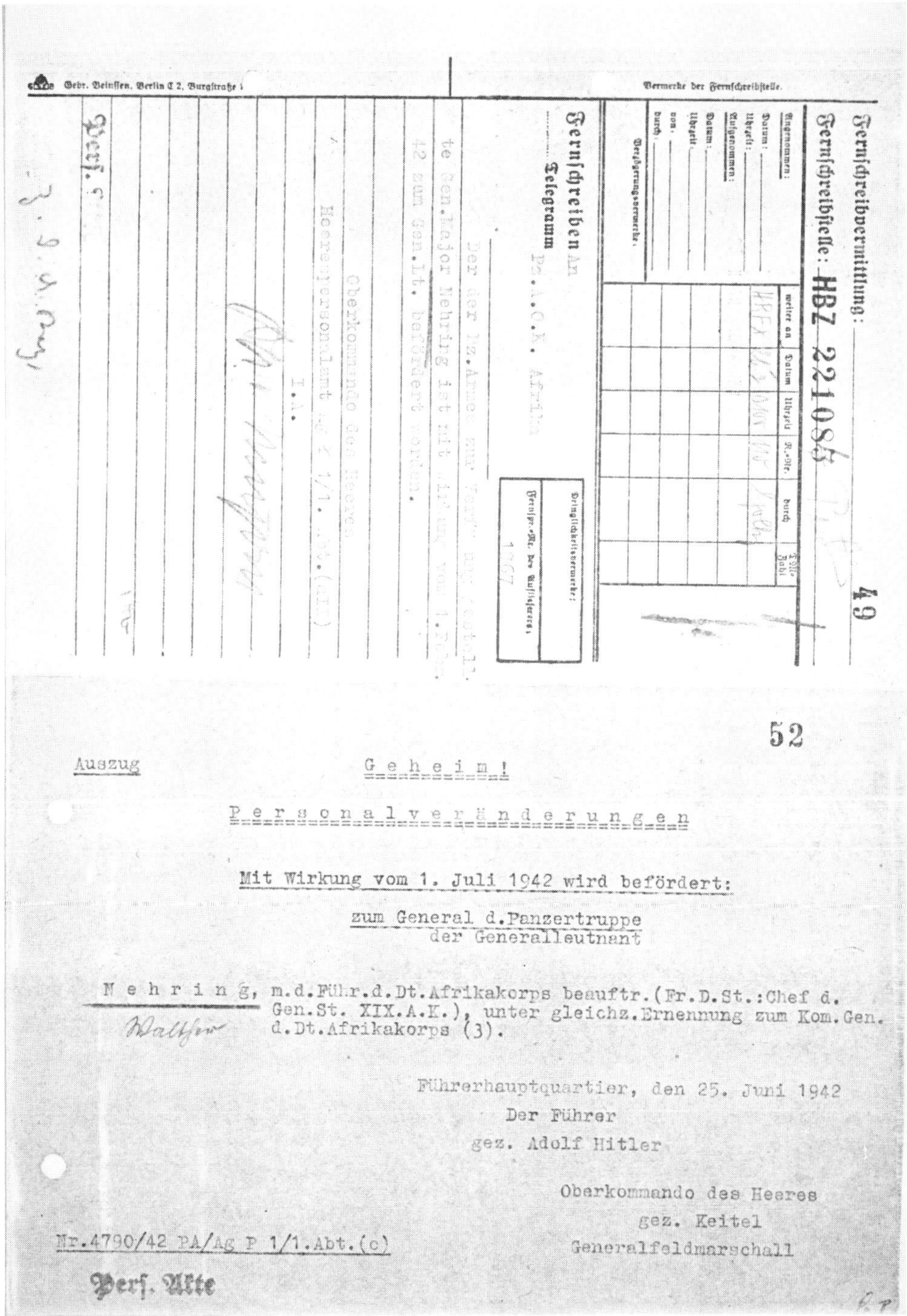

Fernschreibvermittlung:
Fernschreibstelle: HBZ 221085
49

Fernschreiben An
Telegramm Pz.A.O.K. Afrika

Der der Pz.Armee zur Verf. gestell-
te Gen.Major Nehring ist mit Wirkung vom 1.7.19
42 zum Gen.Lt. befördert worden.

Oberkommando des Heeres
Heerespersonalamt Ag P 1/1. Abt.(c)
I.A.

Pers. f.

52

Auszug

Geheim!

Personalveränderungen

Mit Wirkung vom 1. Juli 1942 wird befördert:

zum General d.Panzertruppe
der Generalleutnant

Nehring, m.d.Führ.d.Dt.Afrikakorps beauftr.(Fr.D.St.:Chef d. Gen.St. XIX.A.K.), unter gleichz.Ernennung zum Kom.Gen. d.Dt.Afrikakorps (3).

Walther

Führerhauptquartier, den 25. Juni 1942
Der Führer
gez. Adolf Hitler

Oberkommando des Heeres
gez. Keitel
Generalfeldmarschall

Nr.4790/42 PA/Ag P 1/1.Abt.(c)

Pers. Akte

**Nach der Eroberung von Tobruk wird Nehring zum General der Panzertruppe befördert.**

Januar 1945: Wandernder Kessel unter Nehring in Polen. Einzeichnungen durch Walther K. Nehring nach dem Kriege.

18. KAPITEL

# *Der aufrechte Gang*

Im Sommer 1948 erreichte Nehring ein Alter, in dem Generale verabschiedet wurden, da sie die Altersgrenze überschritten. Das war im alten Heer in Friedenszeiten so und die Bundeswehr hielt sich später an diese Regelung. Aber jetzt waren andere Zeiten. Für einen General a.D. war es schwierig, beruflich ganz von vorn anzufangen. Einer der Reserveoffiziere, die vor dem Krieg im Hause Nehring verkehrten und mit denen er auf Jagd gegangen war, Karl Kniebaum, baute in Düsseldorf seine Firma „Deutscher Kraftverkehr" wieder auf. Von ihm erhielt Nehring das Angebot, in sie einzutreten, für das er Kniebaum sehr dankbar war, da er es ihm ermöglichte, den „Absprung ins Wirtschaftsleben" zu finden. Mit dem Kraftverkehr hatte er sich seit seiner Reichswehrzeit beschäftigt und Kniebaum kannte seine organisatorischen Fähigkeiten.

Aber er wollte nicht mit „leeren Händen" nach Düsseldorf kommen, deshalb besuchte er im Juli und August 1948 in Flensburg einen Lehrgang für Buchhaltung, den er bei der Abschlußprüfung mit „Sehr gut" bestand.

Das war seine erste Beurteilung im Zivilleben, und er ist immer stolz auf sie gewesen. Am 20. Oktober 1948 trat er bei der DKV seine neue Stellung an. Ein Jahr später wurde er wieder „Vorgesetzter": Er erhielt eine Mitarbeiterin.

Anfang 1950 konnte seine Frau zu ihm nach Düsseldorf ziehen; sie hatten in der Brehmstraße 32 eine Wohnung gefunden. Die Gegend war noch stark zerstört, gegenüber hatte sich der Zoologische Garten befunden, der im Bombenkrieg vernichtet wurde. Aber es wuchsen dort noch Bäume und Sträucher. Vom Balkon der kleinen Wohnung konnten die Nehrings ins Grüne sehen.

Sein Anfangsgehalt betrug monatlich DM 360,–; damit mußte er die Familie durchbringen. Sein letztes Monatsgehalt als General der Panzertruppe hatte im April 1945 dem Gehalt eines Staatssekretärs entsprochen, RM 2074,95 waren es gewesen, die noch auf sein Konto bei der Deutschen Bank in Berlin 35 überwiesen wurden.

Aber davon hatte er nichts mehr, die Russen hatten alle Berliner Bankkonten beschlagnahmt.

Jetzt war er wieder mit der Kraftfahrt beschäftigt wie einst in Berlin, Münster und Wünsdorf und während des langen Krieges, aber auf eine andere Weise und ohne Dank und Undank des Vaterlandes.

Er organisierte die Buchhaltung der Firma, wurde Handlungsbevollmächtigter für das Reifen- und Lastwagengeschäft und richtete nach der Übernahme der Firma durch Ernst Grimmke ab Januar 1959 die Personalabteilung ein, die er mit einer neuen Mitarbeiterin zusätzlich noch übernahm.

1949 trat er der Landsmannschaft Westpreußen bei, er gehörte nun ganz wieder zu seinen Landsleuten, die geflüchtet oder vertrieben waren. In der Freizeit arbeitete er in ihr ehrenamtlich. Er begann, Artikel über Westpreußen zu schreiben, forschte nach Zeugnissen aus alten Zeiten.

Mit seinem Firmenchef Kniebaum organisierte er den Hegering im Deutschen Jagdschutzverband, denn seit 1950 konnte er wieder auf die Jagd gehen. Zuletzt hatte er in den Wäldern der Lysa Gora bei Kielce gejagt, ehe der wilde Sturm aus dem Osten im Januar 1945 hereinbrach.

Das Jagdrevier, das er aufsuchte, lag im Westerwald; es gehörte der DKV. Fotos zeigen einen ernsten, schmal gewordenen Nehring, der die Büchse mit dem Zielfernrohr trägt und den Jägerhut mit dem Saubart.

„Endlich wieder! Weidmannsheil!“ schrieb er auf die Rückseite der Fotos.

Er half die Ordensgemeinschaft der Ritterkreuzträger zu gründen, die sich ihre Mitglieder aussuchte, nicht jeden Ritterkreuzträger aufnahm.

In Düsseldorf trat er dem Rhein-Ruhr-Club bei, in dem er viele Jahre im Vorstand tätig war.

Er gehörte dem Verband der Soldaten an, der Traditionsgemeinschaft „Deutsches Afrikakorps“. Und er gründete den Kameradenkreis seiner alten 18. Panzerdivision, in dem er väterlich-fürsorgende Pflichten übernahm.

Es ging ihm aber auch darum, sich für die Ehre seiner Soldaten einzusetzen, von denen er meinte, sie hätten nicht für Hitler gekämpft und sie wären nicht für diesen Mann gestorben, sondern für ihr deutsches Vaterland.

Dabei wollte er nie hervortreten; er blieb innerlich bescheiden, stellte seine Person zurück; es ging ihm immer noch um die Sache.

Als er 1951 als einer der ersten ehemaligen Generale von Reportern großer Illustrierten nach seiner Meinung zur bevorstehenden Wiederbewaffnung befragt wurde, verlangte er die Wiederherstellung der Ehre des deutschen Soldaten als Vorbedingung, aber auch die Gleichsetzung der Berufssoldaten mit den Beamten.

Als die Bundeswehr 1955 gegründet wurde, wollte er nicht eine Reaktivierung; er hatte einst getan, was er nur tun konnte. Aber es ergab sich, daß auch der Minister Blank ihn nicht haben wollte, als dieser den Aufbau der Bundeswehr vorbereitete.

Doch Nehring stellte sich dem Wehrausschuß der Christlich-demokratischen Union zur Verfügung während der Vorbereitung des Aufbaues der Bundeswehr.

Viel mehr lag ihm daran, neben seiner Arbeit beim DKV, über das zu schreiben, was er im Kriege erlebt und worin er in seinen Kommandostellen Einsicht gehabt hatte, aber wiederum nicht, um sich selbst einen Dienst zu erweisen, sondern seinen Soldaten und der Kriegsgeschichte.

Deshalb kam er auch nie auf den Gedanken, seine Memoiren zu schreiben, nach denen er oft gefragt wurde.

Tatsachen sollten sprechen, für sie war er zuständig, seine Person war nicht wichtig.

Schlieffens Forderung für den Generalstabsoffizier: „Mehr sein, als scheinen", blieb seine Maxime, an die er sich getrost halten konnte in jener Nachkriegszeit, in der das Bild des Soldaten wie in einem Zerrspiegel erschien.

Für ihn war die Niederlage zu groß gewesen. Er bedauerte oft im Gespräch, daß die Panzertruppe unter Guderian (und ihm, aber das sagte er nicht) in Frankreich 1940 solche schnelle, große, feldzugsentscheidende Erfolge erzielte, die dann Hitler zu der Hybris verführten, daß man mit ihr alles machen könne, was er allein wolle. Hitlers Entschluß zum Krieg gegen die Sowjetunion, meinte Nehring, habe auch darin einen seiner Gründe gehabt.

Er nahm seine schriftstellerische, die Quellen erforschende Tätigkeit wieder auf, die er 1926 mit einem Aufsatz „Verdun 1916" für das Militärwochenblatt begonnen hatte und wurde ein gefragter Experte, der in vielen militärwissenschaftlichen und anderen Zeitschriften Auskunft gab. Er half Buchautoren wie Paul Carell und Jürgen Thorwald, die begannen, den Zweiten Weltkrieg aus deutscher Sicht fast ohne Kenntnis der Akten zu beschreiben, die als Beutegut nach Nordamerika gebracht worden waren.

Als Guderian 1954 starb und in Goslar beigesetzt wurde, trauerte Nehring tief.

Guderian hatte sein Leben geprägt, mit seinem Namen blieb sein eigener Name unlösbar verbunden.

Der irische Militärhistoriker Dermot Bradley schrieb über die Schriften General Nehrings, sie würden seine Generalstabsausbildung, seine Genauigkeit und seinen Sinn für die Bedeutung von zunächst unwesentlich erscheinenden Fakten und Daten widerspiegeln; er sei für jeden Militärhistoriker ein Leitbild, an dem man das eigene Schaffen messen müsse.

Zu bewundern bleibt auch seine präzise Sprache, die bis ins hohe Alter anspruchsvoll blieb und Maßstäbe setzte.

Mehr und mehr wurde Nehring zum Gelehrten, der unprätentiös, sicher im Urteil, half, das Militärische in einem Weltanschauungskrieg wie dem Zweiten Weltkrieg überhaupt zu verstehen. Er sollte dafür drei Lebensjahrzehnte geschenkt erhalten, die er auf seine Art zu nützen verstand.

Im Geleitwort zur Geschichte der 18. Panzerdivision schrieb er, daß „unser aller ständiger Dank dem Opfer unserer gefallenen Kameraden“ gelte. „Sie gaben ihr Leben für uns, damit wir leben konnten. Wir dürfen sie nie vergessen. Das ist ein wesentliches Anliegen unserer Geschichtsschreibung!“

Die Worte bestimmten seine Beschäftigung mit dem letzten Kriege.

Im Souterrain des Hauses Brehmstraße 32, in dem er wohnte, hatte er sich ein Privatarchiv eingerichtet, das eine Materialfülle enthält, die ungewöhnlich auch in ihrer archivarischen Ordnung genannt werden kann.

Er erhielt Zuschriften und Anfragen aus allen Teilen der westlichen Welt, die nicht nur seine militärischen Erinnerungen und seine Laufbahn betrafen, sondern auch die schicksalhaften Kriegsereignisse, deren Zeuge er geworden war.

Aber nicht nur der Krieg, sondern die Reichswehr vor 1933 und der Aufbau der Panzertruppe aus dem Nichts wurden Themen, die immer stärker Autoren und Journalisten zu interessieren begannen. Hier konnte er vieles erklären und klarstellen.

Soldaten aller Dienstränge, vom Gefreiten bis zum General, schrieben ihm auf der Suche nach ihrer eigenen Identität in dem schrecklichen Geschehen, dem sie entronnen waren. So wurde ihm Gerechtigkeit zuteil.

Er war 72 Jahre alt, als er am 30. April 1964 aus der DKV ausschied. Solange hatte er, weit über das Alter hinaus, in dem man Rentner wurde, dort täglich gearbeitet.

Seine drei Kinder hatten sich längst verheiratet, die Familie erweiterte sich, es kamen die Enkel; 1967 waren es zehn.

Mit Konsequenz hielt er in der Familie auf Ordnung, zeigte viel Verständnis für seine Kinder und Enkel und wurde im Charakter milder und auch nachsichtiger, als er vielleicht früher gewesen war.

Aber als im Jahre 1965 in der Hamburger Wochenzeitung „Die Zeit“ eine scharfe Attacke von der Chefredakteurin gegen Guderian geritten wurde, um zu verhindern, daß eine Bundeswehrkaserne nach dem Schöpfer der deutschen Panzerwaffe benannt wurde, trat er aus seiner kühl abwägenden Reserve heraus und verfaßte ein Rundschreiben an die alten Generale, in dem er sie aufforderte, jetzt Guderian nicht im Stich zu lassen, der sich nicht mehr wehren konnte.

Alle, die noch am Leben waren, meldeten sich bei ihm. Sie waren bereit, als Leser an die Wochenzeitung zu schreiben, oder ihm ihre Stellungnahme zu Guderian zur Verfügung zu stellen. Nehring wollte, daß das Militärgeschichtliche Forschungsamt der Bundeswehr, das in Freiburg im Breisgau arbeitete, die Ansichten der Generale erhielte, um nun selbst über Guderian tätig zu werden.

Aus den vielen Zuschriften sei hier nur eine zitiert, die General Warlimont an Nehring schickte: „Generaloberst Guderian hat nach meinen eigenen vielfachen Beobachtungen im deutschen Hauptquartier gegenüber Hitler wie kaum ein anderer höherer Offizier seine militärischen Ansichten und Forderungen stets ohne Umschweife und mit äußerstem Nachdruck vertreten.

Er ging nur so lange und so weit mit Hitler einig, als das militärische Ziel und das Wohl der Truppe, späterhin auch das Wohl des deutschen Volkes und Landes ihm auf diesen Wegen gewährleistet schienen.

Dagegen hat er sich unbeugsam gegen alle Zumutungen zur Wehr gesetzt, die seiner militärischen Einsicht und seinem soldatischen Ethos zuwiderliefen.

Ich hoffe, daß Sie damit etwas anfangen können."

Es kam dann zu einer Aussprache mit der Chefredakteurin der „Zeit" in Hamburg, zu der die Generale Thomale und Wenck reisten.

So etwas war ungewöhnlich in jener Zeit.

Von allem blieb die Äußerung der Chefredakteurin Marion Gräfin Dönhoff hier verzeichnenswert, daß sie einmal mehr gesehen habe, wie ungemein schwierig es sei, über jene Zeit und die Akteure, die damals auf der Bühne standen, ein eindeutiges Urteil zu fällen.

Aber gerade das hielt Nehring für eine seiner wichtigsten Aufgaben; zu eindeutigen Urteilen zu kommen, auch wenn sie diesem oder jenem wehtaten.

Seit dieser Zeit wurde es einfacher, jene Vergangenheit zu beurteilen. Es wurde mehr differenziert, die zeitgeschichtliche Forschung konnte sich dabei auf die Heeresakten berufen, die Ende der sechziger Jahre aus den USA zurückkamen.

Sie waren 1945 als Kriegsbeute von Schloß Blankenburg am Harz dorthin gebracht worden.

Nehring hatte 1964 begonnen, seine „Geschichte der deutschen Panzerwaffe 1916 – 1945" zu schreiben, die 1969 im Propyläen-Verlag bei Wolf Jobst Siedler herauskam und später in Neuauflagen zu einem Standardwerk des Stuttgarter Motorbuch-Verlages werden sollte.

Er widmete das Buch dem Gedächtnis an Heinz Guderian und seiner Panzerwaffe.

Aber Nehrings wichtigste Veröffentlichung wurde auch trotz aller Zurückhaltung ein Buch über seinen Anteil an der Schaffung der neuen Panzerwaffe nach dem Ersten Weltkrieg.

Das erste Kapitel erhielt von ihm als Motto ein Wort des Kgl. Preußischen Feldmarschalls Colmar Frhr. von der Goltz-Pascha aus dessem Buch „Volk in Waffen", das er 1925 sich – soeben erschienen – in Berlin gekauft hatte, als er am Generalstabslehrgang im Reichswehrministerium teilnahm: „Die Rolle des Neuerers in einem Heer mit ruhmvoller Vergangenheit ist eine schwierige und zugleich meist undankbare... Darum scheuen auch sonst starke Charaktere leicht davor zurück."

Die mehr als 120 Kriege, die nach 1945 auf der Welt stattfanden, wurden vor allem durch die Panzerwaffe geführt und beeinflußt, soweit es um ihre militärischen Einsätze ging, die von den Politikern zu verantworten waren.

Schon 1942 hatte eine sowjetische Vorschrift über die Panzerstrategie vorgelegen, die alles umfaßte, was Guderian, Nehring und die anderen deutschen Generale und Generalstabsoffiziere 1939, 1940 und 1941 in den Feldzügen mit der deutschen Panzertruppe gezeigt hatten. Die deutsche Panzertruppen-Taktik wurde ebenfalls seit 1942 von der Roten Armee übernommen. Was einst neu gewesen war, wurde nun Allgemeingut in den Heeren der Zeit nach dem Zweiten Weltkrieg.

In einer Welt, die auf den Krieg nicht verzichten wollte, mußte die Panzertruppe Speer und Schild, aber auch Schild und Speer bleiben, und das galt auch für die hochgerüsteten Heere, die sich in Deutschland gegenüberstanden, um den Frieden zu bewahren, der seit 1945 hielt.

Für Nehring häuften sich mit zunehmendem Alter die Ehrenmitgliedschaften, er bekam auch Auszeichnungen: 1971 die seltene Westpreußen-Medaille, 1973 das Bundesverdienstkreuz 1. Klasse, das ihm im Auftrag des Bundespräsidenten der sozialdemokratische Landesminister von Nordrhein-Westfalen, Professor Halstenberg, an das zivile Jackett heftete.

Den 80. Geburtstag durfte Nehring 1972 als Gast der Bundeswehr im Offizierskasino in Hubbelrath bei Düsseldorf mit mehreren hundert Gästen feiern.

Regelmäßig fuhr er Mitte November zum Volkstrauertag und dem Traditionstreffen der gepanzerten Kampftruppen des alten und neuen Heeres in die Kampftruppenschule Munster. Dort erhielt, mit den anderen gepanzerten Divisionen des Heeres, seine 18. Panzerdivision in einem Lehrsaal ein Memorial.

Einer der 49 Findlingssteine im Ehrenhain der Panzertruppe auf dem Gelände der Kampftruppenschule trägt das Zeichen dieser 18. Panzerdivision, es sind aber auch die anderen Panzerdivisionen dort mit ihren Zeichen aufzufinden, die Nehring als Kommandierendem General und Armeeführer unterstellt waren.

An diesen Standort der Steine sind sie zurückgekehrt, dort endeten alle Wege, die sie einmal befahren haben.

1975 kam endlich die „Geschichte der 18. Panzerdivision“ auf den Buchmarkt, an der Nehring entscheidend mitgearbeitet hatte. Auch diese Veröffentlichung war für ihn eine späte Genugtuung. Angeregt hatte die Divisionsgeschichte der amerikanische Historiker Charles Burdick in Kalifornien in einem Brief an Nehring.

Am 27. September 1973 hatte Nehring mit seiner Frau Annemarie die Goldene Hochzeit gefeiert; es war ein langer Weg von jenem fröhlichen Hochzeitsfest auf dem Rittergut Neuburg im westpreußischen Kreis Stuhm, den beide zusammen gegangen waren – ein langer Weg auch durch die Höhen und Tiefen deutscher Vergangenheit, die nun Geschichte geworden waren.

Nehring fuhr noch zur Jagd in den Odenwald bei Eberbach; er schoß waidgerecht und immer noch mit sicherer Hand.

Seit Anfang der achtziger Jahre wurde er häufig krank, das hohe Alter machte ihm zu schaffen, das Gehen fiel ihm schwer, er hatte einen Herzinfarkt, aber er lehnte es ab, in diesem Alter sich noch einen Herzschrittmacher anlegen zu lassen. Sein Gehör ließ nach, aber mit Hilfe eines Apparates konnte er noch gut zuhören, wie er es immer getan hatte, er blieb geistig hellwach, nahm Anteil an allem, was ringsum geschah und wunderte sich oft, daß er so alt geworden war.

Im Jahre 1980 konnte er in Celle in einem feierlichen Akt die Tradition seiner 18. Panzerdivision der Panzerbrigade 33 der Bundeswehr übergeben, deren Kommandeur Oberst Scriba sie aus den Händen des alten Generals der Panzer annahm.

Zwei Jahre vorher war Nehring mit seiner Frau bei der Einweihung der „General-Nehring-Straße“ im hessischen Stadtallendorf anwesend; noch einmal bestieg er dort einen Kübelwagen des Deutschen Afrikakorps. Die Kaserne in Stadtallendorf war vom Panzerbataillon 63 belegt, das die Tradition von Nehrings Panzerregiment 5 in Wünsdorf, später in Afrika, übernommen hatte.

Er war jetzt der dienstälteste General der Panzertruppe, dem die Ehre zuteil wurde, am Volkstrauertag mit dem Inspekteur des Heeres die Front der angetretenen Ehrenformation der Bundeswehr am Ehrenhain der Panzertruppe abzuschreiten.

Aber auch das wurde ihm nicht mehr möglich. In seinen Briefen nannte er altersbedingte Schwierigkeiten, die ihn plagten, und das klang, als sei alles nicht so wichtig, da es nur ihn anging und seine Familie.

Am 15. August 1982 konnte er seinen neunzigsten Geburtstag feiern. Im Offiziersheim von Hubbelrath bei Düsseldorf nahm er, aufrecht stehend und jeden Gratulanten ansprechend, den Dank für ein langes Leben entgegen, das nur wenigen vergönnt ist.

Da kamen sie alle noch einmal, die mit ihm verbunden waren durch militärisches und ziviles Schicksal in diesem 20. Jahrhundert, seinen beiden Weltkriegen und dem, was ihnen folgte.

Aber es kamen auch die Söhne und Enkel derer, die er überlebt hatte; unter ihnen war der Sohn Guderians, der Generalmajor a.D. der Bundeswehr, mit dem ihn vieles verband.

Die Glückwünsche des deutschen Heeres überbrachte der Stellvertreter des Inspekteurs des Heeres, Generalleutnant Burandt, der die Summe eines Menschenlebens zog.

In seiner Ansprache sagte er: „Das Heer ehrt in Ihnen sowohl den an Tapferkeit, Pflichterfüllung und Ritterlichkeit vorbildlichen Soldaten als auch den Mitbegründer moderner operativer Grundsätze für den beweglichen Kampf gepanzerter Verbände und Großverbände, Grundsätze, die noch heute gültig sind und in aller Welt Beachtung finden.

In den Jahren zwischen den Weltkriegen waren Sie einer der ersten, der die Auswirkung technischer Entwicklungen auf die Operationsführung erkannte und die Konsequenzen daraus zog." Zuletzt war der General der Panzer noch ein glücklicher General geworden, und er hatte Mühe, es nicht zu zeigen.

Ein Musikkorps der Bundeswehr spielte vor der Terrasse des Offiziersheims an diesem schönen, sonnigen Augusttag und Nehring nahm mit seiner Frau dies alles bescheiden und dankbar an.

Für viele, die ihn noch einmal sahen, war er ein Stück deutscher Geschichte.

Ihm war gegeben, genommen und wieder gegeben worden; sein aufrechter Gang durch seine Zeit, fast ein Jahrhundert, seine ruhelosen Fahrten im Frieden und im Krieg mit den unzähligen Soldaten und Kameraden, die er geführt hatte, denen er Vorgesetzter und Kamerad gewesen war, hatten ihre Spuren hinterlassen, auch wenn sie der immerzu wehende Staub der Zeit bedeckte.

So nahm er Abschied.

# *Epilog*

„Die ganze Schwierigkeit besteht darin: den Grundsätzen, welche man sich gemacht hat, in der Ausführung treu zu bleiben.“ Diesen Satz von Clausewitz in dessem Buch „Vom Kriege“ hatte Nehring im Jahre 1925 angestrichen, als er seine Generalstabslaufbahn begann.

Seitdem hatte ihn diese Schwierigkeit durch sein Leben begleitet, als er den Grundsätzen in der Ausführung treu blieb, die er sich gemacht hatte.

Er wurde ein Denker und ein Handelnder, beides vereinte sich in seiner Person während einer technischen Revolution, die er früher als andere in seinem Soldatenberuf erkannte und für seine Zwecke nutzbar machte.

Mit den Panzern ist er in die Geschichte dieser technischen Revolution eingegangen, als General der Panzer.

Als sich im Frühjahr 1983 sein Leben dem Ende zuneigte, war sein Nachlaß längst geordnet. Für ihn galt nicht das Wort, das General Marshal bei seinem Abschied im Kongreß der Vereinigten Staaten von Amerika gesprochen hatte: „Alte Soldaten sterben nicht, sie schwinden dahin.“

Er war bis in sein neunzigstes Lebensjahr als alter Soldat nicht dahingeschwunden; er hatte noch zu seinem letzten Geburtstag 1982 allen gezeigt, daß ein Nehring nicht aufgibt.

Aber nun kam doch die Zeit, die einzutauschen war für das, was wir Menschen Ewigkeit nennen.

Er wählte mit seiner Frau Annemarie die drei Choräle aus, die in der Kirche gesungen werden sollten, wenn er auf dem Castrum doloris lag.

Dann bat er darum, noch einmal aufrecht stehen und gehen zu können, wobei ihm seine Frau und seine Tochter halfen.

Der aufrechte Gang nun als Letztes.

Am 20. April 1983 entschlief Walther K. Nehring in seiner Wohnung Brehmstraße 32 zu Düsseldorf.

Beigesetzt wurde der Verstorbene am 28. April 1983 auf dem Friedhof der Gemeinde Siek bei Ahrensburg in Schleswig-Holstein, in der sein Sohn Hubertus wohnte.

Für die Trauerfeier in der Kirche von Siek hatte er sich den Dekan im Ruhestand v. Zittwitz erbeten, aber keine Ansprachen und Reden anderer.

Der ehemalige Feldprediger sprach über Psalm 31, Vers 16: „Meine Zeit steht in Deinen Händen.“

Die große Trauergemeinde sang die drei Choräle.

Die Bundeswehr erwies dem toten General der Panzertruppe mit der 17. Panzergrenadierdivision, die Offiziere, Unteroffiziere und Mannschaften stellte, die letzte Ehre.

Als der Sarg, mit der Bundesdienstflagge bedeckt, von Stabsoffizieren aus der Kirche getragen wurde, schritt ihm Brigadegeneral Scriba voran, der das Kissen mit Orden Nehrings, dem Goldenen Verwundetenabzeichen, dem Panzerkampfabzeichen und dem Ärmelband des Deutschen Afrikakorps neben dem Ritterkreuz mit Eichenlaub und Schwertern und dem Bundesverdienstkreuz 1. Klasse, trug.

Auf seinem letzten Weg begleitete den toten General ein unübersehbares Trauergefolge, das in Zivil und Uniform gekommen war.

Ein Musikkorps und ein Ehrenzug marschierten dem Sargwagen voran, die Fahne des Verbandes deutscher Soldaten wehte, die das Kreuz der Ordensritter des deutschen Ostens trug.

Von seinen Enkeln wurde Walther Nehring das letzte Halali auf Jagdhörner geblasen, das Musikkorps spielte das Lied vom Guten Kameraden, ehe das Grab das von ihm aufnahm, was sterblich war.

Den Kranz der Bundeswehr legte Generalleutnant Mack nieder. Der weite Himmel über Norddeutschland blieb klar, aber als die Trauernden an das Grab traten, näherten sich dunkle Regenwolken, wie es oft im Leben des Verstorbenen gewesen war, der nun seinen Frieden gefunden hatte.

Auf dem Grabstein steht sein Name, darunter das Wappen seiner Heimat Westpreußen, der Schild des Deutschen Ritterordens.

# *Nachwort des Verfassers*

Die ungewöhnliche Lebensgeschichte eines Mannes, der unbeirrt in einem schwierigen Jahrhundert an dem festhielt, was er für richtig erkannt hatte, läßt sich als seltene Variation des Themas vom schwierigen Vaterland der Deutschen erzählen.

Da dieses Leben neun Jahrzehnte dauerte, wurde es zu einem Stück deutscher Geschichte.

Der Verfasser hat unter General Nehring 1941 in Rußland die bescheidene Last eines Zug- und Kompanieführers von Panzergrenadieren getragen, bis er durch eine schwere Verwundung am Ende der Vormärsche und Siege davon befreit wurde.

1970 wurde er durch Nehrings Buch „Die Geschichte der deutschen Panzerwaffe 1916 – 1945“ an seinen Dienst unter diesem General der Panzer erinnert. Er respektierte nun auch den Schriftsteller Nehring.

Er blieb ihm bis zu seinem Tode im Jahre 1983 verbunden. Der Familie Nehring verdankt er den Zugang zum Privatarchiv des Generals der Panzertruppe a.D. und die verständnisvolle Begleitung bei der Entstehung des Manuskriptes dieses Buches. Die Abbildungen wurden von Annemarie Nehring zur Verfügung gestellt. Aus dem Bundesarchiv/Militärarchiv in Freiburg im Breisgau bekam der Verfasser Einblick in die bisher unzugänglichen Personalakten des Heerespersonalamtes in Frieden und Krieg.

Berlin-Grunewald — Wolfgang Paul

# *Quellenverzeichnis*

Alman, Karl: Mit Eichenlaub und Schwertern, Rastatt 1975
Carver, Michael: El Alamein, o.D. Tübingen
Das Oberkommando der Wehrmacht gibt bekannt... Band 3 Wehrmachtbericht 1944 – 1945, Osnabrück 1982
Deighton, Len: Blitzkrieg. Mit einem Vorwort von General a.D. Walther K. Nehring, Bayreuth 1980
Deutsches Geschlechterbuch Band 140, Limburg/Lahn 1965
Deutscher Soldatenkalender, München 1960/61/62/63
Deutsches Soldatenjahrbuch, München 1967/70/72/73/74/76
Goltz, Colmar Frhr. v.d.: Das Volk in Waffen, Berlin 1925
Grenzmark Posen-Westpreußen, Leipzig 1927
Guderian, Heinz: Erinnerungen eines Soldaten, 12. Auflage, Stuttgart 1986
Holmsten, Georg: Deutschland Juli 1944, Düsseldorf 1982
Kurowski, Franz: Brückenkopf Tunesien, Herford 1967
Möller-Witten, Hans: Männer und Taten, München 1959
Mönnich, Horst: Vor der Schallmauer BMW. Eine Jahrhundertgeschichte Band 1 1916 – 1945, Düsseldorf 1983
Nehring, Walther: Heere von morgen, 3. Auflage Potsdam 1935
Nehring, Walther: Panzer und Motor in fremden Heeren, Potsdam 1935
Nehring, Walther: Panzerabwehr, Berlin 1936/37
Nehring, Walther: Panzervernichtung, Berlin 1941
Nehring, Walther K.: Die Geschichte der deutschen Panzerwaffe 1916 – 1945, Berlin 1969, Stuttgart 1974
Nehring, Hubertus W.: 90 Jahre – fast ein Jahrhundert Walther K. Nehring 15.8.1892 – 15.8.1982
Privatdruck zum 90. Geburtstag Siek 1982
Paul, Wolfgang: Geschichte der 18. Panzerdivision 1940 – 1943 mit Geschichte der 18. Artilleriedivision 1943 – 1944, 3. Auflage, Berlin 1981
Paul, Wolfgang: Erfrorener Sieg. Die Schlacht um Moskau 1941/42, 3. Auflage, Esslingen am Neckar 1976
Paul, Wolfgang: Der Endkampf um Deutschland 1945, 3. Auflage, Esslingen am Neckar 1985
Paul, Wolfgang: Wer war Hermann Göring, Esslingen am Neckar 1983

Philipp, Alfred und Heim, Ferdinand: Der Feldzug gegen Sowjetrußland 1941 – 1945, Stuttgart 1962
Rahn, Rudolf: Ruheloses Leben, Stuttgart 1951
Rommel, Erwin: Krieg ohne Haß, Heidenheim 1950
Schramm, Wilhelm Ritter von: Rommel – Schickal eines Deutschen, München 1949
Schramm, Wilhelm Ritter von: Clausewitz Leben und Werk, Esslingen am Neckar 1976
Schultz-Naumann, Joachim: Die letzten dreißig Tage, München 1980
Seebach, Alexander Frhr. von: Mit dem Jahrhundert leben, Oldenburg i.O. 1978
Weidendahl, Modeste: Ich schenk euch Bendomin, Erinnerungen an Westpreußen, München 1980

sowie
Bundesarchiv/Militärarchiv Freiburg im Breisgau
Privatarchiv Nehring Düsseldorf
Privatarchiv Wolfgang Paul, Berlin-Grunewald

und
Ein Panzer-General: Walther K. Nehring. Eine Video-Produktion von Günter A. Schulze, 59 Minuten in der Regina-Produktion, Machthildstr. 29, D-8400 Regensburg, 1984.

# Die Reihe »Militärfahrzeuge«
## Eine Auswahl aus 16 lieferbaren Bänden

Walter J. Spielberger
**Die Panzer-Kampfwagen I und II und ihre Abarten**
Erstellt wurde das Werk unter Ausnutzung aller noch vorhandenen Original-Pläne und sonstigen Werksunterlagen.
164 Seiten, 212 Bilder
**Band 2**
**Bestell-Nr. 10335** **€ 32,–**

Walter J. Spielberger
**Der Panzer-Kampfwagen III und seine Abarten**
Der Panzer III hatte großen Einfluss auf den Panzerbau. Hier steht alles über Planung, Entwicklung und Konstruktion dieses Panzers.
168 S., 215 Bilder, dav. 9 in Farbe
**Band 3**
**Bestell-Nr. 10336** **€ 32,–**

Walter J. Spielberger
**Der Panzer-Kampfwagen Tiger und seine Abarten**
Die Prototypen-Entwicklung, die Tiger-Entwürfe von Henschel und Porsche sowie die endgültige Serienfertigung.
220 S., 628 Bilder, dav. 6 in Farbe
**Band 7**
**Bestell-Nr. 10456** **€ 36,–**

Walter J. Spielberger
**Der Panzer-Kampfwagen Panther und seine Abarten**
Entwicklungen und Konzepte, Prototypen und Serienmodelle werden in dieser technischen Dokumentation ausführlich vorgestellt.
288 S., 468 Bilder, dav. 14 in Farbe
**Band 9**
**Bestell-Nr. 10527** **€ 36,–**

Walter J. Spielberger
**Sturmgeschütze**
In diesem Band steht alles über die Entwicklung und Fertigung der »sPak«, der Panzerabwehrkanonen auf Kettenfahrgestellen, auf Basis der Panzer III und IV.
256 Seiten, 245 Bilder, 160 Zeichn.
**Band 13**
**Bestell-Nr. 01356** **€ 36,–**

Walter J. Spielberger
**Schwere Jagdpanzer**
Jagdpanther und Jagdtiger sowie der Panzerjäger »Ferdinand« und »Elefant«, deren 8,8- bzw. 12,8-cm-Kanonen kein Feindpanzer gewachsen war.
204 Seiten, 241 Bilder
**Band 15**
**Bestell-Nr. 01517** **€ 36,–**

Stand Januar 2002
Änderungen in Preis und Lieferfähigkeit vorbehalten

IHR VERLAG FÜR ZEITGESCHICHTE
Postfach 10 37 43 · 70032 Stuttgart
Telefon (0711) 2108065 · Telefax (0711) 2108070

Motor buch Verlag